高等学校酒店管理专业本科系列教材

智慧酒店管理

ZHIHUI JIUDIAN GUANLI

◎主　编　唐凡茗
◎副主编　杨　卉
◎参　编　邓　巧　徐祖莺

重庆大学出版社

内容提要

本书是根据旅游院校酒店管理本科专业教学需要而编写的一本专业教科书,兼具理论性、系统性、应用性和创新性的特点。智慧酒店是智慧旅游在酒店行业的具体应用,智慧酒店的建设与管理已成为文旅融合背景下实现我国旅游高质量发展的重要途径之一。本书基于智慧酒店发展前沿技术,引入该领域最新研究成果,同时注重将理论与实践融为一体,通过"内容导读""学习目标""知识链接""思考与练习""案例分析"等多种形式深入解读智慧酒店管理的基本概况、基础技术与支持系统、管理与运营3个模块,为读者了解当下酒店数字化转型与发展提供了重要参考。本书共分为八章,第1章"智慧酒店概述"是本书的总起,对智慧酒店的内涵及特点、发展现状与趋势、建设规范进行了阐述;第2章和第3章围绕"智慧酒店的技术支持""智慧酒店系统"进行深入分析;第4章到第8章分别就"智慧酒店的战略与组织管理""智慧酒店业务运营管理""智慧酒店客户体验管理""酒店数字营销""智慧酒店安全管理"展开阐述与分析,旨在帮助读者深入了解智慧酒店的建设与管理。

本书可作为高等院校酒店管理、旅游管理及相关专业的课程教材,也可作为酒店企业及相关从业人员的参考书。

图书在版编目（CIP）数据

智慧酒店管理／唐凡茗主编. -- 重庆：重庆大学
出版社，2024.10. -- （高等学校酒店管理专业本科系列
教材）. -- ISBN 978-7-5689-4799-2

Ⅰ. F719.2

中国国家版本馆 CIP 数据核字第 20243W9T84 号

智慧酒店管理
主 编 唐凡茗
策划编辑:尚东亮

责任编辑:尚东亮   版式设计:尚东亮
责任校对:刘志刚   责任印制:张 策

*

重庆大学出版社出版发行
出版人:陈晓阳
社址:重庆市沙坪坝区大学城西路 21 号
邮编:401331
电话:(023) 88617190 88617185(中小学)
传真:(023) 88617186 88617166
网址:http://www.cqup.com.cn
邮箱:fxk@ cqup. com. cn（营销中心）
全国新华书店经销
重庆三达广告印务装璜有限公司印刷

*

开本:787mm×1092mm 1/16 印张:14.75 字数:291 千
2024 年 10 月第 1 版   2024 年 10 月第 1 次印刷
印数:1—3 000
ISBN 978-7-5689-4799-2 定价:48.00 元

前　言

　　智慧旅游是数字经济与旅游业深度融合产生的新型经济业态。文化和旅游部资源开发司、国家发展改革委社会发展司于2022年9月发布《智慧旅游场景应用指南(试行)》,明确指出要发挥旅游业丰富应用场景优势,通过拓展场景应用加快推进智慧旅游发展。"十四五"期间,我国大部分省份也积极响应国家号召。例如,海南省推动智慧技术进酒店,探索推广无人酒店和自助入住、静脉生物识别开锁、零秒退房等智能化无接触服务。中国旅游研究院《全国智慧旅游发展报告2023》显示,智慧旅游住宿企业规模增加显著,国内智能、智慧酒店及民宿超过15万家。由此可见,随着数字化浪潮席卷而来,酒店住宿业已进入新的发展时期。智慧酒店极大满足了消费者对智能化、个性化、品质化产品的需求,尤其是兼具人性化和定制化的智慧酒店服务更受顾客青睐,其发展前景广阔。智慧酒店已成为酒店业发展的一大趋势,也是21世纪新经济时代酒店业的发展方向。同时,以数字化、网络化、智能化为特征的智慧酒店也引领着顾客消费需求和消费习惯的改变,因此以场景应用服务为落脚点,提升顾客消费体验、增加顾客黏性成为智慧酒店差异化竞争的制胜关键。但我国智慧酒店发展起步较晚,且发展较为缓慢,例如,国内智慧酒店普遍存在"经营模式过于单一""能源利用效率有待提升"等问题,导致我国智慧酒店与相关行业的增长不一致、不协调。因此,在科技进步和消费升级的时代背景下,智慧酒店不仅需要依托大数据、云计算、物联网与人工智能等新兴技术提升工作效率和服务水平,还要通过智能科技对酒店设施进行升级改造,从而实现资源节约,达成降本增效的目的。面对新形势、新机遇、新挑战,酒店管理者和相关从业者不仅需要不断增强操作技能,还要持续更新理论知识,以更好地促进理论指导实践。在这种背景下,编写一部兼具理论性、系统性、应用性、创新性的《智慧酒店管理》教材成为酒店管理专业教学的迫切需要。

　　本书以智慧酒店工作内容为基本切入点,遵循基本概况——基础技术与支持系统——管理与运营的逻辑主线将全书分为3个模块,以"智慧酒店概述""智慧酒店的技术支持""智慧酒店系统""智慧酒店的战略与组织管理""智慧酒店业务运营管理"

"智慧酒店客户体验管理""酒店数字营销""智慧酒店安全管理"为主要章节,形成完整的智慧酒店管理知识体系,并配有丰富的知识链接和章节案例,以期读者在系统学习本书后,能够熟悉智慧酒店的基本概况,同时了解智慧酒店前沿技术和操作系统,最终将其运用于智慧酒店各项管理和服务工作中。本书具有以下特点:

第一,兼具理论性、系统性、应用性、创新性。本书以应用型本科酒店管理专业人才的培养理念为指导,遵循一定的逻辑主线将本书分为 3 个模块,更便于读者理解智慧酒店管理复杂的知识体系。同时本书遵循"大众创业、万众创新"的政策指引,并顺应酒店业数字化转型新趋势,详细介绍了智慧酒店发展的前沿技术,引入了该领域最新研究成果,不断更新智慧酒店理论知识,新增了"智慧酒店业务运营管理""智慧酒店客户体验管理""智慧酒店安全管理"3 个章节的内容,注重将理论与实践融为一体。

第二,注重多元化、趣味性、体验性。本书通过"内容导读""学习目标""思考与练习""本章小结"等多元化形式引导学生主动学习,同时精选了大量生动新颖的案例穿插其中,采用文字、表格和图片相结合的表现形式,为读者提供全新的阅读体验。

本书由桂林旅游学院教授唐凡茗主编,负责全书框架的拟订、统稿及定稿工作。桂林旅游学院副教授杨卉担任副主编,协助主编统稿及定稿工作。本书第 1 章、第 2 章、第 6 章、第 7 章由邓巧编写,第 3 章、第 4 章、第 5 章、第 8 章由徐祖莺编写。

本书在编写过程中参阅了国内外众多专家、学者的前期研究成果,并引用了一些相关资料,虽然在参考文献中尽量详尽列出,但或有遗漏,在此深表歉意,并对相关专家、学者及其单位表示诚挚的谢意。限于时间和水平,书中难免有不当或错误之处,敬请各位同行、专家、学者和广大读者批评指正。

编 者

2024 年 6 月

目 录

第1章 智慧酒店概述

【内容导读】

本章重点介绍智慧酒店的基本概念与内涵、智慧酒店的发展现状与趋势、智慧酒店的建设规范。近年来,在信息技术发展的浪潮中,智慧酒店逐渐成为酒店业的发展热点,智慧酒店的建设也正处于炽热的探索阶段。实际上,现代高星级酒店已不再是过去传统的过夜驿站和住宿逗留的概念,逐渐成为一个人流集散地。基于酒店的场景,可打造出吃、住、行、游、购、娱、会展、演艺等关联度及互补程度较高的一体化发展生态圈,甚至成为展示现代科技、体验时尚居家生活的智能化服务场所。

【学习目标】

1. 熟悉智慧酒店的基本内涵及特点。
2. 了解智慧酒店的发展历程、现状与趋势。
3. 掌握酒店数字化转型的因素。
4. 熟悉智慧酒店的建设规范。

1.1 智慧酒店的基本内涵与特点

智慧旅游的概念提出之后,旅游行业的智慧化建设迅速渗透到酒店领域,智慧酒店的发展建设由此展开。智慧酒店,又名酒店智慧化,在学界尚无统一的界定和标准,其概念是随着"智慧城市""智慧旅游"的提出和发展逐渐产生的。严格来说,国外并无"智慧旅游"这一专业术语,"智慧城市"其实是指 IBM 公司推出的一个商业计划和项目。在我国,随着个性化定制和智能化公共服务时代的来临,智慧旅游这个名词出现不过几年就备受关注,智慧旅游不是空泛的概念问题或技术应用,智慧旅游的应用价值是智慧旅游存在的实际意义。因此,智慧旅游概念的本质内涵强调的是基于新一代信息技术并结合原有技术,实现旅游业从传统服务业向现代服务业的升级,而所谓的新一代信息技术,即指代物联网、移动通信、云计算以及人工智能技术,它们是智慧旅游的四大核心技术。这些新一代技术在推动旅游产业制度和市场结构变化方面具有重要的作用。随着智慧旅游的发展,传统旅游企业需要重塑商业模式和创造顾客价值的方式,实现在复杂旅游环境中为游客提供精准的个性化服务的功能,从而增加用户价值,提高游客满意度,提升旅游服务品质,最终使智慧旅游有效促进旅游产业优化转型升级。

1.1.1 智慧酒店的基本概念与内涵

(1)智慧酒店的基本概念

智慧酒店是智慧旅游在酒店行业的具体应用。根据 2012 年 5 月 10 日北京市旅游发展委员会发布的《北京智慧饭店建设规范(试行)》,智慧饭店是利用物联网、云计算、移动互联网、信息智能终端等新一代信息技术,通过饭店内各类旅游信息的自动感知、及时传送和数据挖掘分析,实现饭店"食、住、行、游、购、娱"旅游六大要素的电子化、信息化和智能化,最终为旅客提供舒适便捷的体验和服务。

上述概念主要从服务顾客的角度,阐述了智慧酒店发展建设的内容和方向。实际上,智慧酒店的发展建设理应以服务顾客为目标,为了更好地服务顾客,必然涉及酒店的智慧管理、智慧商务等内容,因此,智慧酒店的发展建设应当是服务、管理、商务一体化的。我们认为,智慧酒店是基于新一代信息技术,为满足顾客个性化需求,提供高品质、高满意度的服务,在酒店内对各种资源、信息、设施、服务进行系统化、集约化、智能化的管理变革。

智慧酒店发展建设的前提是新一代信息技术的发展,包括互联网、物联网、云计算、移动通信技术、射频识别技术、智能技术等,各类技术的综合运用是保障智慧酒店运营发展的前提和基础。

智慧酒店发展建设的目标是为顾客提供高品质、高满意度的服务,通过高品质服务实现高满意度。所谓的高品质,既包括硬件设施的质量,又包括配套服务的水平,还包括酒店消费者的体验,三者协同构成酒店品质;所谓的高满意度,是指顾客在酒店消费的综合满足程度。

智慧酒店的发展建设需要对资源、信息、设施和服务等进行系统化、集约化、智能化管理。系统化管理能够实现酒店运作的整体联动,集约化管理能够助力酒店运作的经济、高效和便捷,智能化管理能够提高酒店设施、设备的智能化水平。智慧酒店的发展建设包括4个方面的内容,即酒店消费、酒店服务、酒店运营和酒店管理的智慧化。

智慧酒店的发展建设是一个动态前进的过程,通过新一代信息技术的发展应用,引导酒店管理、消费、运营的更新升级。随着信息技术的发展提升和应用普及,智慧酒店的发展建设也不断提升。长期以来,酒店信息化在中国企业信息化发展中处于领先水平,随着信息技术的发展提升和应用普及,对酒店行业信息化发展提出新的要求;而智慧旅游的发展建设,又为智慧酒店发展建设带来新的契机,智慧酒店正是酒店信息化建设的高级阶段。

(2)智慧酒店的内涵

1)智慧营销

智慧营销就是对酒店客人需求更迅速、灵活、正确地理解和解决。具体表现在:更透彻的感知,即对客人需求更透彻、随时随地的感知、获取、分析与传递;更全面的互联互通,即有大宽带、标准化接口、系统之间无障碍互联互通;更深入的智能化,即功能更加强大的支撑系统,能够随时、迅速、准确地分析,满足客人的个性化、多样化需求。

2)智慧服务

智慧服务是通过研究酒店客人全生命周期的各类诉求、利用大数据精准抓取客人特征,进行客人画像和事件场景分析、设计,提升、整合、协同酒店核心基础能力,优化交互体验,制订具有个性化、场景式功能的服务策略,使客人得到贴心、省心、感动的管家式服务。

3)智慧管理

智慧管理是发挥酒店运用智慧的能力(包括建设能力、操作能力等),对酒店运营的动态跟踪和人员、设施等智慧资源进行系统管理,以实现酒店可持续发展的过程。智慧资源包括酒店管理者的特殊才能、技能、经验、组织惯例和组织本能、产业链适应性资源、产品品牌价值等。智慧管理是一种新型管理模式,其过程包括战略决策、经营组织、内涵领导、智能控制等。通过构建酒店智慧化管理平台,可以将酒店运营中的各类营业数据、财务信息、资产和用品变动、人力资源管理等纳入一体化信息平台统一协调管理,使酒店资源效益最大化。

4)智慧建筑

智慧建筑是以酒店建筑为平台,兼备酒店设备、办公自动化及通信网络系统,集结构、系统、服务、管理及它们之间的最优化组合,利用互联网、物联网、人工智能、可视化技术、控制技术等新技术,向人们提供一个安全、高效、舒适、便利的建筑环境。作为一个相对成熟和可靠的系统,智慧建筑应该遵循以下原则。

一是先进性,设计采用结构化模式,采用酒店行业主流的相对成熟的技术。

二是开放性,采用开放式结构,通过标准的协议和数据库接口,方便用户今后的升级。

三是可靠性,必须是一个可靠性和容错性很强的结构。

四是模块化,集成软件和硬件必须是模块化结构,便于系统扩展和用户需求变化时的变更。

五是可管理性,集成管理系统采用标准化网络协议,实现网络的集中管理。

六是实用性,集成系统的结构模式必须适应物业管理的需求,系统操作简单方便,容易使用。

七是扩展性,保证今后新系统可以方便地接入。

根据以上原则,进行酒店建筑的智慧化设计时,应充分考虑当前信息技术发展的潮流和趋势,并紧密结合酒店定位和实际情况,一切以先进、实用、可靠、追求高性价比、满足酒店客人需求为本。

1.1.2　智慧酒店的基本特点

（1）智能化

设施、产品与服务的智能化是智慧酒店的基本体现。酒店的智能化主要体现在两个方面。一是酒店设施。从酒店大堂到客房,再到餐饮,酒店的服务设施应当实现智能化控制,如楼道的灯光、温度、湿度等,智能化的便捷,辅之以人文关怀,尽显酒店的先进时尚。二是酒店产品。如客房中多媒体系统的设置,顾客通过智能客房即可实现信息查询、网上办公、在线预订、自助娱乐等活动,使顾客足不出户即可轻松办理一切事务,真正实现酒店消费的智能尊享。设施和产品的智能化能够让顾客切实体验智慧酒店的魅力。

（2）体验化

智慧酒店的发展建设,最终要落实在顾客体验上,从网上预订、线上支付到入住登记、客房服务,再到结算离店、消费心得,智慧酒店都应当创造现代化、智能化、时尚化、品质化的体验之感,使顾客在消费体验中获得价值增值。因而,顾客体验是智慧酒店的核心价值,也是智慧酒店获取综合效益的基本前提和主要依托。

（3）联动化

与数字酒店和智能酒店不同,智慧酒店在整体上是联动的,即各个智能的设备、设施和产品能够互相联动发展。在酒店的运营管理中,各个智能系统产生信息、处理信息、传递信息和反馈信息,智慧酒店云平台将这些信息进行统一管理和传递,使得智慧酒店成为一个系统的整体。各部门、各机构、各单元的智能化为智慧酒店运营管理提供信息,使得智慧酒店真正联动、高效、便捷。

(4)综合化

智慧酒店的发展建设超越数字酒店和智能酒店的单体智能化阶段,如管理系统的单体智能、客房系统的单体智能等。智慧酒店将各种资源、信息、设施、产品和服务等进行综合,实现综合管理、综合服务和综合运营。例如,在对人员的管理上,将酒店管理人员、服务人员、顾客群体、营销对象等进行综合管理,从而找寻最佳的管理路径、服务方式和营销策略。在对客房系统的管理上,仅仅是独立的智能电视系统、独立的客房环境控制系统等,其智慧化建设是不充分的,而通过智慧酒店的发展建设,将客房系统进行智能综合管理,可提供综合化服务,例如,顾客在客房内,足不出户即可实现信息查询、网上预订、虚拟旅游、网上办公、线上支付、游戏娱乐等。通过综合化、一体化、网络化、便捷化和智能化建设,提供一站式服务,真正满足顾客的综合需求。

(5)标准化

在传统的管理模式中,人是酒店管理的主体,许多服务是由酒店工作人员直接提供的,由于工作人员的能力、素质、文化、态度等因素的影响,加之环境因素的不确定性,使得酒店服务质量和服务水平难以控制,一旦出现低水平的服务,就可能对酒店产生不良影响。智慧酒店的发展建设,将在很大程度上将许多由工作人员提供的服务转变为由智能设备等直接提供。在对设施设备的设计、运营和管理中,融入人的主观意志,对其服务的内容和质量进行标准化管理,从而易于保障酒店的服务品质,因而,标准化是智慧酒店的主要特征。值得注意的是,设施设备提供的服务是标准化的,在此基础上,辅之以适度的个性化服务,给予顾客人文关怀,既能体现酒店的智能时尚,又不失酒店的人文精神,从而有利于酒店整体水平的提升。

(6)便捷化

智慧酒店的发展建设,必然涉及许多新技术、新设备的创新应用。通常情况下,技术越先进、功能越多样,操作和应用可能就越复杂。将智慧酒店的发展建设成果应用于酒店的日常经营运作中,管理人员、工作人员和酒店顾客对设备设施和产品服务进行应用体验,便捷易得、"傻瓜"智能、操作简单的智慧体系成为衡量智慧成效的关键因素。因此,智慧酒店的重要特征是体验、消费、运营和管理的便捷化。

(7)低碳化

智慧酒店的发展建设,能够提升酒店的信息化水平,在资源利用、污染排放等方面的作用尤为突出。通过标准化设计,对酒店用水、用电等进行智能监控,从而采取措施,避免资源浪费等现象的发生。这样既能为酒店缩减运营成本,又有助于创建绿色生态酒店。

1.2 智慧酒店的发展现状与趋势

1.2.1 智慧酒店的发展历程

国内智慧酒店的发展应追溯至 2001 年,以上海瑞吉红塔大酒店为代表的一些高星酒店,以减少人工操作,提高工作效率,节约人力成本,降低能耗,加强经营管理,为客人提供安全、健康、舒适的入住环境为目的。按《智能建筑设计标准》开展智慧酒店建设,大量应用了"5A"自动化控制系统(即 BA 楼宇智能化、OA 办公自动化、CA 通信自动化、FA 消防自动化、SA 安保自动化),以及紧急广播和背景音响系统、卫星接收系统、计算机网络系统、综合布线系统、移动通信增放系统、车库管理系统、VAV 控制系统、无线网络系统、电子猫眼、多媒体商务会议系统、电子公告系统、无线点菜系统、数字摄录系统、VOD 点播系统、酒店管理系统等。这个阶段的智慧酒店就是数字化和智能化的技术概念,是信息化程度带来信息和服务的便捷化,带来更多的交互性。其主要特征是以信息化系统和设备尽量代替人的操作,注重自动化、信息化,是一种典型的智能化过程,在一定程度上节约了人工,提高了工作效率和管理水平,提升了宾客体验。

2010 年,杭州黄龙饭店用 10 亿元打造了一个较为形象的、技术集中体现的智慧化酒店,它以全方位的酒店管理系统与 RFID(射频无线识别技术)等智能体系,让客人获得与众不同的、便利舒适的体验,对国内智慧酒店建设作出了示范。

2012 年 5 月《北京智慧饭店建设规范(试行)》发布,2013 年 11 月原国家旅游局明确 2014 年为智慧旅游年,2014 年 1 月 15 日中国智慧酒店联盟成立,国内智慧酒店建设全面展开。这个阶段智慧酒店建设是以提高营收、降低成本、增强客户体验为目的。其特征是以客房智能控制为核心,广泛运用现代信息技术开展营销和加强管理,增强客户体验,是智能化向智慧化转化的过程。此时的新技术不断涌现,互联网、物联网、移动通信、云技术、大数据被广泛应用,原有技术更加稳定可靠,新增了无线网络、微信、指纹、4G 网络、移动终端(手机、手持终端)、GSM(全球移动通信系统)、IPTV(交互式网络电视)、简单机器人等现代信息技术。应用系统方面增加了微信订房、微信开锁、指纹门禁、指纹考勤、客控系统,还有物资线上采购平台、营销管理系统、固定资产管理系统、经营管理查询系统(包括移动终端)。

1.2.2 智慧酒店的发展现状

(1)智慧酒店的研究现状

国外智慧酒店的研究比我国早,其研究主要基于信息化技术的发展和智慧化技术的研究与应用。从整体上看,国外的相关研究更加注重其实务性,主要集中于智慧化技术在酒店的应用。首先,学者们提出智慧酒店的主要目标是制订一个良好的环境生态系统,并通过科技智能和人性化相结合提升顾客体验,为客人创造一个独特的入住体验,进而提高酒店业的服务水平,实现可持续发展的生态系统。其次,智慧酒店该如何建设,才能使其作用发挥到极致从而产生更大的价值,一直是国外学界在研究智慧酒店过程中最关注的问题。许多学者从技术方面提出智慧酒店管理系统能够帮助酒店方面实现降低能耗、减少人力、降低成本、提升安全质量,并设计出酒店智慧管理系统的各个模块管理流程,除提高人工效率以减少员工数量外,还建议采用人工节俭型的创新科技,如 PMS 系统(中央预订管理系统)、人力资源管理系统、智能机器人取代重复工作的工种。在搜索和预订方面,用智能代理提高搜索速度,并从智能手机等移动设备收集细节(可选房型列表、价格、客户体验、交通等)反馈到用户手机,使顾客还未抵达酒店就可以通过移动使用端获得更高效更细致的体验。再次,智慧化建设与应用对服务从业人员提出了更高的要求,员工需要充分掌握智慧化设备的运用,对管理层的知识要求更高,不仅要求其需要具备组织协调能力、相关实践经验,还需要有投资战略和顶层设计的前瞻眼光,制订最适宜的运营管理解决方案,这样才能使酒店目标和策略更好、更快、更便捷、更节省地得以实现,并将智慧化的作用发挥到极致,进而产生更大的价值,为经验与技术之间的融合发展助力。

智慧酒店在中国的提出与研究要比国外晚得多。2012 年 5 月印发的《北京智慧饭店建设规范(试行)》提出:要利用新一代信息技术,通过饭店内各类旅游信息的自动感知、及时传送和数据深入挖掘分析,实现饭店旅游六要素的电子化、信息化和智能化,最终为旅客提供舒适便捷的体验和服务。现代电子设备、通信技术、人工智能技术等在酒店行业的应用,不仅是一种营销手段或管理手段,也可以降低人力成本与能耗费用。总体而言,智慧酒店可归纳为:以现代新型信息技术为指引,通过服务智慧化、管理智慧化、营销智慧化,实现酒店平台共享与资源有效利用的服务和管理变革,以满足住客的个性化需求,提高酒店管理和服务的品质、效能和满意度。大部分学者都认同其核心技术为云计算、物联网、移动通信技术和人工智能,这四大新型信息技术在酒店管理中的应用创新和集成创新造就了智慧酒店。

总的来说,目前国内学者对智慧酒店的研究多专注在智慧酒店建设存在的问题、智慧酒店的评价体系、智慧酒店建设策略和系统建构等方面,对其产生的结果和价值甚少有实证研究。

(2)智慧酒店的建设现状

随着智慧旅游的发展推进,智慧酒店的发展建设已逐步展开。通过对不同酒店智慧化建设的内容和项目进行比较分析发现,现阶段智慧酒店的发展建设主要集中在提升顾客体验和对接顾客消费方式两个方面。

1）提升顾客体验

当前,智慧酒店的发展建设,主要以大品牌、高星级酒店为主,其在智慧化建设的过程中,主要以提升顾客体验、优化品牌形象和助力酒店营销为目标,因此,智慧酒店发展建设的项目围绕提升顾客体验而展开,其多数集中于自助入住系统、公共环境控制系统和智能客房系统等方面。

自助入住系统。顾客到达酒店之后,通过酒店提供的自助入住系统,能够自助办理入住手续,包括身份识别、客房选择、便捷支付等内容;或者来到酒店之前,通过智能手机、平板电脑等智能移动终端设备,也可自助办理入住手续。自助入住系统能简化入住程序,避免排队等候,为顾客带来便捷。自助入住系统包含自助退房功能。

公共环境控制系统。对酒店公共空间的温度、湿度、照明、空气质量等进行智能控制,同时,对公共空间进行智能监控,为顾客创造安全、舒适、温馨的生活和休息环境。

智能客房系统。主要对客房环境、多媒体系统等进行智能控制。以智尚酒店品牌为例,其主打科技、时尚和健康概念,以智能化为主要亮点,强化客房服务体验。顾客在进入客房后,通过智能手机、平板电脑等智能设备扫描房间内的二维码进入酒店客户端,即可对灯光、温度、窗帘、无线网络和娱乐中心屏幕等进行掌上控制。同时,客房内的传感器通过智能感知,自动打开照明系统,在顾客离开时自动关闭照明系统;浴室里的灯光模式(如神秘、浪漫等)也可以通过手机进行智能控制;温馨惬意的唤醒服务,例如,在清晨,按照顾客预设的时间和相应配置,熟睡中的客人不会被急促或刺耳的电话铃声叫醒,取而代之的是较为自然的唤醒方式,如房间的灯光逐渐亮起、新风系统进行换风、遮阳窗帘自动打开、轻柔的虫鸣鸟叫声逐渐响起、电视开始自动播放节目等。通过智能化、人文化的元素,使得酒店服务倍显人文关怀和时尚元素,凸显智慧酒店的服务魅力。

在提升顾客体验之外,智能管理系统也是当前智慧酒店发展建设的重要内容。智能管理系统主要实现顾客信息管理、终端设备管理、开房业务管理、营销数据管理等功能。通过顾客信息管理,了解顾客的基本资料、消费特征和个性化需求,从而便于有针对性地提供个性化服务;通过终端设备管理,能够查看每台终端设备的运营数据,实时掌握终端设备的运营状况;通过开房业务管理,能够对房间开设、房间退换和房间结账等业务进行管理;通过营销数据管理,能够查阅和掌握系统平台的运营数据,为市场营销提供依据。

2）对接顾客消费方式

尽管当前智慧酒店的发展建设主要围绕提升顾客体验而展开,但更多的酒店在智慧化建设中,以对接顾客消费方式为重要抓手。随着智能手机、平板电脑等移动终端设备的广泛应用,网上消费、在线支付、手机购买的发展兴盛,微博、微信等自媒体的产生运用,新的消费方式和消费习惯逐渐产生和形成。因此,智慧酒店的发展建设,通过对接顾客消费方式,实现信息推介、智慧营销和顾客关系维护。智慧酒店的发展建设,需要系统的解决方案,美国国际商用公司(IBM)推出智慧酒店的五大解决方案。

机房集中管理。该方案主要针对连锁酒店,针对连锁酒店中各个酒店建立独立计算机机房造成庞大的人力成本和运营维护成本的现状,机房集中管理将分散在各个酒店的计算机机房集中起来,建设成一个大的计算机机房,各个酒店只需通过网络连接到大的计算机机房,就可以进行正常的酒店业务管理,从而节省人力成本和设备维护成本。

云计算。对酒店数量众多且极度分散的电脑进行集成管理,从而提高管理水平、强化数据保护、简化整体部署、降低运营成本。

自助入住系统。通过自助登记设备办理登记入住和酒店退房手续,如果顾客自驾进入酒店,则可在进入车库登记时同时办理自助入住手续。

无线入住登记。通过酒店提供的无线联网的智能终端设备,如平板电脑,顾客只需在触摸屏上签字或填写信息,即可轻松入住。

融合网络。建设网络,同时支持移动通信、网上消费、管理办公、互动视频等多种业务,避免多网共存、重复建设、维护困难、成本较大的弊端。IBM 推出的智慧酒店解决方案为国内智慧酒店发展建设提供了参考和借鉴。

虽然智慧酒店的发展建设应当是系统的、整体的,但目前智慧酒店项目的建设仍然围绕在特定的少数项目上。以青岛快乐视界数字传媒有限公司研发的"智慧e房"多媒体系统为例,当前该系统已经成功服务于星级酒店、娱乐会所和旅游景区等,并实现规模化应用。以"华讯顾客自主式无线智慧点餐系统"为代表的智慧点餐系统是基于无线网络、物联网和云计算技术为餐饮店量身打造的客户体验式智能管理系统。通信公司将酒店光纤宽带、酒店网关、信息化应用、智能终端进行整合,形成多功能数字化电子商务、多应用宽带互联、多元素信息化管理、多种类网络电视客房娱乐等服务,助推"智慧酒店"信息化建设。在线旅游分销商也从各层面开始对智慧酒店的发展建设提供技术支撑。许多公司和企业已经从不同层面介入智慧酒店的发展建设,但智慧酒店发展建设的整体性、联动性和全面性有待加强。智慧酒店发展建设的良好态势,催生了新的合作形式。

目前,智慧酒店发展建设的呼声较高,许多酒店先后开启了智慧化建设,但在规范标准、逻辑思路、体系构建、技术合作、信息共享、模式借鉴等方面仍然存在较多的现实问题。为了推动智慧酒店的发展建设,交流与合作成为发展的必然选择。

2014 年 1 月,中国智慧酒店联盟正式成立。在成立大会上,原国家旅游局信息中心副主任信宏业在致辞中对智慧酒店进行了详细的阐述,指出智慧的核心是思想创新,并评价"智慧酒店联盟的成立是具有里程碑意义的事件"。大会商讨并公布了中国智慧酒店联盟成立倡议书和联盟章程,评选出"2013 中国十大智慧酒店""2013 中国智慧酒店十大金牌服务商"等奖项。

1.2.3　智慧酒店的发展趋势

未来智慧酒店建设,必定会以"绿色、创新、和谐"为建设理念,在"智慧管理、智慧营销和智慧服务"上下功夫,以现代科技为指引,真正实现酒店全方位的智慧化。未来运用手段将更加信息化、数字化、智能化、网络化、互动化、协同化、融合化,在表现形式上充分体现平台化、个性化、支付手段多样化。通过科技技术平台、个性化服务平台以及综合服务平台,打造核心价值体系,实现酒店产品的深度开发和信息资源的有机整合,实现酒店资源与社会资源共享与有效利用的管理变革。同时实现科技创新价值、产业支撑价值、经济效益价值以及社会拉动价值。在技术上将广泛使用超声波、人脸识别、智能穿戴设备、虚拟现实、遥感、卫星定位和精准导航(类似喵街)、3D 打印、混合云、万物互联、人工智能(AI,包括机器人、语言识别、图像识别、自然语言处理和专家系统等)等高科技以及多样化的移动设备。应用 ERP 系统、前台人脸识别系统、公共区域内部导航系统、虚拟体验系统、收益系统、数据分析系统、经营决策系统、送物和交流及多项服务智能机器人。

有关场景展现,第一,内部导航。即先确定要去的房间、车位、会议室、餐厅、住宅、商场、柜台等,用 App、微信、内部地图等进行手机导航至目标。第二,停车场采用超声波和地感线圈监管车位占用情况,引导场内停车。第三,人工智能服务,未来酒店将采用国内最先进智能管理系统,同时将在服务台、大厅、走廊、房间内等安置机器人,从办理入住、人脸识别开房到开启灯光、窗帘,包括咨询、景点介绍、行李运送甚至互动娱乐,为客人提供周到的服务,提升客人的新奇感。

未来酒店机器人将突破行业传统技术方案的瓶颈,解决了集成度低、稳定性差、功耗偏高等问题,可使酒店的平均费用节省三分之二,且能巧妙利用酒店空间,实现遥控器一键切换电视、电脑等不同功能,使用便捷。

1.2.4　影响酒店数字化转型的因素

(1)环境变化是数字化转型的情境因素

环境变化主要指技术环境、政策环境、随机事件、行业环境、市场环境所带来的改变。首先,数字技术为酒店提供了数据获取、管理优化、云办公、决策分析等方面的便利,且在数字化的浪潮下,其他行业的数字化转型为酒店提供了经验借鉴。因此,为了适应技术环境的变化,酒店必须从战略层面上做出改变。其次,国家层面和行业协会都制定了一系列鼓励酒店进行数字化转型的政策和具体措施,如党的十九大报告提出的要建设"数字中国",为酒店数字化转型创造了有利的前提条件。再次,国内已有部分酒店在数字化转型方面做了有效的尝试,如东呈国际从财税数字化转型入手,来践行其数字化、平台化、生态化三大战略,并致力于推广全行业的数字化转型。在同行的影响和协会的支持下,酒店或迫于竞争压力,或意识到转型所带来的价值,会选择尝试进行数字化转型。此外,移动互联网、大数据、云计算、5G 技术、人工智能在企业中的进一步运用,消除了信息的不对称,使得市场环境发生了改变,话语权逐渐向顾客倾斜。顾客更加个性化、碎片化、多样化的需求使得市场竞争更加激烈。管理者认为,酒店的功能不仅仅是提供住宿和餐饮,更要展现出一种生活方式,这种生活方式能给目标顾客带来沉浸式的消费体验。因此,酒店的产品和服务都必须围绕目标顾客进行设计与更新。

(2)酒店资源是数字化转型的内在基础

资源是能使企业提高效率和效益、实现企业战略目标的物质、人力、组织资本等各种要素的组合。企业资源是企业获得相对竞争优势并不断成长的基础。通过研究发现,酒店进行数字化转型依赖于酒店人力资源、财务资源、硬件资源、自身技术资源以及合作伙伴资源。首先,酒店自身技术资源、硬件资源和财务资源是酒店数字化转型的物质保障。其中,技术水平和研发能力为酒店更新和完善管理系统和服务系统提供支持,数字化系统为酒店根据用户画像识别目标顾客,并将广告精准送至有需要的顾客奠定基础;酒店的财务实力为酒店购买智能设备、搭建智能平台、升级数据管理和分析系统提供了资金保障。其次,酒店人力资源是酒店进行数字化转型的人力支撑。其中具有前瞻性眼光和创新意识的高层管理团队为酒店数字化转型制定战略,专业素养过硬的数字型人才提供技术支持和系统连接,具有强适应性和新事物接受能力的一线员工保证酒店数字化转型具体措施的落实。因此要进行数字化转型且取得良好成效,人才至关重要。最后,合作伙伴资源是酒店数字化转型的强力"外援"。大多数酒店不属于原生型技术企业,因此需要与互联网企业和线上平台进行合作。这些合作伙伴不仅为酒店提供了技术上的支持,同时带来了会员流量,使得酒店能够更加稳健地进行数字化转型。

(3)酒店能力是数字化转型的内在动力

酒店能力是酒店为了适应复杂环境的变化,对内外部资源进行整合、构建、更新和再造,促使资源重新配置的能力,包括酒店创新能力、新技术接受能力、酒店经济能力、环境洞察能力、组织变革能力。转型的目的是适应环境的变化,酒店能力为酒店应对环境变化提供能力支撑,是酒店数字化转型的内在动力。其对酒店数字化转型的影响主要体现在以下 3 个方面:第一,酒店能力影响转型时机的把握。酒店能力是酒店能够感知并快速、熟练地把握机会的能力,环境洞察能力越强的企业,越能察觉到市场环境的变化,识别机遇和威胁,从而选择优势渠道、优质合作伙伴和目标顾客,并制订出适合自身发展和顾客需求的转型战略,赢得先机。第二,酒店能力促进酒店数字化转型战略的实施。其中,新技术接受能力越强的酒店,越能尝试利用数字技术优化管理方式和服务流程,而酒店的创新能力越强,越能将数字技术与酒店营销模式、用户体验设计相结合。第三,酒店能力推动酒店数字化转型的全面变革。组织变革能力是酒店面对环境的颠覆性变化能够形成去中心化、网络化、系统化的弹性组织以适应新环境的能力。

(4)战略规划是数字化转型的目标导向

在面临类似数字化转型等涉及企业战略的关键问题时,战略规划尤为重要。战略规划是酒店通过内外部环境分析,识别顾客需求,综合酒店资源基础和能力要素,从而制订出符合自身发展和利益需求的远景目标和实施方案。酒店要做出明确且具有指导意义的战略规划不仅需要高层管理者的知识储备,还需要关注酒店外部环境变化,并且考虑酒店内部是否具备各方面的资源基础和各项能力要素。战略规划是长期的、复杂的,需要得到多方力量的支持。正确的战略规划是酒店转型的行动纲领,为酒店设置长期发展目标并促使酒店付诸实施。酒店进行数字化转型时,需要进行大量战略规划,战略规划因素对数字化转型具有导向的作用。酒店应通过战略规划设定数字化转型的战略目标与方向,明确以用户体验为价值导向的企业定位,制订数字化战略实施方案,并建立适当的约束、政策以及计划、指标,以更好地推动数字化转型。

(5)企业家精神是数字化转型的核心灵魂

高层管理者是企业战略的制定者,是企业转型的关键力量,决定酒店能不能进行数字化转型。企业家精神是包括领导者个人素养、知识储备、精神品质和个人能力的总称,包括领导者信息识别能力、领导者意识、领导者认知能力、领导者冒险精神、领导能力、领导者专业素养、领导者思维和领导者前瞻性。首先,企业家精神影响酒店战略规划的制定。一般来说,领导者思维越活跃,信息识别能力越强,越能敏锐地感知市场变化,识别出优势顾客,找到线上服务触点,因此越有进行数字化转型的意愿,也能依据酒店自身资源基础和能力要素制定出符合发展要求和市场趋势的战略方案。同时,领导团队是酒店战略实施的有效推动者,酒店战略要从提议变成实际行动,必须依靠领导层的知识素质去协调多方资源,加强部门间的联系,调动员工的积极性,克服转型过程中的重重困难。

其次,领导者自身的知识素质可以形成榜样垂范效应,使酒店营造出一种创新求变的组织氛围,激励员工转变思维模式和服务方式,以保证员工的参与程度,促进酒店数字化转型自上而下得到落实。

（6）员工参与程度是转型成效的重要保障

企业家精神决定酒店能不能进行数字化转型,而员工的参与程度决定酒店数字化转型的成效。不同于传统的 IT 系统以专业技术部门为主,数字化系统需要各个部门的人打破强分工,建立部门与部门之间的联系,形成系统数据的整合,全体员工共同参与,避免"数据孤岛",数字化转型才能落到实处。员工是酒店战略方案的具体实施人员,酒店发展战略要落地,就必须依靠员工来推行。员工参与酒店数字化转型的程度主要由员工素质和酒店数字型人才发展机制决定。一方面,员工自身素质(包括员工思维、员工新技术接受程度、员工综合素养、员工学识)影响员工对组织战略的理解和支持程度,员工自身素质越高,越能形成与酒店一致的价值观,从而有利于酒店数字化转型工作的实施。另一方面,酒店数字型人才发展机制既有利于储备具有潮流意识和专业技术的优秀人才,形成企业自身人力资源,也能激发员工建言献策、进行数字化营销的积极性,使得酒店数字化转型工作更顺利。

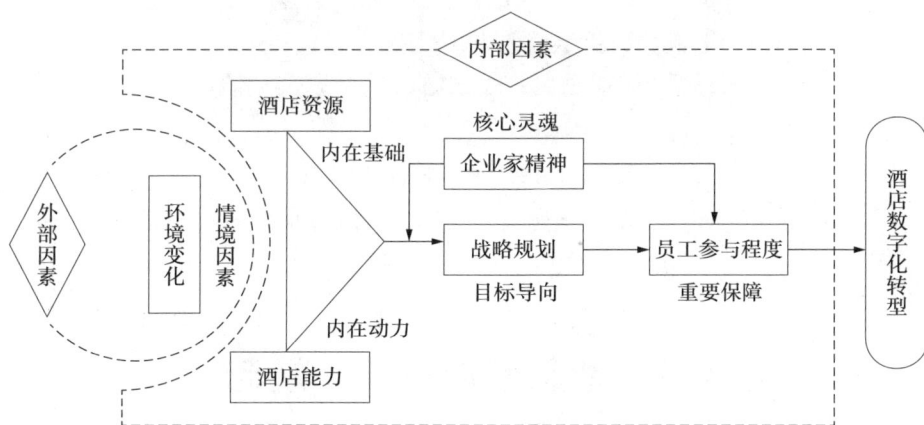

图 1-1 酒店数字化转型的影响因素模型

【知识链接】

2012 年,刘欣欣正式加入华住集团,成为公司首位首席信息官(CIO)。她的第一个任务,就是为华住打造"在线自助选房"服务。房客在到店之前,就能够通过网络线上预览并选择房间,这个功能如今看来似乎司空见惯,但在 10 年前,没有任何一家酒店能够做到。2012 年 11 月,在线自助选房在华住官网上线时,只有 10 位客人使用了这项服务。为了培养用户的消费习惯,酒店还特意开辟了绿色通道,让用户获得优先选房的权益。

2014 年,以文字形式出现的自助选房整合在华住会 App 上。2019 年,这一功能又升级为"文字+地图+偏好"的交互方式。现在,在线自助选房作为华住的标准服务之一,被官方称为 92% 华住用户的首选,每天大约有 2 万笔订单是通过这种方式完成交易的。"在线自助选房"的成功给予季琦和刘欣欣对于数字化的信心。下一步,他们把目光投射到简化入住手续上。基于一站式服务体验的想法,季琦和刘欣欣达成了共识。他们提出了"30 秒入住、零秒退房"的概念,借此告别酒店前台琐碎的手续流程,降低不必要的人力资源成本。

据了解,2021 年有 8 100 万客人是通过华掌柜办理入住的,在这些订单里,办理入住的平均时长是 25.5 秒,最快的办理入住时长是 7.8 秒。

图 1-2　前台自助入住机:华掌柜

(资料来源:全球第三大酒店集团,如何"玩转"数字化｜数智化的秘密［EB/OL］.36 氪,2023-1-6.)

1.3　智慧酒店的建设规范

随着大数据时代的到来、智慧旅游的提出,智慧酒店建设也逐渐成为业界人士关注的焦点。酒店智慧化成为酒店业接受挑战的制胜武器,及时地共享客人信息,给客人提供人性化服务已成为酒店管理的目标与方向,而酒店装潢、客房数量、房间设施等质量竞争和价格竞争将退居二线。未来酒店竞争将主要在智能化、个性化、信息化方面展开。

目前,我国尚未出台全国性的智慧酒店的建设规范,不少地方已着手开展这方面的探索。2012 年北京市旅游发展委员会提出《北京智慧饭店建设规范(试行)》,是国内最早智慧酒店建设规范,该规范从十个方面对智慧酒店的建设提出了具体的要求,对科学、有效地推进我国智慧酒店的建设具有重要的指导意义。2022 年由四川省市场监督管理局发布的《智慧饭店建设规范指南》是我国目前智慧酒店建设最新的参考依据,该指南从 5 个方面对智慧酒店建设提出了新的要求。

1.3.1　基础建设

（1）综合布线

垂直干线应采用多模光纤。水平布线应采用光纤或超六类带屏蔽双绞线。干线应支持千兆的传输速度。应符合 GB 50311—2016 的规定。

（2）信息化网络

接入上下行带宽不低 1 000 Mbps,总体客房独享带宽不低于 50 Mbps,应具备对带宽使用情况进行监控预警的功能。公共服务区域应具备无线网络全覆盖。所有的客房应配有线网或无线网。重点公共服务区域应具备 5G 应用环境。

（3）智能电话

应具备主叫信息显示、智能语音、自动叫醒服务等不低于 4 种功能服务。通话详单应在前台能合入账单并打印。公共服务区域应提供一键式接入服务。应与饭店业务应用系统实现双向数据交互。

（4）智能电视

应具备为宾客提供人性化的开机画面功能。应能收看不低于 30 套电视节目。应具备自有的为宾客提供产品服务和消费的电视频道。应具备展示、消费信息查询并与饭店业务系统数据交互等功能。应具备音乐、视频点播、消费等服务功能。

（5）背景音乐系统

公共服务区域内应实现全覆盖。可按不同服务功能区分区播放不同的背景音乐。语音播报支持人工话筒播报或自动播报。遇到重大事故时,公共广播应自动切换为紧急广播。可具备点播背景音乐功能。

（6）多媒体智能会议系统

应具备对各种图文、视频、信息进行播放的功能。应具备同声传译功能。应具备进行远程视频会议功能。应具备签到、发送参会信息、显示宾客的席卡功能。应具备同步转播至其他会议室的功能。应具备会议信息资讯实时发布展示功能。可与饭店业务应用系统数据进行交互。

（7）综合信息智能发布系统

可定时传输素材和节目单,实时信息发布。应具备支持定时、定点自动更新播放内容。应能分级、分区、分功能播放发布信息。可支持多种视音频编码标准和图片格式,达到 4K 高清以上播放质量。应与饭店业务应用系统信息数据交互机制。

（8）智能停车管理系统

应具备视频车牌识别计时计费功能。应在入口能显示空闲车位数量和满位提醒。应具备电子寻车定位导示。应具备一周以上的车辆出入信息的储存、查询管理和报表功能。应具备支持脱机运行和系统能自动恢复和检测复位功能。应与饭店业务应用系统数据交互机制。

（9）智能监控系统

应能对所有进出口进行实时图像监视和记录，保存时间应符合公安部门的要求。监控视频应不低于400万像素，并具备夜视功能。应具备预警和应急处理功能。当报警发生时，应具备将该路现场图像自动切换到指定的监视器上显示并自动录像的功能。应具备权限管理，并与饭店业务应用系统数据集成的功能。

（10）智能电子门锁系统

应具备被"读""写"能力的房卡。可支持蓝牙开锁或微信开锁功能。应具备门禁管理、早餐卡及一卡通管理功能。应具备权限管理、数据管理、初始化卡片等后台管理功能。应具备与饭店导示标识数据交互，导引宾客。应与饭店业务应用系统数据交互机制。

1.3.2 智慧旅游饭店应用系统

（1）官网及融媒体

应具备饭店产品和服务、新闻和信息发布功能。可支持周边商圈及当地旅游推荐功能。应具备线上产品预订和聚合支付功能。应具备线上预订并能直接导入饭店管理预订系统的功能。可支持公众号和短视频等应用于移动端的新媒体。

（2）饭店管理信息化系统

1）前台管理

预订管理应具备以下功能：官网、OTA、移动终端预订信息的导入功能；实时查询各种客房资源和价格及预测的功能；未来一个周期内预排房功能和历史宾客及会员预订优先功能；团体、散客的综合预订服务及相关信息处理功能。

接待管理应具备以下功能：能通过智能终端或自助设备等办理入住；按权限修改、查询、处理宾客需求的功能；批量制卡和批量打印房卡套的功能；未来危险房、冲突房的预警提示，并能预测前后相关时间段房态信息；VIP接待和大堂副理日志管理功能。

收银管理应具备以下功能：定金、优惠券、积分及信用处理等收银管理功能；包括聚合支付在内的多种收银结账方式和灵活便捷的外币兑换功能；能在2分钟内完成发票或电子发票开具功能；多种组合方式查询明细账目并能按宾客合理需求进行账单打印;提前结账、挂账、部分结账等结账方式和按权限进行错账补救功能;能打印财务制度要求的交接班报表。

2) **房务管理**

应具备自定义显示信息的房态图和房态预测功能。应具备实时报房和宾客退房处理功能。能通过智能终端设备的管理功能,为宾客提供免打扰的客房小整、开夜床、查房等服务,以及对宾客的洗衣、客房消费、赔偿等账单处理。应具备自定义的房务报表管理功能。应具备部门二级库物品和资产管理的功能。

3) (**餐饮康乐**) 综合收银管理

前台收银管理应具备以下功能:线上预订服务和线上预付定金功能,并能直观呈现餐厅、包厢等场所的未来预订情况;赠送、多免一、免服务费等多种菜品处理方式和相应的付款和结账方式,并能自动生成菜单;宾客和会员奖励积分消费的服务和管理功能;能根据宾客或会员消费信息自动分类形成客史档案;不同类型应收账户和自定义查账功能;自定义的财务分析报表和销售排行分析报表。

后台管理应具备以下功能:后台成本与前台消费实时对应的管理功能;后厨分档口分单处理功能;可支持后厨主、辅料及成本控制管理功能,商品、食材及原料的溯源功能。

早餐管理应具备以下功能:按饭店管理要求的早餐消费管理功能;根据入住率制订的早餐备餐表;可支持自定义的早餐报表。

4) **综合查询管理**

应具备自定义的营业收入和成本分析报表,并支持可视化呈现。应具备自定义的实时房态及周期性的动态预测图。

5) **市场营销管理**

销售管理应具备以下功能:自定义的产品定价功能;可视化的渠道管理、团队管理和业绩管理的功能;可视化的销售费用和销售佣金管理功能;每日、每周、每月销售目标动态预测,并能与销售目标进行可视化图表比较;自定义的销售排行榜并能可视化呈现。

客史档案管理应具备以下功能:建立不低于30个栏目的散客、团体和协议单位等客史档案并具有按权限的修改、查询功能;自动汇总、更新各个终端汇集来的宾客信息功能;自定义的客户档案排序和可视化呈现功能;客户关系管理;宾客消费管理和 VIP 及会员关系管理功能;动态的客户等级与价格政策、奖励积分、VIP 接待等管理功能;各个层级的消费分析报表和客户关系等级报表,并能以可视化图表呈现。

6) **财务管理**

审计管理应具备以下功能:包括夜审、日审在内的多级审核功能;夜审后自动形成每日审计底稿;对审计异动按权限进行处理的功能。

账务管理应具备以下功能:自定义的账套管理和记账管理功能;自定义账目查询及凭证管理功能;可支持外币核算、报表处理、往来账、银行对账单等财务管理功能;自定义的固定资产管理功能。

成本控制管理应具备以下功能:通过智能终端录入商品信息和前台销售数据自动导入功能;成品及半成品每日自动核算功能;部门耗用、报损、盘盈等各种单据报表和动态的实时成本报表。

税务管理应具备以下功能:每日发票整体统计和应税管理功能;电子发票的开具和每日电子发票统计功能。

7)人力资源管理

人事管理应具备以下功能:考勤管理、岗位培训、胜任力测评、人事档案等管理功能;饭店人力资源规划和人事动态管理的功能。

劳资管理应具备以下功能:与考勤相一致的工资薪酬绩效管理功能;支持电子合同的劳动合同管理和劳保福利待遇管理功能。

绩效管理应具备以下功能:岗位目标、岗位评价和绩效考核的管理功能;岗职匹配管理的功能。

员工餐管理应具备以下功能:通过智能终端对员工持餐卡或生物识别进行就餐服务和管理的功能;每日、每周、每月员工餐报表和成本管理报表功能。

8)物资采购与库存管理

物资采购应具备以下功能:部门采购申报管理并形成每日采购报表的功能;验收确认、验收价格、数量控制及仓库签收等功能;供应商等级、物品定价、比价分析等管理功能。

库存管理应具备以下功能:采用库存原则进行不少于三级库存物资管理的功能;物品调拨和实时库存动态查询功能,并与前台经营形成一致性同步对应账表;超储物品、短缺物品、预期物品等报警和自动生成补仓单功能;实时自动汇总库存物品功能,生成与供应商对账的盘存报表,可支持可视化呈现。

9)工程设备管理

应具备对设备卡、报修流程、维修故障等进行管理的功能。应具备设备检修、区域维护的预警提示和维修、维护的信息管理功能。应具备设备备件管理及工程成本管理功能。

(3)智能移动终端消费管理系统

应具备独立使用智能移动终端实现预订、入住、消费、结账、评价等管理功能。应具备使用智能移动终端操控客房灯光、电视、电器等场景应用的功能。应具备为管理者独立使用智能移动终端进行管理、对客服务的功能。

（4）智能开房/退房管理系统

应具备宾客自助房态服务和全景看房或 VR 看房功能。应具备智能终端无卡入住及客房门禁一体化管理功能。应具备自助入住、续费、换房、退房、消费查询等功能。应与饭店管理应用系统数据交互、实现统一营业收入报表的功能。

（5）智能客房控制系统

应具备不低于 5 种场景模式的客房灯光控制的功能。应具备客房内服务信息及安防信息的及时处理功能。应能通过移动终端、AI 音视频以及 AI 机器人对灯光、空调、电器进行操控的功能。应具备饭店客房能耗的绿色低碳管理功能。应具备通过网络对客房灯光、空调进行后台管控的功能。应与饭店业务应用系统数据集成并形成统一的管理报表。

（6）智能 OA 管理系统

应具备部门管理、重要岗位日志和饭店通讯录等管理功能。应具备工作流管理和目标管理功能。应具备通过移动终端处理通知、文件、会议纪要、制度管理、总经理信箱等功能。应具备通过智能移动终端实现对员工社区（BBS）和员工满意度调查的管理功能。

（7）安全智能管理系统

应具备入侵检测、防病毒和木马的安全管理功能。应具备动态分配带宽和管控网络资源的功能。应具备上网日志记录和上网行为审计功能。应具备舆情管控并对敏感信息及时报警的管理功能。可支持与公安户籍系统安全接口和数据调用功能。

1.3.3　智慧旅游饭店大数据中心（智慧大脑）

（1）机房建设

应符合 GB 50174—2017 中 B 级标准要求。在断电情况下对主要设备应具备 30 分钟的正常保障能力。

（2）数据中心或云数据中心

应具备数据存储、分析处理、数据审计等数据服务能力。应具备灾备后援和安全保障能力。

（3）数据服务

应具备对服务资源的注册、授权和访问三类行为进行管理的功能。应具备可控制访问权限、数据分类管理和处理的功能。应具备自建"管理模型""营销模式"和"服务模式"的能力。

（4）可视化表现

应具备在大屏幕或 PC 终端实时展示经营管理的 KPI 数据的功能。应具备在智能移动终端上实时呈现管理、营销、服务信息和数据的功能。

1.3.4 智慧化系统平台

（1）智慧管理

应具备通过智能终端、导示标牌和公共区域显示屏进行公共安全疏导和应急撤离的能力。可预测当前和下一经营周期的消费热点，并能给出"经营建议"报告。应具备预测未来某一个周期内的工作热点和痛点，并能给出"工作建议"报告的能力。应能以收入、成本、盈利等维度建立管理模型，预测未来一定周期内的经营效益。可以风控指标预测未来一定周期内的经营风险，并能给出"建议"报告。应具备通过智能移动终端进行管理分析和决策的功能。应具备通过移动终端、智能电视等设备收集宾客评价的功能。

（2）智慧营销

应具备根据宾客评价自动生成的"宾客热点需求报告"的功能。应具备目标客户细分市场和渠道销售模型，并能进行消费分析和预测。应具备周边竞争对手的竞争模型，并有动态的对策"建议"。应具备自定义的市场营销模型，并能给出周期性最佳销售状态的"建议"。应具备自定义的动态销售排行榜和预测功能。可进行舆情管控和公共关系应急处理。

（3）智慧服务

公共区域应具备显示"PM 2.5、温度、湿度、负氧离子"等环境指标的公共服务设施。应具备对宾客全行程和重要日子的人性化关怀的信息服务或温馨提示功能。应具备为宾客提供系统化的奖励积分服务的功能。可根据宾客"画像"提供人性化的精准服务。应具备本地导航、导览、导游、导购的智能终端服务功能。应具备自适应的外籍宾客双语服务功能。可根据工作、生活、家庭"小数据"提供人性化关怀的员工服务。

1.3.5 保障体系

（1）总体规划

应具备符合饭店实际情况的智慧化顶层设计和规划的功能。应具备从投资、管理、运维、人力资源及培训、评价等方面全生命周期的制度保障。

（2）投资保障

应能根据总体规划编制三年投资预算。根据旅游饭店的收入情况,年度投资比例应不低于饭店总收入的百分之三。

（3）安全运维体系保障

应建设智慧旅游饭店信息安全体系,达到 GB/T 22239—2019 中二级及以上等级保护的要求。应建立明确的自运维或外包运维或混合运维的运维保障体系。

（4）项目管理保障

具有通过考评的专职工程师配置不低于 3 人。应具备智慧旅游饭店"可行性研究、项目立项、招标、实施方案、实施过程、测试评估、验收、评审、审计"建设项目的全套档案管理,存档期不低于 10 年。应根据"自主可控"原则,80% 的应用系统和技术平台应通过国家或省级机构的测评。

（5）人才培训和保障

应建有智慧旅游饭店逐级管理人才培训机制。应建有智慧旅游饭店技术人才培训和晋升机制。

【本章小结】

1.智慧酒店是基于新一代信息技术,为满足顾客个性化需求,提供高品质、高满意度的服务,而在酒店内对各种资源、信息、设施、服务进行系统化、集约化、智能化的管理变革。

2.智慧酒店的内涵包括 4 个方面,即智慧营销、智慧服务、智慧管理和智慧建筑。

3.智慧酒店的基本特点包括 7 个方面,即智能化、体验化、联动化、综合化、标准化、便捷化、低碳化。

4.影响酒店数字化转型的因素包括环境变化、酒店资源、酒店能力、战略规划、企业家精神、员工自身素质 6 个方面。

5.智慧酒店的建设规范包括基础建设、应用系统、大数据中心、系统平台、保障体系 5 个方面。

【思考与练习】

1.阐述智慧酒店建设的内涵。

2.简述智慧酒店的基本特点。

3.阐述智慧酒店的研究现状。

4.阐述影响酒店数字化转型的因素。

【案例分析】

"智慧酒店"带来旅行好体验

进入酒店,智能前台自助办理入住;扫描二维码,动手指预约房间服务……5G、大数据、人工智能等新技术快速发展,酒店住宿等旅游相关行业加速数字化。前几年,住宿业面临挑战的同时,也借助互联网不断创新升级,推出特色数字化产品与服务。那么,互联网赋能的酒店究竟有哪些好体验?

1. 客人入住更省心

在深圳出差的张女士最近住了位于宝安国际机场附近的雅斯菲尔酒店,"现在的酒店越来越智能化了,我不仅可以无接触办理入住,还可以通过手机选择送物、清洁服务。"张女士感慨道,"真是让人放心又省心!"据了解,雅斯菲尔酒店隶属于雅斯特酒店集团,该酒店集团正在启动数字化转型。"酒店数字化转型是了解客户需求的必然选择。"雅斯特酒店集团副总裁兼首席数字官余超在接受本报采访时表示,酒店基于互联网建造的系统,对各端应用进行数据打通,可以了解消费者的行为偏好和习惯,从而提升服务品质。

万达酒店及度假村也通过数字化赋能,为客人提供更优质的服务。入住上海万达美华酒店的李先生一家人,通过万达酒店的微信小程序,享受到了在线选房、自助入住、机器人送物、自助开发票等一系列智能化服务。据介绍,万达酒店内部研发了宾客体验系统,通过对客人住前、住中、住后各个服务场景的数据把控,获取客人的偏好选项,这样可以提前做好服务准备,满足客人在不同阶段的需求,有效提升服务质量和效率。

"近两年疫情带来更多不确定性,酒店的经营环境与客户需求也愈加多变。"中国饭店协会副会长丁志刚接受本报记者采访时表示,"住宿行业涌现出很多具有专属性的数字化产品与服务。比如AI智能前台可以有效处理近90%的客人住前咨询、住中客需服务、住后反馈。这样有效解决了重复性的问询工作,工作人员有更多精力投入到个性化服务中。"

2. 酒店管理更高效

除了为客人带来满意的住宿体验外,数字化还赋能酒店运营各环节,提升管理效率。例如,以前在检查和清洁酒店客房时,需要人员做纸质版物品登记表,不仅容易出错,而且管理不便。现在,员工可以使用客房管理系统,登录之后在线上完成登记和检查物品。系统每天自动进行物资盘点,快速得出准确的数据,这样员工减少了耗时、冗余的操作,工作体验更好。

记者了解到,住宿业数字化管理平台产品的出现,解决了以往依靠大量人员跟进、管理和监督服务的情况。在多数酒店的智慧管理平台上,不仅可以清晰地看到客房出租情况、房间清洁情况、客房空气质量以及客房安全情况,也可以通过数字化技术即时接收到客户咨询、服务需求并应用 AI 技术分发到相关人员进行解决,让服务在线化、可跟踪。万达酒店及度假村市场营销中心总经理王鑫表示,构建数字化运营服务体系,通过各项日常运营的数据可以发现问题在哪里,找到改进、提升的办法。

在人力资源管理方面,数字化技术已帮助很多酒店将人员招聘、人员培训、人员档案、业绩情况、薪酬计算、福利发放、住宿管理等同步在一套系统里,让人员信息系统化,管理有数据,晋升有依据。员工通过 App,能够在手机上查看提成绩效,薪酬管理更加透明、规范。对于连锁酒店来说,随着酒店规模增大,人才招聘和管理难度会增加,而数字化恰好可以有效降低企业对人的依赖,规范管理和服务。

3.线上产品更丰富

除了自建系统,综合性旅游出行平台也是酒店开拓自有数字化运营的阵地。一些出行平台设有数字化商家诊断后台,为酒店等各类型商家提供有针对性的数字化经营解决方案,帮助商家提升包括流量运营、用户运营、会员运营、品牌营销等在内的经营能力。"商家可以直接与消费者进行互动,向消费者提供和其官网一样的价格和权益。"业内人士说,作为技术服务者,平台一方面升级产品技术能力,服务商家做好套餐类商品的运营;另一方面,与商家一起调整产品思路,通过满足人们多元化、个性化的酒店消费需求,开拓"酒店+玩乐门票""酒店+餐饮""酒店+体验"套餐型产品,促进玩法升级。

记者了解到,随着住宿业数字化的转型,数据将不断沉淀,企业得到的用户画像更加清晰。在这个变化过程中,酒店要考虑如何提供更多顾客所需的服务。疫情防控常态化背景下,人们的消费习惯发生了变化。一方面,出游条件的不确定性使"先囤后约"的酒店套餐备受欢迎。另一方面,酒店功能已从"一张床"进化到了"目的地"和社交空间,许多消费者不仅以"住"为目的,还希望在酒店实现更加个性化、内容丰富的度假体验。

酒店拥抱数字化,将会开启智慧旅游新时代。服务智能化、产品智能化升级将是未来的趋势,许多单体酒店或连锁化品牌都在建立属于自己的"智慧酒店"。真正的智能化是根据现实场景的数据采集,通过智能分析,能够适应各种场景,并且不断优化产品、改善服务,为顾客提供新的个性化服务。业界需要继续共同探索,让数字化作为工具,为消费者和商家创造更大的价值。

(资料来源:周姝芸."智慧酒店"带来旅行好体验[N].人民日报海外版,2022-03-07.)

思考:

(1)智慧酒店建设是大势所趋,依据本章有关知识,结合案例内容,分析酒店数字化建设为顾客带来了哪些新的消费体验?

(2)酒店如何更好地完成数字化转型,实现智慧酒店建设的目标?

第2章　智慧酒店的技术支持

【内容导读】

　　本章将介绍智慧酒店建设过程中所应用的主要基础技术,通过梳理酒店在运营管理过程中使用的技术系统和软件系统,归纳出物联网技术、虚拟现实技术、人工智能技术、大数据4个方面,本书将从技术的基础概念到在酒店中的应用进行详细阐述。智慧酒店的生态包括硬件设备、软件系统和服务流程3个方面,而智慧酒店生态的形成需要不同的技术设备支持。其中,硬件设备包括客房内的智能家具、智能门锁、智能照明等;软件系统包括客房管理系统、安防系统、客户关系管理系统等;服务流程则包括前台接待、客房清洁、餐饮服务等。

【学习目标】

　　1.熟悉物联网、虚拟现实技术、人工智能技术、大数据的基本概念及内涵。

　　2.了解酒店物联网的构成。

　　3.了解虚拟现实技术的特点及其与增强现实技术的区别。

　　4.掌握物联网、虚拟现实技术、人工智能、大数据在酒店的应用。

　　5.熟悉人工智能对酒店业的影响。

　　6.熟悉大数据的分析类别。

2.1　物联网技术

　　物联网是新一代信息技术的重要组成部分,也是信息化时代的重要发展阶段。物联网是物物相联系的互联网,是在互联网基础上延伸和扩展的网络,其核心和基础仍然是互联网;同时,物联网用户延伸和扩展到了任何物品与物品之间进行信息交换和通信,也就是"物物相息"。物联网通过智能感知、识别技术与普适计算等通信感知技术,广泛应用于网络的融合中,也因此被称为继计算机、互联网之后,世界信息产业发展的第三次浪潮。酒店业是一个时代性的行业,今天的酒店和酒店竞争格局,必然伴随着物联网这股浪潮正激烈地重塑着。

2.1.1 物联网的概述

(1)物联网的概念及内涵

1)物联网的概念

物联网的概念可从广义和狭义两个方面来理解。广义来讲,物联网是一个未来发展的愿景,等同于"未来的互联网"或者"泛在网络",能够实现人在任何时间、地点,使用任何网络与任何人和物的信息交换,以及物与物之间的信息交换;狭义来讲,物联网是物品之间通过传感器连接起来的局域网,不论接入互联网与否,都属于物联网的范畴。虽然目前对物联网还没有一个统一的标准定义,但从物联网本质上看,它是现代信息技术发展到一定阶段以后出现的一种聚合性应用与技术提升。国内通常认为,物联网是通过射频识别(RFID)装置、红外感应器、全球定位系统和激光扫描器等信息传感设备,按约定的协议,把任何物品与互联网相连接,进行信息交换和通信,以实现智能化识别、定位、跟踪、监控和管理的一种网络。物联网通过各种感知、现代网络、人工智能和自动化等技术的聚合与集成应用,使人与物智慧对话,以创造一个智慧的世界。

2)物联网的内涵

物联网的内涵主要体现在互联特征、"识别与通信"特征以及智能化特征等3个方面。一是互联特征。互联特征是指对需要联网的物一定要能够实现互联互通的互联网络。二是识别与通信特征。识别与通信特征是指纳入物联网的"物"一定要具备自动识别与物物通信的功能。三是智能化特征。智能化特征是指网络系统应具有自动化、自我反馈与智能控制的特点。

物联网的关键不在"物",而在"网"。实际上,早在物联网这个概念被正式提出之前,网络就已经将触角伸到了"物"的层面,如交通警察通过摄像头对车辆进行监控,通过雷达对行驶中的车辆进行车速的测量等。然而,这些都是互联网范畴之内的一些具体应用。此外,人们在多年前就已经实现了对物的局域性联网处理,如自动化生产线等。物联网实际上指的是在网络的范围之内,可以实现人对人、人对物以及物对物的互联互通,在方式上可以是点对点,也可以是点对面或面对点,它们经由互联网,通过适当的平台,可以获取相应的信息或指令,或者是传递出相应的信息或指令。例如,通过搜索引擎来获取信息或指令。当某一数字化的物体需要补充电能时,它可以通过网络搜索到自己的供应商,并发出需求信号;当收到供应商的回应时,能够从中寻找一个优选方案来满足自我需求。而这个供应商,既可以由人控制,也可以由物控制。这样的情形类似于人们现在利用搜索引擎进行查询,得到结果后再进行处理一样,具备了数据处理能力的传感器,根据当前状况做出判断,从而发出供给或需求信号。而在网络上对这些信号处理,成为物联网的关键所在。仅仅将物连接到网络,远远不能发挥它的威力。网的意义不仅是连接,更重要的是交互,以及通过互动衍生出来的种种可利用的特性。

（2）物联网的特点

物联网的基本特征就是网络化、物联化、互联化、自动化、感知化以及智能化等。

1）网络化

网络化是物联网的基础。无论是 T2T、H2T 和 H2H 专网,还是无线、有线传输信息,要感知物体,都必须形成网络状态;不管是什么形态的网络,最终都必须与互联网相连接,这样才能形成真正意义上的物联网(泛在物联网)。目前的所谓物联网,从网络形态来看,多数是专网、局域网,只能算是物联网的雏形。

2）物联化

人物相联、物物相联是物联网的基本要求之一。电脑和电脑连接成互联网,可以帮助人与人之间交流;而"物联网",就是在物体上安装传感器、植入微型感应芯片,然后借助无线或有线网络,让人们和物体"对话",让物体和物体之间进行"交流"。可以说,互联网完成了人与人之间的远程交流,而物联网则完成人与物、物与物之间的即时交流,进而实现由虚拟网络世界向现实世界的连接映射。

3）互联化

物联网是一个多种网络以及多种接入和应用技术的集成,也是一个让人与自然界、人与物、物与物进行交流的平台,因此在一定的协议关系下,实行多种网络融合,分布式与协同式并存,是物联网的显著特征。与互联网相比,物联网具有很强的开放性,具备随时接纳新器件、提供新服务的能力,即自组织、自适应能力。

4）自动化

物联网具有典型的自动化特征,通过数字传感设备自动采集数据;根据事先设定的运算逻辑,利用软件自动处理采集到的信息,一般不需要人为干预;按照设定的逻辑条件,如时间、地点、压力、温度、湿度和光照等,可以在系统的各个设备之间,自动地进行数据交换或通信;对物体的监控和管理实现自动的指令执行。

5）感知化

物联网离不开传感设备。射频识别(RFID)装置、红外感应器、全球定位系统、激光扫描器等信息传感设备,就像视觉、听觉和嗅觉器官对于人的重要性一样,是物联网不可或缺的关键元器件。

6）智能化

所谓"智能"，是指个体对客观事物进行合理分析、判断以及有目的地行动和有效地处理周围环境事宜的综合能力。物联网的产生是微处理器、传感器、计算机网络和无线通信等技术不断发展融合的结果，从其"自动化""感知化"的要求来看，它已能代表人、代替人"对客观事物进行合理分析、判断以及有目的地行动和有效地处理周围环境事宜"，智能化是其综合能力的表现。与此同时，物联网的精髓不仅是对物实现连接和操控，它还通过技术手段的扩张，赋予网络新的含义，实现人与物、物与物之间的相融与互动，甚至是交流与沟通。作为互联网的扩展，物联网具有互联网的特性，但也具有互联网当前所不具有的特征。物联网不仅能够实现由人找物，而且能够实现以物找人，能对人的规范性回复进行识别。

（3）物联网对酒店的影响

在物联网时代，智能产品在酒店操作层面的应用，给酒店带来前所未有的深刻变化和挑战。

1）酒店价值链开始转型

智能化产品的新功能、新能力将迫使酒店的传统部门架构转型。这种转型是以酒店产品的重新定义、研发为起点，辐射到酒店整条价值链。传统酒店职能边界辐射发生变化，全新的职能部门或许不断涌现。

2）组织架构和人员将发生颠覆性变化

PMS系统的使用、人脸识别系统、VR选房、智能入住、全场景消费等各项功能将彻底改变前厅部岗位职能和操作常规，去前厅化趋势明显。简单、重复、机械的劳动密集型岗位如PA、房务员、管事员、保安员等岗位会逐步全部或大部分被人工智能设备/机械所替代。工程部原有的"运行＋维护"工作内容会有深刻变化。在智能物联网时代，酒店空调、消控、给排水等机械设备上的智能监测设备，实时将数据信息传递给厂家和酒店中央控制中心，根据酒店实地情况自动调节设备开启时间，智能管控温度、灯光、消防监控，机械设备的售后服务将会更及时。这些变化，不仅能耗成本有可能降低，也会影响工程部人员配置。酒店集团客户数据信息实现共享，关联企业客户信息数据互联互通，行业内数据交互交叉趋势明显。利用数据，发挥数据全部价值的能力将是酒店竞争优势的关键来源。因此，酒店将更加注重对大数据的深度（数据深度挖掘）和广度（数据生态圈关联数据）的开发和利用。数据分析师、数据构建师这样的全新岗位将出现，传统的IT人员受到挑战和冲击。

3）员工治理模式发生深刻变革

未来酒店的组织职能不再是分派任务和监工，而更多是让员工的专长、兴趣和客户的问题有更好的匹配,这往往要求更多的员工自主性、更高的流动性和更灵活的组织。我们甚至可以说,是员工使用了组织的公共服务,而不是酒店雇用了员工。两者的根本关系发生了颠倒,改善组织边界成为必然。通过权责、信息、能力和激励4个杠杆,激发员工的积极性、创造性,使之思维和行动与酒店组织目标协调一致。员工个体的多元、独立、自由属性,使得酒店管理者必须真正意识到,变化的不仅是组织架构,更多的应该是管理思维。一切皆变,一切皆存在。懂得数据挖掘和利用,掌握 IT、财务、销售业务的复合型高级管理人才大受欢迎。

4)酒店产品重新定义

满足客户多层次、个性化社交需求的产品有了新的标准。客房电话、保险箱或许很快从客房消失。壁挂电视将会被便携移动影视音频设备取代:智能化交互设备大量在客房展示。客房常规标配的杯具、床品、洗漱用品将会被基于对客户喜好数据的理解,而更多实现个性化灵活配置。在满足客人生理和安全深层次需求之后,酒店开始注重客户多元的、多层次、个性化的社交需求,如亚朵、喆啡酒店的快速成长。进而酒店在满足客户高阶、多元、个性社交需求的过程中,逐步实现客户的"自我满足"高阶需求。

5)酒店顾客体验感增强

酒店物联网可实现在手机 App 上进行自助订房、退房、续房。订房成功后,系统自动分配房间。客人在手机上获取客房密码,身份识别成功后便可成功入住。整个过程方便、快捷。客房到期前半小时,系统将自动提醒客人,客户如果有续房需要,可及时续订,解决了客人想要续房但房间已被预订的困扰。系统在客人退房后立即联系保洁人员,对房间进行打扫清洁,保证房间彻底清洁后,系统才开启订房服务。在未进入客房前,客人可以根据自己的喜好,对房间的温度、湿度进行控制,同时也可以控制房间的窗户、窗帘、灯光、电视、空调等,让客人在入住时,立即感受舒适。想想客人长途奔波后,进入温暖的房间,这时洗澡水已经放好,放下行李进到浴室,美美地泡一个澡,整天的疲惫都消失了。酒店物联网 App 能自动记录下客人的喜好,下次住房时优先推荐,大大增加了客人的服务体验。整个房间保持恒温,房间中的二氧化碳、粉尘过高时,系统自动开启排风口进行通风,时刻让客房保持最佳住宿环境。住房内,可语音控制灯光、电视等,当客人睡着后,能自动关灯。如果客人有夜盲症等原因晚上不喜欢关灯,可在手机上自行调整。

6)酒店收益提高

客人在订房后,当即手机支付费用才能预订成功,有效地避免了逃账、赊账的情况出现。手机 App 上需要本人正确的身份信息填写,通过互联网获取客人的信誉度,若低于最低标准,将拒绝客人的住房请求。房间内的用品(零食、泡面、沐浴花瓣等)在房间预订支付时,清楚标明并合计到总费用中。客人退房后,在保洁人员确定没有消耗后,退还给客人。如果发现有故意损坏房间设施后,记录该客人的行为,在获取联系后不承担责任将扣除其信誉度,并以法律手段解决。智能化的酒店服务更能吸引客人的入住,增大住房量。酒店物联网系统会自动发布整理酒店客房住宿信息。首先推荐住房率高、客人评价高的酒店物联网,并且能通过定位为客人推荐最佳的酒店选择,让酒店客房空置的情况减少,增加收益。酒店物联网办理客人的订房、退房都是智能操作,酒店可适当减少前台人数,节约成本。

2.1.2　酒店物联网的构成

人工智能的到来,把正在纷繁的酒店业科技化带入"下半场",智能化服务将深入整个酒店旅行周期乃至核心业务环节。比如,作为专业的物联网智能服务公司——紫光物联基于 iOS、Android 及微信平台开发的创新型智慧酒店综合服务与管理平台,就打造了一个全新旅居的物联网智慧酒店,酒店智能助理解决方案如图 2-1 所示。

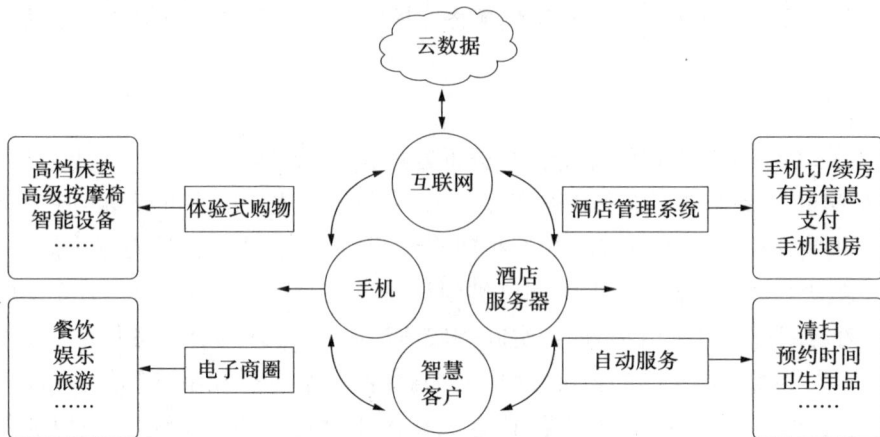

图 2-1　酒店智能助理解决方案

如图 2-1 所示的酒店智能助理解决方案,通过智能交互助力酒店服务提升,增强用户体验,提升酒店运营场景智能化,实现传统酒店向智能酒店转型。具体功能如下。

（1）手机自助订房

简化入住流程,手机直接订房并支付,系统自动分配房间。可免去 OTA 平台佣金（20%）,节约前台人工成本（2~4 人）。

（2）空调智能化

顾客进入客房可享受符合自身个性需求的温度,打造可以控制客房湿度的酒店。钟点房客人体验感更好,进入房间即可享受舒适的温湿度。系统具有记忆功能,第一次选择以后,下次入住时系统自动推荐。

（3）开门更便捷

手机开门,免去前台领卡步骤,直接进入房间,省去前台领卡时的等待。不需要接触服务人员,手机订房后直接开门。

（4）智慧客房控制

寒冷的冬天,可以在被窝里用手机调节空调温度。早晨醒来,在床上打开窗帘看海景、日出。美妙的音乐想听就听。躺在床上用手机控制灯光、窗帘、排风扇、空调、电视机、音乐等设备。

（5）智能睡眠系统

系统可监控客人的心跳,发现异常及时报警,避免喝酒后危险。系统可监控客人的呼气频率,发现异常及时报警,避免睡眠猝死。可以打印睡眠报告,了解睡眠质量。睡眠后,忘记关灯,系统帮助关灯。睡眠后,温度过低,容易感冒,系统帮助升温。

（6）客房空气质量调节

入睡后,如果二氧化碳浓度过高,系统自动开启排风或新风调节。PM 2.5 过高,系统自动开启窗户和排风扇或空气净化器。客房保持恒温、恒湿状态。实时监测入住期间的客房环境:温度、湿度、粉尘颗粒、二氧化碳。

（7）手机自助续房、退房

退房和续订用户自主完成,不需要通过前台排队。可以提前退房,预约开发票,避免早高峰期和晚高峰期客人的漫长等待。

2.1.3　物联网在酒店的应用

（1）物联网在公共场合的应用

公共场合是一个酒店的主体,根据不同的功能,大体上可分为营业场所（大堂、宴会厅）、内勤办公场所和公共空间（走廊、卫生间）三部分。这些公共场合应该提供优美的灯光环境、更高的使用功效及更多的附加值。通过物联产品,可以让独具特色的温暖贴心服务成为酒店的一部分,同时,更为管理者提供更高效的管理手段,使酒店物耗、能耗、人员成本降到最低,创造更多的效益。

1）大堂

中庭/大堂可采用多种可调光源通过智能调光始终保持最柔和最优雅的灯光环境。可以根据一天的不同时间、不同用途精心地进行灯光场景预设置,使用时只需要调用预先设置好的最佳灯光场景,使客人产生新颖的视觉效果。操作既可以由现场的物联无线调光开关就地控制,也可以通过设在大堂吧台的监控平台来控制。在客人进出较多的时段,打开大堂全部回路的灯光,以方便客人进出。客人进出较少时段,打开部分回路的灯光,此区域照明控制集中在相关的管理室,由工作人员根据具体情况控制相应的照明。操作既可由现场就地控制,也可由中央监控计算机控制,还可设置时间控制,方便酒店管理者的集中管理。

一个高档次的酒店,静静流淌的背景音乐是必不可少的,物联无线墙面开关正是将这种理念传承下来,工作人员只需轻轻按下开关,系统设置好的音响设备便会自动打开,操作简单,让每个人在第一次接触时就得心应手。

2)宴会厅

酒店宴会厅的关键要求在于舞台连接,要让室内舞台管理小组可以在活动过程中完全控制房间的灯光。物联无线调光开关就可以通过舞台灯光控制台实现无缝整合,为各种功能提供灯光场景。智能照明控制系统还可以更加轻松地控制公共区域的灯光,大大降低因人工控制导致人为错误的发生概率。由于调光功能有助于延长灯泡的使用寿命,还可以明显降低能源成本,因此酒店照明控制系统便具有了效率高、维护方便的优点。宴会厅一般是酒店客人相对比较集中的地方,利用物联无线空气质量探测器、物联无线温度湿度感应器来及时转换新鲜空气,随时调整宴会厅空气的温湿度,显然是为广大客人提供了更好的用餐环境,让客人在享受美味的同时,视觉与感觉同时获得满足。就餐时,难免有吸烟的客人,除了要净化宴会厅的空气外,酒店还可以通过物联烟雾(火警)探测器对现场进行实时监测,避免火灾的发生。

图 2-2 物联无线空气质量探测器   图 2-3   物联无线温度、湿度感应器

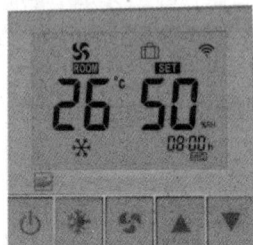

3)酒吧区域

通过物联无线调光开关,我们可以让酒店的主要员工对酒吧的整个照明环境进行完整的控制,灵活地营造各种氛围,以适应休闲、聚会或者特殊活动过程中照明需求的变化,让酒吧为客人呈现缤纷绚烂的效果。在过去,大型空间的照明开关和调节通常需要一排排的墙壁开关来完成,让人眼花缭乱。如果操作人员幸运的话,某些开关上可能会刻有标记。但是令人沮丧的是,员工不知道哪个开关可以控制哪个功能,所以经常会出错。现在有了物联无线调光开关,酒店员工就可在监控平台设置不同的场景

模式,并配有相应的文字提醒,确保所有的员工都可以轻松看懂并使用。

4)会议室

在会议室进行智能化设置,可以轻松地进行灯光场景的调用以及各种音响设备控制,快速满足客人对室内照明环境及音效的要求。同时,智能设计的物联无线温度、湿度感应系统及物联无线空气质量监测系统能为参加会议的客人提供舒适的环境,从而达到会议所寻求的满意效果。另外,物联无线红外转发器的使用,也大大减少了对机器的操作步骤,与会者只需一个遥控器、一台电脑甚至是手机就能控制会议室的所有电器设备。

5)走廊/楼梯间/车库/卫生间

如何在满足客人需要的同时,更有效地解决能源问题?采用物联无线调光开关,结合物联无线红外入侵探测器,当工作区域内空置时,灯光亮度会降低30%,当有人进入时,亮度会马上恢复到100%,这样就可以节约一笔可观的能源费用。由于一天中有些区域并不经常使用,所以这些区域更加适合安装物联无线红外入侵探测器,在不需要照明时将灯光关闭,这样可以节约能源。同时在必要的照明环境下,部分灯光根据酒店每天的运营情况进行走廊以及车库的定时启用。根据不同季节、不同时间段进行照明的自动管理,帮助酒店的管理者更好地利用能源、管理能耗。

6)核心区域

有些场合,显然不能随便让人进出。例如酒店的监控中心、管理中心等。那么,一套高效的安检系统肯定是必不可少的。物联无线门、窗磁感应器,正是为这个安检系统量身打造的一款产品。它可以隐蔽地安装在重要门窗内,并且从外表根本看不出来。一旦有人非法开启门窗,那么感应器可立刻将相关信息传输给控制中心,也可以立刻触发报警装置,为客人提供万无一失的安全保证。

(2)物联网在客房中的应用

让客人有宾至如归的感觉、最大限度地满足客人个性化的需求,将成为酒店客房服务所面临的新竞争点。在这方面,物联产品占据着明显的竞争优势,它所提供的智慧、安全的私密化空间,将使改造后的酒店客房能够吸引广大客人为了追求享受而专程入住。

1)提供人性化的智慧服务

其一为提供体贴的"迎宾"服务。客人入住时,插卡取电,系统预设模式可自动切换成"迎宾"模式,室内灯光缓缓亮起,悠扬的背景音乐静静流淌,典雅的电动窗帘徐徐关闭,电视音响也已开启。其二为提供不同的场景模式。客人可根据自身需求,通过物联无线场景开关设置不同的场景模式,"浪漫时光""影院模式""优质睡眠"让客人在酒店也能享受居家的乐趣。

2）提升客房的安全性能

其一为配备物联无线紧急按钮。每间客房都配备物联无线紧急按钮,当客人在房中发生意外情况时(如老年人不小心滑倒),可及时按下紧急按钮,酒店监控平台便会在第一时间收到求助信号,为客人提供便捷、快速的特殊应急服务。其二为提供客房密码服务。客人入住前,酒店可提供特殊的客房密码服务。通过 Zigbee 无线技术,让客人的苹果、安卓等智能手机,在住店期间可与客房物联无线红外入侵探测器相连。如此一来,当有人靠近或进入客房时(如服务员进入客房打扫卫生),客人的智能手机就能及时收到提示,并自主选择是否进行视频查看。如果亲友来拜访时,不巧正在外面,那么客人也可通过手机提示知道来人是谁,从而电话沟通后再约时间,十分方便。如果有人企图非法闯入,酒店安保系统也会在第一时间接到警报,迅速作出安排,确保入住客人的人身财产安全。客人退房后,酒店管理系统也将自动更换客房密码,不影响下一位客人的正常使用。其三为配备物联无线烟雾(火警)探测器。客人入住后,24 小时都有物联无线烟雾(火警)探测器的默默守护。酒店监控平台也可随时监测每间客房中的烟雾范围及空气温度,一旦温度超过 65 ℃,空气中烟雾超过设定值,就会及时发现危险,采取积极措施,杜绝火警的发生,让客人住得更安心。

图 2-4　无线紧急按钮　　　　图 2-5　红外入侵探测器　　　　图 2-6　烟雾(火警)探测器

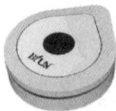

3）打造舒适的客房环境

其一为物联无线温度湿度传感器,营造舒适的室内温湿度环境。当客人在前台登记入住时,监控平台通过与酒店管理系统的接口获取客人的入住信息,室内的物联无线温湿度传感器自动获取相关数据,并根据需求将与之相连的空调系统和加湿器设定到较为舒适的温湿度,为客人提供舒适的客房环境。客人取卡离开后,酒店管理系统可将客房内温湿度设定在特定值,使空调与加湿器低速运行,降低客房能耗。客人再次进入房间内,插卡取电后,系统恢复客人离开前设定的模式,以减少客人重复设定的麻烦。客房内实际温湿度及客人设定温湿度均可实时传送到监控平台服务器,以方便进行客房管理。其二为物联无线空气质量探测器,带来室内清新空气。时刻保持室内新鲜空气,为客人全力打造清新的入住环境。在客人登记入住前,无线空气质量探测器便已实时将室内空气中 CO_2、温度、湿度、VOC 等数据自动传输到监控平台,随时监测,当这些数值超过设定值时,与之相连接的空调、通风设备等自动开启,快速净化室内空气,在客人入住时就能享受舒适环境。

4)带来更多的服务体验

其一为无线智能插座的应用。通过物联无线智能插座的巧妙设计,客人可以方便地把电器插入,酒店不必再担心杂乱的电源插座线会影响客人入住的心情。内置自动断电装置,电力只在需要时被使用,更好地为酒店节约了能源。操作简单,客人可轻松连接使用该装置。加入 Zigbee 无线网络后,客人还可以在局域网或者互联网内使用智能手机、平板电脑等设备自动或手动控制插座的开和关。产品根据现代酒店客人需求设计开发,体现酒店尊贵和无微不至的人性化服务。其二为无线红外转发器的应用。酒店的物联无线红外转发器可以控制任何使用红外遥控器的设备(电视、空调、电动窗帘等),客人入住期间,通过无线网关的相关设置,就可轻松使用智能手机来控制这些设备。简单直观的操作能让客人体验到更好的服务。

2.2　虚拟现实技术

虚拟现实技术在酒店业的应用为旅行带来了全新的维度。通过虚拟实地参观,旅客可以提前了解酒店的环境和设施,做出更明智的预订决策。在住宿过程中,客人可以享受各种虚拟体验,丰富旅行的乐趣。而在会议和活动中,虚拟现实技术提供了创新和互动的方式,提高了参与者的参与度和合作精神。同时,对酒店员工来说,虚拟现实技术为培训提供了更生动、实践性的方式,提高了工作效率和服务质量。随着技术的不断进步,虚拟现实技术在酒店业中的应用前景更加广阔,有望为旅行带来更多全新的体验和可能性。

2.2.1　虚拟现实技术概述

(1)虚拟现实技术的概念

虚拟现实(Virtual Reality, VR)技术是一种可以创建和体验虚拟世界的计算机仿真系统,它利用计算机模拟产生一个三维世界的虚拟空间,为使用者提供视觉、听觉、触觉等感官的模拟,让使用者如同身临其境一般,可以即时、没有限制地观察虚拟空间内的物体。一个典型的虚拟现实系统主要包括:虚拟世界、计算机、虚拟现实软件、输入设备和输出设备五大组成部分。其中,虚拟世界是可交互的虚拟环境,涉及模型构筑、力学特征、物理约束、照明及碰撞检测等;计算机环境涉及处理器配置、I/O 通道及实时操作系统等;虚拟现实软件负责提供实时构造和参与虚拟世界的能力,涉及建模、物理仿真等;输入设备和输出设备用于观察和操纵虚拟世界,涉及跟踪系统、图像显示、声音交互触觉反馈等。虚拟现实技术主要包括模拟环境、感知、自然技能和传感设备等方面。模拟环境是由计算机生成的、实时动态的三维立体逼真图像。感知是指理想的 VR 应该具有一切人所具有的感知,除计算机图形技术所生成的视觉感知外,还有听觉、触觉、力觉、运动等感知,甚至还包括嗅觉和味觉等,也称为多感知。自然技能是指人的头部转动,眼睛、手势或其他人体行为动作,由计算机来处理与参与者的动作相适应的数据,并对用户的输入做出实时响应,并分别反馈到用户的五官。传感设备是指三维交互设备。虚拟现实技术追求的是将传统的计算机从一种需要人用键盘、鼠标对其进行操作的设备变成人处于计算机创造的人工环境中,通过感官、语言、手势等比较"自然"的方式进行"交互、对话"的系统和环境,它将从根本上改变目前让人去适应计算机的不友善的局面,而变成让计算机来适应人的一种新体制,从而使人不需要经过专门训练就可以在不知不觉中使用计算机,使计算机渗透到人们工作、学习和生活的各个领域,大大扩大了计算机的应用。

虚拟现实技术是一种综合计算机图形学、多媒体技术、人机接口技术、图像处理与模式识别、多传感技术、语音处理与音响技术、高性能计算机系统、并行实时计算技术、人工智能、仿真技术等多种学科而发展起来的技术,它以模拟方式为使用者创造一个实时反映实体对象变化与相互作用的三维图像世界,在视、听、触、嗅等感知行为的逼真体验中,使参与者可以直接参与和探索虚拟对象在所处环境中的作用和变化,置身于虚拟的世界中,产生沉浸感。

(2)虚拟现实、增强现实和混合现实的联系与区别

VR(Virtual Reality,虚拟现实)是利用计算设备模拟产生一个三维的虚拟世界,为用户提供视觉、听觉等感官的模拟,有十足的"沉浸感"与"临场感",但看到的一切都是虚拟的。VR 消费类设备现可分为 3 类:需要配合电脑的头戴式设备,代表为 Oculus Rift 等;投射手机内容的 VR 转换支架,代表有暴风魔镜 Card Board;自带主机,无须电脑、手机等外设的 VR 一体机。还有专业的 VR 内容生产设备,例如 Nokia 020。VR 尚处于初级阶段,内容和应用匮乏,佩戴舒适度、人机交互等问题依然是难点。

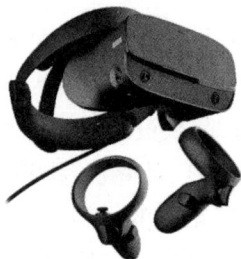

图 2-7　Oculus Rift　　　　　图 2-8　暴风魔镜 Card Board

AR(Augmented Reality,增强现实)将虚拟资讯加入实际生活场景,字面解释为"现实"就在这里,但是它被虚拟信息增强了。实际上,智能手机上有很多应用都属于AR,比如一些 LBS(基于地理位置的服务)应用,打开应用后,把手机摄像头对着某幢大厦,手机屏幕上便会浮现大厦的名称楼层等相关信息。GMC 车载系统在其挡风玻璃上投射虚拟图像,用意是让驾驶者不需要低头查看仪表的显示与资料,始终保持抬头的姿态,降低低头与抬头期间忽略外界环境的快速变化,以及眼睛焦距需要不断调整产生的延迟与不适,或者帮助驾驶者更好地感知路况信息,提高驾驶安全性。Google Glass 允许使用者与周围环境交互时,通过眼镜上的微型投影仪把虚拟图像直接投射到使用者的视网膜,使用者可以看到叠加过虚拟图像的现实世界。

MR(Mixed Reality,混合现实),又称 Hybrid Reality,包含 AR 以及 AV(Augmented Virtuality,增强虚拟),它将真实世界和虚拟世界混合在一起,产生新的可视化环境,环境中同时包含了物理实体与虚拟信息,并且是实时的。AV(增强虚拟)则是将真实信息加入到虚拟环境里,例如玩电玩游戏时可透过游戏手把感应重力,将现实中的重力特性加入到游戏中,调整、控制赛车的方向。MR 是将虚拟世界与真实世界混合在一起,产生全新的视觉化环境。"现实—虚拟"连续区间(Reality-Virtuality Continuum),向左至无穷表示现实环境,向右至无穷表示虚拟环境。从现实环境依次向右为增强现实(AR)、增强虚拟,直到虚拟环境,混合现实则包含了增强现实与增强虚拟。用户眼睛所见到的环境同时包含了现实的物理实体以及虚拟讯息,且可以实时呈现。较为知名的 MR 产品包含 Magic Leap 以及微软的 Hololens。

(3)虚拟现实技术的特点

从本质上说,虚拟现实系统是一种先进的计算机用户接口,它通过给用户同时提供视、听、触等各种直观而又自然的实时感知交互手段,最大限度地方便用户的操作,从而减轻用户的负担,提高整个系统的工作效率。美国科学家 Burdea 和 Philippe Coiffet 在 1993 年世界电子年会上发表的"Virtual Reality Systems and Applications"中提出"虚拟现实技术的三角形"。虚拟现实技术的三角形形象而简明地表示了虚拟现实技术所具有的最突出的"3I"特征:交互性(Interactivity)、沉浸感(Immersion)和构想性(Imagination)。

1)交互性

交互性指参与者对虚拟环境内的物体的可操作程度和虚拟现实技术的三角形环境中得到反馈的自然程度,使用者必须能与虚拟场景进行交互,产生参与感。这种交互的产生主要借助于各种专用的三维交互设备(如头盔显示器、数据手套等),它们使人类能够利用自然技能,如同在真实的环境中一样与虚拟环境中的对象发生交互关系。

2）沉浸感

沉浸感又称浸没感、临场感、存在感、投入感,指用户感到作为主角存在于模拟环境中的真实程度。为了实现沉浸感,必须存在一个由计算机生成的虚拟场景,这个虚拟场景能令使用者暂时脱离现实世界,产生一种现场感,理想的模拟环境应该达到使用户难辨真假的程度。沉浸感包括以下两个方面:其一为多感知性,又称感受性、全息性、真实性,是指除了一般计算机技术所具有的视觉感知之外,还具有听觉感知、力觉感知、触觉感知、运动感知,甚至包括味觉、嗅觉感知等。理想的虚拟现实技术应该具有一切人所具有的感知功能。由于相关技术的限制,特别是传感技术的限制,目前虚拟现实技术所具有的感知功能仅限于视觉、听觉、力觉、触觉、运动等几种,无论从感知范围还是从感知的精确程度都尚无法与人相比。其二为自主性,指虚拟环境中的物体依据物理定律动作的程度。例如,当受到力的推动时,物体会向力的方向移动,或翻倒,或从桌面落到地面等。

3）构想性

构想性又称想象性,是指虚拟现实技术具有广阔的可想象空间,不但可以再现真实存在的环境,而且可以构想客观上不存在的,甚至不可能发生的环境。人类在许多领域面临着越来越多前所未有而又必须解决和突破的问题。例如,载人航天、核试验、核反应堆维护、新武器等产品的设计研究,气象及自然灾害预报、医疗手术的模拟与训练以及多兵种军事联合训练与演练等,借助于 VR 技术,人类有可能从定性和定量综合集成的虚拟环境中得到感性和理性的认识,深化概念,产生新的构想。

2.2.2　虚拟现实技术在酒店中的应用

（1）虚拟现实技术在酒店预订流程中的应用

在过去,酒店预订仅限于文字描述和照片,无法真实地展示酒店的环境和设施。全景（静态）虚拟现实是通过 360 度相机,环拍一组或者多组真实的场景照片,拼接成一个全景图像,再利用计算机技术实现全方位欣赏真实场景的技术。通过这种技术可以对酒店中的布局、角度和游览速度进行自由控制,避免了被动接受的缺点,给用户更加充分的选择自由,具有较强的互动参与性,使游览过程不受时间、天气的影响,酒店顾客可以随意更换观察点,多角度细致地游览,满足其想要体验的多种需求。通过动态虚拟现实技术,旅客可以通过虚拟实地参观来提前了解酒店。他们可以戴上虚拟现实头盔,仿佛置身于酒店内,实时体验酒店的设施、客房、景观等。这种亲身参观的体验使旅客能够更准确地评估酒店的质量和适合性,从而做出更明智的预订决策。

（2）虚拟现实技术在酒店客房体验中的应用

虚拟现实技术为客人提供了丰富的客房体验。客人可以在客房中享受各种虚拟体验,如虚拟旅游、虚拟冒险等。通过穿戴式虚拟现实设备,他们可以身临其境地参观世界各地的名胜古迹,探索大自然的奇观,或者参加刺激的冒险游戏。这种虚拟体验为客人提供了一种全新的娱乐方式,丰富了住宿体验,使他们能够在舒适的客房内尽情享受旅行的乐趣。

（3）虚拟现实技术在酒店会议和活动中的应用

虚拟现实技术为酒店会议和活动带来了创新和互动。通过虚拟现实设备,参与者可以参加虚拟会议、讨论和团队建设活动。他们可以在虚拟环境中与其他与会者进行实时互动,进行模拟演练、问题解决和团队合作。这种互动方式不仅提高了会议和活动的效率,还使参与者能够更深入地参与其中,增强了合作精神和团队凝聚力。

（4）虚拟现实技术在酒店员工培训中的应用

虚拟现实技术为酒店员工培训提供了更生动、实践性的方式。通过虚拟现实设备,员工可以模拟各种工作场景,进行实际操作和应对。他们可以在虚拟环境中学习如何与客人互动、处理紧急情况、提供优质服务等。这种实践性的培训使员工能够更快速地掌握技能和应对能力,提高工作效率和服务质量。利用虚拟现实系统,员工可以足不出户地获得生动、逼真的学习环境,彻底打破时间与空间的限制,加速学习知识和能力训练的过程,改进教学方式、优化教学过程、提高教学效果。虚拟现实技术提供了一种新型的教学手段,很好地解决了这个问题,使学生可以更加投入地参与到教学互动中,更加深入地理解教学内容,提高了教学质量。

（5）虚拟现实技术在酒店设计中的应用

利用虚拟现实技术可以对待开发的酒店设计进行合理的规划设计与系统建模,生成虚拟场景。规划人员可以交互式地观察和体验虚拟景点,在真正实施规划方案之前判断其优劣,改进不足,验证实施效果,并在选定方案的实施过程中起到有效的辅助决策作用。传统的酒店装修设计方式通常通过平面图、手绘或立体模型等来展示设计方案,这些方式虽然方便设计团队内部的沟通,但与客户沟通上存在诸多限制。然而,虚拟现实技术的应用使得酒店装修设计更加直观、交互和可视化。一是实时预览,通过虚拟现实技术,设计师可以将客户带入一个虚拟的酒店空间,与客户一同探索不同设计方案,实时预览设计效果。客户能够更直观地感受到酒店装修设计的整体氛围、色彩搭配和材质选择,真实感受到未来的空间效果。二是设计优化。在虚拟现实环境中,设计师可以根据客户的实际需求和反馈进行设计修改和优化。客户能够即时提出意见和建议,而设计师则能够根据客户的反馈进行实时调整,以达到理想的设计效果。这种实时反馈和修改的过程能够大幅减少设计与施工之间的误差和成本。

【知识链接】

希尔顿创新学习事业部高级总监布莱尔·博伊瓦尼（Blaire Bhojwani）说："我们的目标是给团队成员带来真正的压力。我们希望他们明白酒店运营的复杂性，从而更好地理解客房服务员的角色。"希尔顿集团在全球119个国家和地区拥有6 000多家酒店和度假村，所以公司在新人培训方面面临着重大的挑战。尽管高管有机会通过轮岗体验前台、洗衣、销售和餐饮等不同部门，但这难以扩展到全体成员。所以，VR成为团队首选的解决方案。借助VR培训，团队成员可以参观锅炉房、厨房，并足不出户地搭乘位于美国弗吉尼亚州的麦克莱恩泰森斯科纳希尔顿酒店的玻璃中庭电梯。他们同时可以练习3个实际操作任务：完成客房托盘送物，办理入住手续，以及打扫酒店房间。

布莱尔表示："就客房服务而言，参与者必须在每个房间里照管9件物品。实际上，员工需要完成62项清洁任务。当我们的新人真正体验到客房服务需要完成多少工作时，他们都会感到惊讶。"反过来，团队同样为参与者的集中度感到惊讶。希尔顿集团认为，提供具有高度真实感的环境对培训至关重要。

在另一款内容中，团队成员将能换位体验遭遇问题的客人的感受。在"Exceed with Empathy"中，他们将经历五种令人沮丧的客户场景：餐厅服务缓慢，会议室设置不正确，数字钥匙无法正常工作，结账流程过时，以及咖啡机出现损坏。

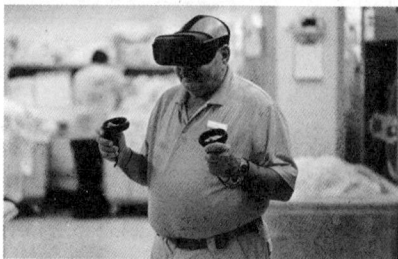

图2-9　希尔顿酒店集团培训

图2-10　希尔顿酒店集团培训

团队成员将按照喜好选择冒险，并感受超出、达到或低于客人期望的情况。学习事业部副总裁詹妮弗·林克（Jennifer Rinck）指出："以传统的学习方式进行交互非常困难。我从业已有20年，这是我第一次真正感受到如同现实般的宾客互动。"

随着希尔顿在酒店运营中进一步铺开试点，虚拟现实的优势已经开始渗透到整个集团。团队预计，VR体验能够将传统的培训从4个小时缩短到20分钟。尽管有人一开始会对穿戴头显感到犹豫，但有75%的受访者表示VR帮助自己改善了问题解决能力和客户服务技能。另外，有94%的人表示它增强了团队成员的同理心。希尔顿学习和开发团队针对VR及其作为培训工具的潜力制订了一项雄心勃勃的计划。但就目前而言，最令大家感到高兴的是，受训员工在看着不满客人或同事时能够说出"我明白你的感受"这样一句话。

（资料来源：黄颜.Facebook为希尔顿提供VR培训解决方案，涉及全球6 000多家酒店和度假村［EB/OL］.映维网资讯，2020-03-12.）

2.3 人工智能技术

人工智能在过去十年中从实验室走向产业化生产，重塑传统行业模式、引领未来的价值已经凸显，并为全球经济和社会活动作出了不容忽视的贡献。当前，人工智能已经迎来其发展史上的第三次浪潮。人工智能理论和技术取得了飞速发展，在语音识别、文本识别、视频识别等感知领域取得了突破，达到或超过人类水准，成为引领新一轮科技革命和产业变革的战略性技术。人工智能的应用领域也快速向多方向发展，出现在与人们日常生活息息相关的越来越多的场景中。

人工智能技术作为新一轮科技和产业变革，正在悄悄改变着各行业的发展，酒店行业也不例外。人工智能技术在酒店运营部门开始了自助服务、机器人服务、人脸识别等创新举措，为客人提供了与众不同的入住体验。

2.3.1 人工智能概述

（1）人工智能的概念

人工智能（Artificial Intelligence），是一种计算机网络技术，具体是指将复杂的硬、软件和大数据结合起来，用于模拟、延伸人类的思维并适应人类社会生活环境的一门技术，人工智能可以自主完成输入、学习、分析、预测和输出这几个步骤，并具有独立思考、决策和情感交互等能力。人工智能现如今已被广泛应用到服务领域，具体包括智能推荐、服务机器人、虚拟助理、智能支付系统、人脸识别系统等。

（2）人工智能的特点

1）数据分析

人类通过预先设定的方式将原始数据输入人工智能处理器中，发出事先编辑好的运算指令，将原始数据进行筛选和整理，得出人类需要的结果，最初的应用体现在数学计算器方面，由最初的加减乘除运算扩展到批处理和云计算领域。

2）智能识别

智能识别是指人工智能处理器根据某种事物的特征与预先录入的参数进行对比、筛选和辨别，最终做出判别结果或者根据指令做出行动。在日常生活中最初体现在公交卡或者身份证阅读器的使用,发展到如今的指纹识别和面部识别,甚至可以对声音和影像视频资料进行处理和判别。

3)动作行为能力

动作行为能力主要体现在智能机器人方面,不单单指外形或者发音与人类有相似之处,还包括在指令执行方面的行为能力,根据标准的操作规程进行生产和生活,比人类的行为更为精确,耐力更强。工业制造领域的应用最广,由一系列具备作业能力的装置构成,受到内置的电子芯片操控,可以取代人类进行繁重而又危险等关键环节的生产,体现在生产车间的装配、切割、锻融等程序。

4)自主学习能力

神经网络模型在数据处理器方面的应用,推动了人工智能自主学习能力的开发,根据生物学中人脑神经系统的结构和工作方式,在数据处理器中设置类似的网络单元,模仿人类认知的顺序和层次设置网络单元间的链接系统,模拟人类的逻辑思维过程,将处理器的数据分析、识别、存储等功能集成为一体,不断刷新自身的存储数据,强化对外界的认知,达到与事物发展实现同步的目的。

(3)人工智能的基本要素

1)算法

人工智能领域应用最广泛的算法是机器学习和深度学习。从宏观来看,算法是人工智能的重要组成部分,而深度学习是近年来发展最快速的机器学习算法,因其在计算机视觉、自然语言处理等领域中的优异表现,大幅加快人工智能应用落地速度,催生了很多相关工具和平台,如百度飞桨深度学习开源框架、阿里巴巴的深度学习框架 X-Deep Learning、旷视人工智能计算平台 Brain++等。

2)算力

人工智能的技术和产业发展只靠算法是不够的,需要加强以算力为核心的基础能力建设,比如智能体系架构和芯片。尤其是深度学习计算所需数据量巨大,对算力要求很高,在已经固化的硬件加速器上无法得到很好的支持,需要解决性能和灵活度之间的平衡问题。

3)数据

人工智能的发展需要有大数据支撑来学习大量的知识和经验。大数据具有体量大、多样性、价值密度低、速度快等特点,在快速获得有价值信息方面,自然语言处理技术既带来了很大驱动力又面临着很多挑战。

4)应用场景

人工智能的一个重要应用场景是智能信息检索与挖掘,通过打造具备自然语言对话、高精准知识融合、场景感知、互联网数据与个人数据高效整合等能力的智能信息助手,可以有效解决用户精准多样的信息需求与庞大互联网数据规模之间的鸿沟问题。

2.3.2　人工智能在酒店中的应用

(1)人工智能在前厅部的应用

1)酒店虚拟前台

与传统酒店前台不同,酒店虚拟前台不再需要多名员工参与预订房间、办理入住、离店退房等大量重复的工作,利用人工智能可以大大减少前台员工的工作量,提升工作效率。宾客如果想要入住某酒店,可以通过 App、小程序、公众号或人工智能语音服务进行预订。在订房 App 中,宾客可通过 VR 技术实现 360 度无死角看房,能够确保宾客选择自己心仪的房型、房间楼层及所处的位置、房间朝向等。人工智能可以智能接打电话,帮助解答客人咨询,确定客人预抵时间,是否需要接送机、站等服务,同时可以向宾客提供天气预报服务,提醒宾客根据气温增减衣物等。宾客抵达酒店后,无须排队办理入住,通过身份证、人脸识别等方式便可在终端机器上快速办理入住、支付房费等。同时,人工智能帮助宾客实现一键续住、离店退房、开具发票等多种工作。在整个入住期间,如果有客人到访,人工智能可以第一时间将访客照片发送给住店客人,以保证住店客人的安全及信息保密。

2)人工智能迎宾

迎宾员是宾客抵达酒店最先接触的岗位,迎宾服务的好坏直接决定宾客对整个酒店的第一印象,对宾客满意度有重要影响。人工智能迎宾员可以通过人脸识别快速识别客人,完成引领任务以及客人行李储存等相关工作。客人进入大堂开始,迎宾机器人能完成为客人推销办理会员卡、识别会员身份、接受问询、前台引领等工作;前台自助机器人,能够知道客人的身份并为客人提供自助办理入住、自助选房、移动支付、给退房卡功能。如某酒店推出的 DAISY 小宝承担着前厅问询员的工作,不仅上知天文、下知地理,还能为客户解答当地天气、交通出行等日常问题;甚至有外宾拜访时,

图 2-11　酒店迎宾机器人

图 2-12　酒店迎宾机器人

DAISY 小宝强大的语言库还可以充当起翻译的角色,实现中英文无压力切换。所以,在一线员工中对于需要按照一定操作流程来对客服务的岗位,类似于接待员、行李员、收银员、兑换员等均可以通过人工智能技术得以实现。

3)室内导航

自主避障机器人可以实现一键构建室内地图,并且可以对地图进行精准定位,通过融合多路传感器的自主定位和深度优化避障算法,在未知环境中自动绕开障碍物,实现自主移动。

4)全双工智能语音交互

自动感应访客,自定义设置迎宾语,打造创新智能的服务模式;语义理解,开放性聊天,紧密围绕业务场景与用户交互,不断智能学习优化,畅聊体验更优。机器人与客户交流时,单方面隐秘的视频通信技术。可做到人工后台控制和模仿机器人对话,从而让机器人提供更加人性化服务的功能。

5)精准导览解说

语音采集满足公共场合需求,海量专业知识储备,讲解流畅,表达方式更全面。可以实现专业知识语音问答、信息展示、图片呈现、视频播放的功能,高效助力精准营销。

6)自动登记访客信息

人脸比对与身份识别,精准对应每位用户,为用户个性化提供基础服务,实现数据化运营和工作管理数据记录分析。

(2)人工智能在客房部的应用

客房部人工智能技术的应用主要包括人脸识别开锁、客房语音控制以及智能语音机器,主要是对客房内的设施设备进行语音控制。顾客可向语音助手下达指令实现对客房设施的控制,还可通过说出场景语音指令,控制客房内智能化系统自动实现相关功能联动等。客房内部智能机器人可以在客房内和客人进行简单的人机对话沟通,例如产品推荐、酒店介绍、酒店内产品销售等,实现无须客人亲自动手,便可完成简单操作。智能机器人在客房服务中的应用,是通过人工智能技术和机器人技术,为客人提供快速、便捷、高效的客房服务,实现客房服务的自动化和智能化。智能机器人在客房服务中的应用主要集中在以下几个方面。

1)房间清洁和整理

智能机器人可以通过机器视觉和自主控制技术,自动清洁和整理客房,包括床铺整理、地面清洁、垃圾清理等。智能机器人可以提高清洁和整理效率,同时减少人为误差和疏漏。

2)物品送取服务

智能机器人可以通过机器人视觉、自主控制等技术,为客人提供物品送取服务,包括餐饮服务、客用用品送取等。智能机器人可以根据客人需求和酒店业务需求,自主规划和执行送取任务,提高服务效率和质量。

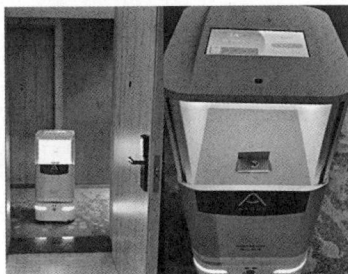

图 2-13　酒店送物机器人

图 2-14　酒店送物机器人

3）贴心提醒和服务

智能机器人可以通过自然语言处理和语音合成技术,为客人提供贴心的客房服务,包括早餐提醒、天气预报、新闻播报等。智能机器人可以根据客人偏好和习惯,个性化定制提醒和服务,提高客人满意度和忠诚度。

4）客房智能控制

智能机器人可以通过人工智能技术和自主控制技术,实现客房设备的智能控制,包括灯光、窗帘、空调等。智能机器人可以根据客人的控制指令和偏好,自主调节设备状态和参数,实现智能化和自动化的客房控制。

5）客户需求分析和预测

智能机器人可以通过大数据技术,对客户的需求进行分析和预测,为客人提供更贴近客户需求的服务。例如,智能机器人可以根据客户的入住记录和偏好,为客人提供更优质的房间、餐饮服务等。

6）语音识别系统

客人通过语音控制客房的照明系统、空调系统、安防系统、智能门禁系统等,并进行智能身份识别。

7）客房智慧导航系统

在酒店电梯口位置设置自动传感器,当客户进入电梯时,酒店智慧系统即自动感应客人的房卡信息,并通过指示牌提示和引导客人找到自己的客房。

8）电视门禁系统

酒店客房设置电视门禁系统。当有人按门铃时用户可根据电视门禁系统电视屏显示的画面选择决定是否开门或判断用何种形象开门。

9）全球通用客房智能手机

在酒店客房内设置全球通用智能手机,解决客人手机无法正常使用的问题。智能手机安装在酒店前厅智慧服务系统,客人可进入 App 选择需要的服务。系统在接收指令后直接将用户需求传达给前厅管理系统,值班人员根据用户需求提供服务。

10)床头智能设备

床头设备为客人提供更好的入住体验。如床头智能音箱、床头耳机、床头四合一多功能一体机等设备,这些设备与酒店智能系统处于联网或通信连接状态。用户在床上可通过语音或多功能一体机呼叫服务呼叫前台,前厅前台系统电脑即可显示客户的信息及服务。前台无法解决的问题可以短信的形式向前厅大堂经理发出请求。大堂经理收到短信,及时根据用户的需求安排或处理问题。

(3)人工智能在餐饮部的应用

智能机器人在餐饮服务中的应用,是通过人工智能技术和机器人技术,为客人提供快速、便捷、个性化的餐饮服务,实现餐饮服务的自动化和智能化。智能机器人在餐饮服务中的应用主要集中在以下几个方面。

1)自助点餐和自动配餐

智能机器人可以通过自然语言处理、语音识别、人脸识别等技术,实现客人的自助点餐和自动配餐。客人可以通过智能机器人点餐、付款、领取餐品等一系列操作,实现快速便捷的餐饮服务,同时也可以根据客人的口味偏好和身体状况,自动调整食品配比和营养成分。

2)智能化厨房和智能化餐厅

智能机器人可以通过人工智能技术和自主控制技术,实现餐厅的智能化管理和控制。例如,智能机器人可以通过机器视觉技术,自动识别食材、切配食品等,提高厨房的生产效率和质量;智能机器人还可以通过自主控制技术,实现餐厅环境的智能调节和优化,提高客人的用餐体验。

3)智能化客户服务和反馈

智能机器人可以通过自然语言处理和语音识别技术,为客人提供智能化客户服务和反馈。例如,智能机器人可以通过客户反馈信息的学习和分析,优化服务策略和方案,提高客人的满意度和忠诚度;智能机器人还可以通过语音识别技术,实现客户语音指令的识别和响应,提升客户服务效率和质量。

4)数据化营销和管理

智能机器人可以通过大数据技术,对客户数据进行分析和挖掘,实现数据化营销和管理。例如,智能机器人可以根据客户的历史点餐记录和偏好,推荐更符合客户口味的菜品和套餐,提高客人的满意度和忠诚度;智能机器人还可以通过对餐饮业务数据的分析和挖掘,优化餐饮生产、管理和服务流程,提高餐饮业务的效率和效益。

（4）人工智能在人力资源管理的应用

人工智能在人力资源管理规划中的应用。人工智能在人力资源规划中可以提供更加精确、迅速的决策支持。一是预测人才需求。通过分析内外部数据，包括企业业务发展趋势、市场需求、员工流失率等，人工智能可以预测企业未来的人才需求。人力资源管理部门可以根据预测结果制订招聘计划、培训发展策略，以及优化员工福利和激励措施。二是优化组织结构。人工智能可以通过分析员工的技能、职责、工作关系等信息，为组织提供结构优化的方案。它可以模拟不同的组织结构，通过算法和模型评估各种结构下的绩效和效率，帮助人力资源管理部门制订合理的组织设计和人员配置方案，提升组织的运作效能。

1）人工智能在招聘管理中的应用

在人力资源管理中，招聘与选拔是一个至关重要的环节，它直接关系到组织能否获得合适的人才来支持其业务发展。在招聘与选拔领域，人工智能可以提供更高效、准确和公正的选择过程。具体来说表现在以下几个方面：一是简历的筛选与匹配。传统的简历筛选过程会耗费大量的时间和人力，结果受主观意识影响较大，而人工智能可以通过自然语言处理、机器学习技术自动分析和筛选大量简历，快速识别与职位要求相匹配的候选人。它可以根据关键词、技能和经验进行匹配，并为招聘人员提供推荐的候选人名单，能极大提高筛选的效率和准确性。二是面试评估。人工智能可以通过语音识别和面部表情分析等技术，实时评估候选人在面试过程中的回答、语调和表现，减少主观偏见，并提供客观、一致的面试评估，助力招聘人员更好地判断候选人的适应性和潜力。三是人才推荐与匹配。利用人工智能技术，可以构建候选人和职位的匹配模型。基于候选人的技能、经验和背景信息，以及对职位的要求，系统可以自动生成匹配度评分和推荐度排名，帮助招聘人员更快速地找到合适的候选人，降低人力成本和投入。

2）人工智能在培训与开发中的应用

培训与开发是人力资源管理中至关重要的一环，它旨在提升员工的能力、技能和知识水平，以适应不断变化的业务环境和工作需求。人工智能在培训与开发领域的应用，能够提供更个性化、灵活化和互动化的学习体验。一是设定个性化学习路径。人工智能可以根据员工的需求、能力和学习历史，为其定制个性化的学习路径。通过分析员工的技能缺口和学习偏好，可以系统推荐适合其发展的培训课程和学习资源。员工可以按照自己的节奏和风格进行学习，提高学习效果和动力。二是开展智能辅导与反馈。人工智能可以扮演智能辅导员的角色，为员工提供及时的指导和反馈。通过语音识别和自然语言处理技术，系统可以解答员工的问题并提供解决方案。同时，人工智能还能够分析员工的学习行为和进度，提供个性化的学习建议和反馈，帮助员工更好地掌握和应用所学知识。三是用数据驱动培训决策。人工智能可以分析大量的学习数据,帮助决策者做出明智的培训决策。通过分析员工的学习成果、参与度和反馈意见,可以系统展示培训的效果和改进的空间。人力资源管理部门可以根据数据驱动的意见,优化培训内容、方法和资源配置,提高培训的投资回报率。

3)人工智能在绩效管理中的应用

绩效管理是人力资源管理中至关重要的环节,它涉及评估和管理员工在工作中的表现和成果。在绩效管理领域,人工智能可以提供更客观、准确和及时的绩效评估,并支持组织对员工进行更有针对性的奖励。一是自动化绩效评估。人工智能可以自动对绩效进行评估,通过收集和分析大量的员工数据,如工作成果、目标达成情况、行为表现等指标,来评估员工的绩效。相较于传统的手工评估方式,人工智能能够提供更客观、全面和准确的评估结果,减少主观偏见和评估误差。二是实时反馈和辅导。通过使用实时数据和分析技术,人工智能可以提供及时的绩效反馈和辅导。它可以根据员工的绩效情况和目标进展,给出个性化的建议和行动计划,帮助员工及时调整工作方式和提升工作效能,也为领导者提供了更好的指导工具。三是数据驱动的绩效决策。人工智能可以分析和比较大量的绩效数据,帮助决策者进行数据驱动下的绩效决策。通过分析员工的绩效结果、能力和潜力,系统可以提供有针对性的晋升、激励和培训建议,更好地满足员工的个人发展需求,提高员工满意度和组织绩效。

4)人工智能在薪酬管理中的应用

人工智能在薪酬管理中的应用可以提供更加准确、公正的薪酬制度和激励机制。具体表现在以下几个方面:一是薪酬数据分析与预测。人工智能可以利用大数据分析和机器学习技术,对内外部数据进行深入分析,以确定合理的薪酬水平和趋势。人工智能可以综合考虑多个因素,如员工的工作表现、市场薪酬水平、行业标准和绩效评估等,预测出合理的薪酬范围和增长趋势,帮助决策者制定更客观和准确的薪酬制度。二是薪酬个性化和弹性化。人工智能可以根据员工的绩效、能力和需求,为其定制个性化的薪酬方案。通过分析员工的数据,系统可以识别出高绩效、高潜力或具有特定技能的员工,并为他们提供相应的激励和奖励,同时提供弹性化薪酬的建议,根据市场和组织的变化,快速调整薪酬。三是加强绩效管理与奖酬激励。人工智能可以帮助进行绩效管理和奖酬激励的评估和决策。它可以自动对员工绩效数据收集和分析,提供客观的绩效评估结果。基于这些数据,可以推荐适当的奖励和激励措施供组织者进行决策。

(5)人工智能在会议服务与旅游服务中的应用

智能机器人在会议服务和旅游服务中的应用,是通过人工智能技术和机器人技术,为客人提供高效、便捷、智能的会议服务和旅游服务,实现服务的自动化和智能化。

智能机器人在会议服务中的应用主要集中在以下几个方面。

1）自动化会议管理

智能机器人可以通过自主控制技术和大数据技术,实现会议管理的自动化。例如,智能机器人可以通过语音识别技术和自然语言处理技术,自动识别会议议程、会议主题、会议参与人员等信息,并进行会议管理和协调,提高会议的效率和效益。

2）语音翻译和多语种服务

智能机器人可以通过语音识别技术和机器翻译技术,实现多语种服务和语音翻译。例如,在国际会议中,智能机器人可以自动识别不同语言的发言,并通过机器翻译技术,实现多语种服务和语音翻译,提高会议的国际化和交流效果。

3）会议资料的自动分发和管理

智能机器人可以通过自主控制技术和机器视觉技术,实现会议资料的自动分发和管理。例如,智能机器人可以通过机器视觉技术,自动识别参会人员的身份,并自动分发会议资料、礼品等物品,提高会议服务的效率和准确性。

（6）提供旅游服务

智能机器人在旅游服务中的应用主要集中在以下几个方面。

1）自助式旅游咨询和导览

智能机器人可以通过自然语言处理和语音识别技术,实现客人的自助式旅游咨询和导览。例如,智能机器人可以通过客户的语音指令,自动回答客户的问题,提供旅游咨询和导览服务,同时还可以根据客户的需求和兴趣,提供个性化的旅游推荐和建议。

2）智能化旅游交通和行程安排

智能机器人可以通过大数据技术和自主控制技术,实现旅游交通和行程的智能化管理和安排。例如,智能机器人可以根据客户的行程安排、时间和出行方式等信息,自动规划最佳的旅游交通和行程安排,提高客户旅游体验和满意度。

3）智能化旅游服务和推荐

智能机器人可以通过大数据技术和机器学习技术,实现旅游服务和推荐的智能化。例如,智能机器人可以通过客户的历史旅游信息和行为,分析客户的旅游偏好和需求,并提供个性化的旅游服务和推荐,提高客户的满意度和忠诚度。

2.3.3　人工智能对酒店业的影响

智能机器人在酒店业中的应用越来越广泛,它的出现带来了许多优势和变革,下面将从以下一些角度探讨智能机器人在酒店业中的优势和应用前景。

（1）提高服务效率

酒店业需要大量的人力资源来提供服务,如接待客人、清洁卫生、餐饮服务等。但是,这些工作往往比较烦琐、重复,而且需要付出大量的时间和精力。智能机器人的出现可以替代部分传统的工作流程,提高服务效率,降低人工成本。例如,智能机器人可以接待客人、清理客房、送餐等,从而减轻员工的工作负担,提高服务效率和客人满意度。

（2）提高服务质量

智能机器人具有强大的数据处理和分析能力,可以通过大数据技术和机器学习技术,分析客户的行为和偏好,提供更加个性化、精准的服务。例如,智能机器人可以分析客人的消费习惯和偏好,推荐合适的餐饮和旅游项目,提高服务质量和客人满意度。

（3）提高客户体验

智能机器人可以通过语音识别、图像识别等技术,实现与客户的交互,提供更加便捷、快速、个性化的服务,从而提高客户体验。例如,智能机器人可以通过语音识别接待客人、提供房间服务等,使客人享受到更加贴心、舒适的服务体验。

（4）创新服务模式

智能机器人在酒店业中的应用可以创新服务模式,为客户提供更加多元化、丰富化的服务。例如,智能机器人可以提供虚拟导游、智能讲解、情感陪伴等服务,从而提高酒店的服务品质和客户满意度。

2.4　大数据

大数据(Big Data)是近年来快速兴起的一种新技术,正在对社会经济的发展产生越来越重要的影响。对酒店业而言,大数据将作为推进智慧酒店发展的重要技术,为提高旅游业的发展水平提供强有力的支撑。随着云计算的诞生,各行各业都迎来了大数据的时代。"大数据"这一互联网领域的主流词语,也开始触动着各个行业的神经,酒店行业亦是如此。合理而恰当地利用数据,对酒店服务、酒店管理都有重大的意义。

2.4.1　大数据的概述

（1）大数据的概念

大数据(Big Data),指无法在一定时间范围内用常规软件工具进行捕捉、管理和处理的数据集合,是需要新处理模式才能具有更强的决策力、洞察发现力和流程优化能力的海量、高增长率和多样化的信息资产。大数据技术的战略意义不在于掌握庞大的数据信息,而在于对这些含有意义的数据进行专业化处理。换而言之,如果把大数据比作一种产业,那么这种产业实现盈利的关键,在于提高对数据的"加工能力",通过"加工"实现数据的"增值"。

（2）大数据的特征

"大"是大数据的一个重要特征,但远远不是全部。大数据还具有"4V"特征。

1）数据规模大（Volume）

大数据通常指100 TB（1 TB＝1 024 GB）规模以上的数据量,数据量大是大数据的基本属性。根据国际数据资讯（IDC）公司监测,全球数据量大约每两年就翻一番,且85%以上的数据以非结构化或半结构化的形式存在。

2）数据种类繁多（Variety）

数据种类繁多、复杂多变是大数据的重要特性。随着传感器种类的增多及智能设备、社交网络等的流行,数据种类也变得更加复杂,包括结构化数据、半结构化数据和非结构化数据。当今时代,与数据量快速增长相对应的一个显著特点是数据的形式正变得种类繁多,数据的来源也纷繁复杂,构成了万紫千红的数据大花园。多样性就是指数据形式和来源的多样性,从形式上看,普通的文字、视频、图片到地理位置信息等,都可以是大数据的呈现方式,而且数据的类型既可以是关系型或非关系型数据,也可以是结构化或非结构化数据;从数据来源来看,既可以来自社交网络,又可以来自各类专业网站,同时还可以是各类数据库等,可谓名目繁多、各有特色。

3）数据处理速度快（Velocity）

新时代人们从信息的被动接受者变成了主动创造者。数据从生成到消耗,时间窗口非常小,可用于生成决策的时间非常短。高速度主要表现为数据流和大数据的移动性,现实中则体现在对数据的实时性需求上。随着移动网络的发展,人们对数据的实时应用需求更加普遍,比如通过智能手机关注天气、交通、票务、住宿等信息,要求能在尽可能短的时间内得到响应。

4）数据价值密度低（Value）

数据呈指数增长的同时,隐藏在海量数据中的有用信息却没有按相应比例增长。恰恰相反,挖掘大数据的价值类似沙里淘金,从海量数据中挖掘稀疏珍贵的信息。比如,商场的监控视频,连续数小时的监控过程中有可能有用的数据仅仅只有几秒钟。

2.4.2 酒店大数据的分类

目前酒店行业大概有以下几种数据分布。

（1）酒店自身的数据信息

包括酒店基础数据、运营数据和经营数据。如酒店位置、品牌、星级、物资采购、财务规划，以及营收、利润、入住率、客单价等，这些信息都是酒店自身运营过程中所产生的数据，一般通过酒店的 HR、财务系统、采购系统等即可获取，属于可洞察的数据。

（2）客户数据信息

包括客户的性别、年龄、偏好等属性，以及客户行为和消费数据，如喜欢使用什么样的搜索引擎，偏好哪种支付方式，选择了什么样的房型，入住时间长短，是否选择了酒店的康体服务、接送机服务等。这部分几乎是对客户的全景式扫描，有助于酒店建立客户画像，进行精准式营销。

1）住前数据

住前数据即入住行为发生前产生的数据，包括顾客在网页及 App 中的搜索、浏览、预订、相关产品选择等。这类数据，能够非常客观地反映出用户的真实需求与偏好。比如，某家酒店点击率高的房型，一定是消费者最为关注的；某类型（高端、中档、精品等）酒店中搜索量最多的品牌，一定是某一时期口碑最好的；某酒店品牌搜索量、预订量最高的门店，一定是在软硬件上拥有独特优势。此外，顾客付款又取消后的流向、对点评的关注程度等，都是对酒店管理者来说极具参考价值的数据。然而，住前数据中的大部分高价值内容都被 OTA 牢牢掌握，目前国内酒店想要大规模地获取还存在一定难度。

2）住中数据

住中数据即入住过程中形成的数据，包括房价、RevPAR、入住人数，以及对酒店哪类增值服务的需求最多、餐厅的哪些食品最受欢迎、入住和离店的时间分布、投诉事件发生的原因等。这部分数据，能够一定程度上反映出酒店的整体经营状况，也是国内酒店目前掌握得最多、使用最广泛的数据。一般来说，住中数据的大部分内容，酒店能够在 PMS 系统中获取，另外一些部分，则必须借助大数据分析工具的帮助。

3）住后数据

住后数据即客人入住完成、离店之后的反馈数据，如对酒店的整体评价、对某一特定区域或服务的评价，甚至离店之后的流向（是否有转向其他酒店消费）、希望今后享受到怎样的产品和服务等。这部分数据可以较真实地反映出酒店产品及服务在顾客眼中的价值，同时，这些数据也是酒店进行质量管理、新产品开发、市场营销和竞争策略调整的最重要依据。然而，住后数据的获取本身就存在一定难度（可能需要针对性地回访、开发调查问卷等），加之国内酒店对这部分数据的认识和使用也较晚，因此，针对住后数据的持续开发、使用，很可能会成为今后酒店管理者的重点关注方向。

（3）酒店的外部信息

这部分数据是产生在酒店之外的、与酒店经营又息息相关的信息，包括 OTA 数据、社交媒体数据、行业协会数据以及网络公开信息等。喜欢不同类型的酒店，对数据的需求也不一样。比如经济型酒店更需要基础数据，而商务型酒店更看重行业和客户数据，以便于进行个性化的定制和营销服务，豪华型酒店则重视行业上下游数据的融合。

2.4.3 酒店大数据的应用

（1）大数据的应用环节

大数据的核心在于可以帮助客户挖掘数据中蕴藏的价值，而不是简单的数据计算。酒店可从前期市场定位、营销管理、收益管理和客评管理这几个管理环节入手，通过大数据的应用来推进工作，最终构建正确的产品，赢得更多的忠诚客户，提高市场竞争力，实现收益最大化。

1）前期市场定位

建造一座酒店，首先要进行项目评估和可行性分析才能最终决定是否适合建造一家酒店。如果适合建造一家酒店，那么应该考虑这家酒店的文化主题是什么、建什么样的规模和档次、设什么样的产品、酒店的客源群体是什么、能卖到什么样的价格、未来市场的供需情况等 6 个问题。以上这些内容都需要在酒店建造之前来确定，也就是我们常说的前期市场定位。建造一家酒店不仅需要投入大量的资金，而且建设期一般需要 3~5 年或者更长，建造成本很高；一旦酒店建好投入运营，再想改变其市场定位就非常困难了，可以说前期市场定位是一项不容有任何偏差的工作，否则，将会给投资商带来不可估量的后期损失。由此看出，前期市场定位对建造酒店非常重要，只有定位准确乃至精确，才能使建造出的酒店与未来市场环境相适应，构建出能满足市场需求的酒店产品，使酒店在竞争中立于不败之地。然而，要想做到这一点，就必须有足够的相关数据和市场信息来供酒店研究人员分析和判断，仅凭工作经验是远远不够的。通常，在酒店前期市场定位中，相关数据的收集主要来自于统计年鉴、行业管理部门数据、相关行业报告、行业专家意见及属地市场调查等，这些数据多存在样本量不足、时间滞后和准确度低等缺陷，酒店研究人员能够获得的信息量非常有限，使准确的市场定位存在着数据瓶颈。随着大数据时代的来临，借助云计算和数据挖掘技术不仅能给研究人员提供足够的样本量和数据信息，还能够通过建立数学模型借助历史数据对未来市场进行预测，为研究人员数据收集、统计和分析提供了更加广阔的空间。

2）营销管理

在酒店市场营销工作中，无论是产品、渠道、价格还是顾客，可以说每一项工作都与市场数据息息相关。

其一为市场信息收集方面。在传统的市场竞争模式中,由于酒店获取数据资源的途径有限,只能够依靠有限的调查数据对个体竞争者进行比较分析,无法全面掌握市场动态和供需情况,特别是竞争态势,更难以确定酒店在竞争市场中所处的地位,给酒店制定正确的竞争策略带来困难。随着酒店营销管理理念的不断更新,原有传统营销模式已面临着严峻的挑战,对管理者准确掌握市场信息、精确了解竞争对手动态、制定合适的价格提出了更高的要求。市场竞争的分析也由原来简单的客房出租率、平均房价、RevPAR分析转化为对竞争群的数据分析。比如,市场渗透指数(MPI)、平均房价指数(ARI)、收入指数(RGI)等,从维度上讲还有时间维度、市场份额及同比变化率等。

通过这些市场标杆数据的分析,可以使酒店管理者充分掌握市场供求关系变化的信息,了解酒店潜在的市场需求,准确获得竞争者的商情,最终确定酒店在竞争市场中的地位,从而对酒店制定准确的营销策略、打造差异化产品、制定合适的价格起到关键的作用。而大数据的应用,正是需要酒店获取这些市场数据,并通过统计与分析技术来为酒店提供帮助。比如,周四胡先生正在安排家庭周末自驾游时,突然收到孝感乾坤国际大酒店的推广信息,此推广信息不单是客房的推广,还包括了餐饮、娱乐场所及附近孝感双峰山、天紫湖、金卉庄园等景点的信息,这对于正在安排周末旅行的客人很重要,提高了客人选择这家酒店的概率。又如,周一上午,某公司行政助理正在给领导安排出差旅行,突然在互联网上找到某商务酒店推出接机住店一条龙服务产品的信息,并突出酒店在网络会议室多方面有很大的优势,此行政助理选择这家酒店的概率也会很大。综合所述,营销的本质就是在恰当的时间地点、恰当的场景和恰当的消费者产生连接。

其二为顾客信息收集方面。在对顾客的消费行为和取向分析方面,如果酒店平时善于积累、收集和整理顾客在酒店消费行为方面的信息数据,选择订房的渠道、在酒店的花费、停留的平均天数、来酒店属地的目的、偏好的房间类型、喜欢的背景音乐和菜肴,便可通过统计和分析来掌握顾客消费行为和兴趣偏好。

3)收益管理

收益管理作为实现酒店收益最大化的一门理论学科,近年来已受到业界的普遍关注并加以推广运用,收益管理的含义是把合适的产品或服务,在合适的时间,以合适的价格,通过合适的销售渠道,出售给合适的顾客,最终实现酒店收益最大化目标,要做到以下五个要素的有效组合。

其一为需求预测。需求预测是通过数据的统计与分析,采取科学的预测方法,通过建立数学模型,使酒店管理者掌握和了解潜在的市场需求、未来一段时间每个细分市场的订房量和酒店的价格走势等,从而使酒店能够通过价格的杠杆来调节市场的供需平衡,并针对不同的细分市场来实行动态定价和差别定价。通过以上措施的实行,以此来保证酒店在不同市场周期中的收益最大化。需求预测的好处在于可提高酒店管理者对市场判断的前瞻性,并在不同的市场波动周期以合适的产品和价格投放市场,获得潜在的收益。

其二为细分市场。细分市场为酒店准确预测订房量和实行差别定价提供了条件,差别定价是对同一种酒店产品(如同类型的客房、餐食和康体项目等)按不同的细分市场制定不同价格的行为和方法,其特点是对高支付意愿的顾客收取高价,对低支付意愿的顾客收取低价,从而把产品留给最有价值的顾客。其科学性体现在通过市场需求预测来制定和更新价格,最大化各个细分市场的收益。

其三为敏感度分析。敏感度分析是通过需求价格弹性分析技术,对不同细分市场的价格进行优化,最大限度地挖掘市场潜在的收入。酒店管理者可通过价格优化方法找到酒店不同市场周期每个细分市场的最佳可售房价,并通过预订控制手段为最有价值的顾客预留或保留客房,较好地解决了房间因过早被折扣顾客预订而遭受损失的难题。大数据时代的来临,为酒店收益管理工作的开展提供了更加广阔的空间。需求预测、细分市场和敏感度分析对数据需求量很大,以往多是以采集的酒店自身的历史数据来进行预测和分析,容易忽视外界市场信息数据,难免使预测的结果存在一定的误差。酒店在实施收益管理的过程中如果能在酒店自有数据的基础上,借助更多的市场数据,了解更多的市场信息,同时引入竞争分析,将会对制定准确的收益策略,赢得更高的收益起到推进作用。

4)客评管理

网络评论,最早出现在互联网论坛,是供网友闲暇之余相互交流的网络社交平台。过去,顾客住店后在互联网上对酒店所作的评价,也就是我们常说的客评,并没有引起酒店管理者的足够重视,针对顾客反映的问题,多数酒店没有做到及时地回复甚至是根本不回复,日常管理中是否及时解决了客评中反映的问题就更不得而知了,这不仅拉大了与顾客之间的距离,而且顾客与酒店之间的信息显得更不对称,失去了酒店与顾客情感互动和交流的机会。

随着互联网和电子商务的发展,如今的酒店客评已不再是过去简单意义上评论,已发生了质的转变,由过去顾客对酒店服务简单表扬与批评演变为多内容、多渠道和多维度的客观真实评价,顾客的评价内容也更趋于专业化和理性化,发布的渠道也更加广泛。因此,如今的客评不仅受到了酒店管理者的重视,更是受到消费者的高度关注。

有市场调查显示,超过70%的客人在订房前都会浏览该酒店的客评,这成为主导顾客是否预订这家酒店的主要动机因素之一。从某种角度看,客评在互联网走进人们生活的今天已成为衡量酒店品牌价值、服务质量和产品价值的重要因素。

多维度地对客评数据进行收集、统计和分析将会有助于酒店深入了解顾客的消费行为、价值取向和酒店产品质量存在的不足,对改进和创新产品、量化产品价值、制定合理的价格及提高服务质量都将起到推进作用。要做到这一点,就需要酒店平时善于收集、积累和统计客评方面的大量数据,多维度地进行比较分析,从中发现有价值的节点,将会更有利于推进酒店的营销和质量管理工作,从中获取更大的收益。

（2）大数据的应用步骤

不少酒店经营者都存在这样一个思维误区,只要拥有了数据,就拥有了价值;数据越多,就代表价值越多。这种思路本身是没有错误的,但在发展过程中,许多从业者对数据的理解和认知还停留在极浅的层面,他们并没有意识到,数据本身是没有价值的,只有加以分析和利用之后,才会产生价值。而价值的大小,也因分析方式、使用方式的不同而异。因此,酒店经营者应加强大数据在酒店管理中的应用。

1）建立客史档案,用好传统数据

客史档案的建立,是酒店客户关系管理（CRM, Customer Relationship Management）的基础。通过 CRM 增加客户忠诚度,提升利润,是国外酒店市场 20 世纪 80 年代就在琢磨的事情了。比如,客人一到酒店后,便会在房间发现自己常用的洗浴用品、在茶几上找到自己常读的杂志、在餐厅收到定制的特殊食品,这些都是优秀 CRM 的案例。这些看似奇妙的故事总会让酒店管理者怦然心动,但只要做好客史档案,善用传统数据,这些事件也有可能在自己的酒店上演。酒店的传统数据,包括但不局限于出租率、平均房价、RevPAR、GOP 等。对于使用 PMS 系统的酒店而言,这类数据的归纳整理显然不是问题。因此,对这类数据展开精细分析,除了能够帮助酒店开展 CRM 外,还可以帮助酒店明确经营变动轨迹,在一定程度上总结出市场变动规律。

2）培养数据分析人才,完善自有预订渠道

当今行业内,除了部分已经非常重视数据化发展的大型集团外,多数酒店品牌是没有专门的数据分析、研究人才的,尤其是中小型甚至单体酒店。但如今随着互联网+、云计算等趋势的不断深入,各行业受到影响的剧烈程度非往日可比。在未来的发展过程中,专业力量的继续缺失,终将暴露弊端。而自有预订渠道的完善,可以在一定程度上带来引流,从而将住前数据从 OTA 手中夺回。这部分的完善,一方面指官网、微信、App 等渠道的建设,另一方面也指会员制度要对在自有渠道预订的客户给予更多开放权益。

3）开放心态,积极与外界寻求合作

目前,越来越多的专业数据服务平台在市场中涌现。基于技术实力和团队,这类平台能够为企业提供海量数据的深度分析服务,提升合作方的整体信息利用率和决策能力。相比互联网和科技领域的企业而言,酒店集团仍然比较传统。在条件合适的前提下,与专业的数据平台展开合作,也许会成为下一个行业热点趋势。对于实力更为强劲的大型集团,选择成立自己的数据分析团队,也并非不可能。

（3）大数据的应用场景

我国酒店信息化建设起步较晚,多数酒店对大数据的利用仍停留在传统的数据"单纯"处理阶段。因此,应从以下几方面出发,将大数据充分运用于酒店市场拓展、顾客需求分析等方面,提升酒店经营管理水平。

1）数据管理标准化

为了确保酒店管理更加科学化与自动化,应采取良性循环发展的酒店管理方式。可以通过以下 3 个方面实现。第一,酒店管理者应适度处理庞大的酒店管理数据量,简化酒店数据管理,促使酒店行业内信息与数据更加标准化。第二,酒店管理层应合理运用大数据,精确市场定位,创造新用户的价值与酒店管理的商业模式,帮助酒店规定出符合酒店实际情况的经营管理模式。第三,在面临技术和市场快速发生变化时,应及时做出适当的反应与调整,有效运用大数据技术,推动酒店业的与时俱进。

2）信息管理安全化

目前,技术系统设计存在漏洞、客户信息泄露等问题经常在各酒店发生,威胁着酒店经营管理与发展。因此,酒店的大数据管理系统应及时更新,设置出专门的技术部门,专业负责酒店客户、运营相关信息安全,提高酒店相关信息安全的加密性能,降低隐藏的信息安全风险。并且,通过注重酒店数据的安全性,保证酒店信息的正常流动。

3）酒店建设智慧化

大数据环境下,构建智慧型酒店经营管理模式是推动酒店业健康长远发展的主要力量。客房建设是酒店业经营管理的主要组成部分。因此,酒店业经营管理者应不断提升认识,积极投入智慧型酒店客房的建设。第一,利用线上酒店预订平台,开展相关合作,搜集线上酒店信息,实现网络共享的大数据库。具体而言,整合酒店内部系统信息,与酒店外部之间形成资源共享,进而构建智慧型酒店经营管理。第二,酒店研究部门应积极开展酒店信息系统,充分借助现有在线交流平台,构建一个独立型的信息收集平台,并收集客户信息,构建健全的客户信息数据库。

4）数据运用理念化

有效的酒店经营管理离不开大数据的支撑,因此作为酒店经营者应不断加强运用大数据的理念。第一,培养专业技术人才、酒店信息以及数据双向交流的理念。具体而言,酒店应开展大型培训活动,提供内部数据培训,培育专门监督数据的专职人员,让酒店人员学习到大数据技术知识。第二,考虑设立大数据技术培训课程,分别设立酒店信息相关数据收集、整理与分析部门。通过分设部门,将酒店数据细分,方便酒店人员数据使用,提高数据利用率,增强酒店各部门之间的协作关系,保证各部门之间的有效管理与沟通,进而提高酒店经营管理效率。

2.4.4 大数据的分析

众所周知,大数据已经不简简单单是数据大了,最重要的是对大数据进行分析,只有通过分析才能获取很多智能的、深入的、有价值的信息。越来越多的应用涉及大数据,而这些大数据的属性,包括数量、速度、多样性等都呈现了大数据不断增长的复杂性,所以大数据的分析方法在大数据领域就显得尤为重要,可以说是决定最终信息是否有价值的决定性因素。基于如此的认识,大数据分析普遍存在的方法理论有以下几个方面。

(1)可视化分析

大数据分析的使用者有大数据分析专家,同时还有普通用户,但是他们对于大数据分析最基本的要求就是可视化分析。因为可视化分析能够直观地呈现大数据特点,同时能够非常容易地被读者所接受,就如同看图说话一样简单明了。

(2)数据挖掘算法

大数据分析的理论核心就是数据挖掘算法,各种数据挖掘的算法基于不同的数据类型和格式才能更加科学地呈现出数据本身具备的特点,也正是因为有这些被全世界统计学家所公认的各种统计方法才能深入数据内部,挖掘出公认的价值。另外也是因为有这些数据挖掘的算法才能更快速地处理大数据。如果一个算法得花上好几年才能得出结论,那大数据的价值也就无从说起了。

(3)预测性分析

大数据分析最重要的应用领域之一就是预测性分析,从大数据中挖掘出特点,科学地建立模型,之后便可以通过模型带入新的数据,从而预测未来的数据。

(4)语义引擎

非结构化数据的多元化给数据分析带来新的挑战,我们需要一套工具系统地去分析、提炼数据。语义引擎需要设计足够的人工智能从数据中主动地提取信息。

(5)数据质量和数据管理

大数据分析离不开数据质量和数据管理,高质量的数据和有效的数据管理,无论是在学术研究还是在商业应用领域,都能够保证分析结果真实和有价值。

【本章小结】

1.物联网是通过射频识别(RFID)装置、红外感应器、全球定位系统和激光描器等信息传感设备,按约定的协议,把任何物品与互联网相连接,进行信息交换和通信,以实现智能化识别、定位、跟踪、监控和管理的一种网络。

2.物联网的基本特征就是网络化、物联化、互联化、自动化、感知化以及智能化等。

3.虚拟现实(Virtual Reality,VR)技术是一种可以创建和体验虚拟世界的计算机仿真系统,它利用计算机模拟产生一个三维世界的虚拟空间,为使用者提供视觉、听觉、触觉等感官的模拟,让使用者如同身临其境一般,可以即时、没有限制地观察虚拟空间内的物体。

4.虚拟现实技术的特征:交互性(Interactivity)、沉浸感(Immersion)和构想性(Imagination)。

5.人工智能(Artificial Intelligence),是一种计算机网络技术,具体是指将复杂的硬、软件和大数据结合起来,用于模拟、延伸人类的思维并适应人类社会生活环境的一门技术。

6.大数据(Big Data),是指无法在一定时间范围内用常规软件工具进行捕捉、管理和处理的数据集合,是需要新处理模式才能具有更强的决策力、洞察发现力和流程优化能力的海量、高增长率和多样化的信息资产。

【思考与练习】

1.简述酒店物联网的构成。

2.阐述物联网在智慧酒店中的应用。

3.阐述虚拟现实在智慧酒店中的应用。

4.阐述人工智能在智慧酒店中的应用。

5.阐述智慧酒店大数据分析的内涵。

【案例分析】

河北移动携手华为公司、荣盛康旅打造"5G 智慧酒店"

科技引领时代,5G 技术的飞速发展,将带来社会生活方式的深度变革,无人驾驶、VR、物联网等新技术的广泛应用,让人类真正进入了"智慧"时代。同样,5G 技术在旅居生活场景中的应用,将带来怎样的旅居生活新体验? 对此,众多旅居达人充满期待。

2019年8月13日,河北移动与荣盛康旅集团、华为公司在廊坊签署5G生态应用建设战略合作协议,共同将5G新技术持续、全面应用于酒店建设,携手打造创新、先进的"5G+智慧酒店",构建平台大、模式新、技术高的全球旅居新生态。此次签约,三方将基于5G技术,围绕荣盛康旅各业态,共同研究、探索面向未来的智慧酒店解决方案、产品及服务,计划以廊坊阿尔卡迪亚国际酒店为试点,进行"5G智慧酒店"的建设和全球应用推广。

根据协议,河北移动、华为公司将协助荣盛康旅布局更多的5G智慧新体验,基于5G网络大带宽、低时延、广连接等技术优势,实现超高清视频传输、智能安防、AR技术、VR技术、物联网、智能机器人等5G特色技术成果应用。三方将以"荣盛康旅廊坊阿尔卡迪亚国际酒店"为"5G智慧酒店"试点,共同研究、探索面向未来的智慧酒店解决方案、产品及服务,包括但不限于园区大数据平台、园区视频监控平台、边缘计算平台,并支持远期各类功能的接入和集成。

届时,旅客将在荣盛康旅全国任一酒店,体验5G智慧酒店的创新应用,感受5G办公的超高速度;体验机器人迎宾、机器人引路、机器人办理入住和退房、机器人接送快递、无人驾驶接驳车等先进服务;通过5G+AR眼镜快速了解酒店房间内部状况,定制个性化房间和服务;还可通过VR眼镜进入全国旅游景点的浸入式场景,定制旅游线路规划。

以此次签约为契机,荣盛康旅与河北移动、华为公司在未来将展开多方面、深层次的5G战略合作,以"盛行天下"旅居新模式为核心,旗下各业态借助中国移动、华为公司的通信运营和技术支持,快速建设5G通道,布局各种5G智能应用场景,为广大业主和消费者提供更加优质、更加智能、更加人性化的服务和体验。全面推进荣盛康旅旗下国际度假区、度假酒店、城市酒店、度假景区、航空公司、城市地产项目的5G智慧全新升级,打造全球领先的"5G智慧旅居新生态"。

(资料来源:河北新闻网,2019-08-15.)

思考:
(1)酒店与科技公司跨界合作,会给酒店业带来哪些新的发展契机?
(2)酒店人工智能的全方面应用,将会产生哪些影响?

第3章 智慧酒店系统

【内容导读】

伴随着酒店行业的竞争日益激烈,酒店经营者希望通过打造差异化、智慧化的酒店系统来降低管理成本、提升服务质量。本章将结合这一趋势,围绕智慧酒店宾客服务系统、智慧酒店营销系统和智慧酒店管理系统三大核心内容展开,重点探讨酒店对客服务中涉及的智慧服务系统。同时随着网络技术的发展,为了获得更好的营销效果,本章也分析了智慧酒店如何创新营销观念及途径,最后基于物联网体系结构提出智慧酒店建设构想图,并对智慧酒店管理系统建设进行了阐述。

【学习目标】

1. 了解智慧酒店自助入住和智能引导服务。
2. 熟悉智慧酒店宾客服务相关系统。
3. 掌握智慧酒店营销的概念。
4. 了解智慧酒店营销的应用场景。
5. 掌握智慧酒店营销观念和营销途径的创新。
6. 了解智慧酒店管理系统的技术基础。
7. 熟悉酒店管理系统的概念、设计及建设。

3.1 智慧酒店宾客服务系统

智慧酒店宾客服务系统是指顾客入住酒店过程中所能享受到的一切服务,酒店通过智能化的系统为顾客从踏入酒店第一步开始到其踏出酒店的最后一步提供个性化、便捷化的服务，从而增强顾客的体验性。这也是智慧酒店建设中最重要的一部分。

3.1.1　自助入住

自助入住这项服务不仅能够节省客人办理入住的时间，同时还能有效减少酒店前台的人力资源。在智慧酒店中，自助入住主要表现为两方面：一方面，顾客可以在到达酒店前就预订好房间，到达酒店后可以凭借预订信息直接到达所订的房间，然后按照酒店管理系统所给出的提示操作即可，避免了在前台办理手续的环节。另一方面，顾客可以通过酒店大堂所配备的自助办理系统，自行选择自己喜欢的房间类型和朝向，办理相关的入住手续，而无须排队等候。

3.1.2　智能引导

智能引导也是智慧酒店的一大特色，顾客办理完入住手续后，不必担心找不到自己的房间。顾客在进入电梯时要刷房卡，电梯系统会根据顾客的住房信息锁定目标楼层，到达所在楼层后，楼层的指示牌就会根据顾客的信息指引顾客到自己的房间。

除此之外，部分酒店还引进智能服务机器人为顾客提供服务。早在 2014 年，喜达屋旗下的雅乐轩酒店就首先应用了基于安卓系统的 Botlr 服务机器人为酒店客人提供服务。2016 年，希尔顿酒店集团和 IBM 合作开发的礼宾机器人"康尼"向客人介绍当地的景点、餐厅、酒店设施等。日本的海茵娜酒店是全球第一家完全由机器人运营的酒店，从前台办理登记到自动行李运送和客房服务等，酒店均部署了功能性手推车机器人，护送酒店客人并携带行李箱等。2018 年，阿里巴巴未来酒店菲住布渴是一家"无人酒店"，人工智能设备和智能机器人帮助完成了酒店客户登记入住、向导服务、餐饮服务、客房服务等一线服务工作。2020 年新型冠状病毒在全球范围内的暴发也加速了机器人在酒店行业的发展，极大地降低了人与人接触所产生的病毒传染风险。

3.1.3　智慧客房

顾客入住酒店后，多数时间都是在自己的客房度过的。因此，除了公共场所的建设，智慧客房的建设显得尤为重要，是智慧酒店建设能够成功的关键。

（1）自助入住/退房系统

智慧酒店内建有自助的入住退房办理设备，让客人进入酒店后，可自主选择合适的方式自助办理入住或退房。对自助入住系统，通过识别、登记客人提供的身份证等有效证件，经过系统核实后，允许住客自选房型及配套服务，接下来自助服务系统提示顾客缴纳押金，等押金缴纳完毕，系统自动吐出房卡。退房时，酒店客房工作人员确认房间可退后,系统给予住户退房权限,退房住户提交房卡申请,系统自动进行金额结算。顾客可选择打印发票或账单。

（2）房卡系统

顾客进入酒店,成功办理入住之后,便可拿到属于自己的一张独特的房卡,该房卡兼具传统的开门取电功能,同时,它还可以成为客人身份的识别卡,只要客人随身携带房卡,那么无论他在酒店的任何地方经过,只要碰到酒店服务人员,都能够得到专属于他的最亲切的问候。同时,他的需求也会得到最及时的回应。因为这张房卡内设的芯片已经将顾客的喜好特征通过酒店内部的感知系统传输到了服务人员手中的移动终端上。只要客人靠近,酒店员工手中的移动终端就会立刻显示该名顾客的基本信息。通过这样一张神奇的房卡,客人在酒店内将能够得到最完善的服务,从而增强体验性,提高客人的回头率。并且,这张卡还可作为客人的贵宾卡、会员卡、优惠卡等,甚至是客人的消费卡,仅用这一张卡就能实现购物、娱乐、停车等多项功能,从而实现一卡通。在酒店中,该系统主要用于以下几个方面:顾客身份识别,顾客消费记账管理,顾客消费历史记录,打折优惠管理,顾客个性化服务管理,酒店安全保卫、门锁控制。通过这一系统,能够达到以下几个目的:对顾客的服务与管理可以做到更人性化、更个性化;对高级顾客可采用非接触式射频卡,使顾客在不知不觉中享受到严密的跟踪保卫;可把高级客房区控制起来,使没有射频卡的人进入以后被监控,无法随便行动。

（3）客房智能化控制系统

酒店客房管理系统行业内通常也称为酒店客房控制系统、酒店客房智能控制系统、酒店客房控制器等,系统主要用于房间的照明、音响、电视控制,服务请求,免打扰设置等。例如当宾客进入客房,室内灯悄然开启,音乐如流水般缓缓播出,智能房卡上显示室内的二氧化碳含量,判断屋里的空气清新程度。

（4）互动服务电视系统

智慧酒店客房内的电视将不再是简单地供客人看看电视,它除了能够收看多个频道的电视节目,可以进行 VOD 点播之外,还能为客人提供各类信息:例如,通过网站和智能信息终端显示酒店所在地的天气、温度和房间内的温度、湿度、空气质量等信息;通过网站和智能信息终端显示酒店公告、特色餐饮、特色会议设施、个性化服务指南等信息;通过网站和智能信息终端显示航班、火车、长途汽车、地铁、公交等信息路线图以及车站和机场的时刻表,方便客人合理安排时间,并且客人还能够在酒店的商务中心打印登机牌,免去去机场排队等候的麻烦;通过网站和智能信息终端显示酒店周边"吃、住、行、游、购、娱"等信息;通过酒店网站、App、酒店 Wi-Fi 网络向住客推送酒店优惠、店内特色、主题日互动等促销信息;对于酒店内部而言,互动服务电视系统还能够为客人提供点餐服务。此外,该电视系统还能够提供多国语言,它能够自动选择客人的母语来欢迎客人入住。

（5）客房智能手机

在智慧酒店中,每位入住的客人均可配备一台智能手机,号码就是客房的电话,不仅能够满足顾客在酒店内的各种需求,还可支持用户全球范围内拨打电话,实现全球漫游,为出差在外的客人,尤其是国外客人提供了极大的便利。

（6）智能遥控系统

智慧酒店的客房将不再需要很多的遥控器,只需一个就能解决房间所有设备的控制。它通过酒店客房的感知系统,不仅能够调换电视频道、进行 VOD 点播,还能够调节房间空调的温度、灯光的明暗度。只需这一个遥控设备便能将房间里的设备调节到顾客需要的状态,这极大地节省了酒店的运营成本,而且对顾客而言,也更加便捷。

（7）模拟旅游系统

顾客只需坐在客房内的电脑椅上,佩戴虚拟现实头盔和耳机,点击计算机的触摸屏幕,选择要去往的旅游城市,模拟旅游系统马上会显示该城市的全景图,将其"带到"该城市开始奇妙的旅程。该系统还设有多种旅游体验模式,如怀旧型体验、刺激型体验、教育型体验、浪漫型体验和奢华型体验等多种模式,顾客无论选择哪种模式,系统都会根据模式的特点自动生成一条旅游线路,模拟导游就会带领客人去领略这条旅游线路的魅力。此外,模拟旅游系统会将这些旅游攻略分别设计成有趣的旅游故事情节,客人可以任意挑选旅游故事,按照旅游故事的情节安排进行游览和观光,增加模拟体验的趣味性。

（8）门禁系统

传统酒店的门禁系统就是简单的猫眼,当有人敲门或是按门铃,客人需要走到门前,通过猫眼来确定来访人员,然后再决定是否开门。在智慧酒店的客房服务系统中,来访人员可以通过门口的图像直接跳转到房间内的电视屏幕上,客人可以直接通过电视屏幕查看来访人员,增强了用户的个性化体验。

3.1.4 智能点餐系统

当顾客走入酒店的餐厅,借助点餐系统进行点餐时,酒店餐厅会根据顾客的常住地信息、以往的饮食体验,自动发送酒店所能提供的符合用户口味的菜肴和点餐系统,能够将酒店的菜品清楚明了地呈现在客人面前。除了菜品的名称、图片外,还会标明食物的成分,顾客可以清楚查看食物中是否有自己易过敏的成分,便于顾客对食物进行搭配。此外,此系统还可语言切换,便于不同国籍的顾客点餐。客人点餐提交完成后,餐厅服务员可通过智能终端接收顾客所提交的信息,然后将其发送至厨房,让厨师开始准备饭菜。同时顾客的菜单也会直接到达收银系统,自动打印单据。

3.1.5 智能会议系统

举办商务会议是如今酒店的一项重要职能,对于星级酒店来讲,举办会议还是酒店利润增长的重要动力。因此,在智慧酒店的建设过程中,要注重对智能会议系统的建设。先进的会议系统是如今酒店内多媒体会议设施的重要组成部分,是衡量酒店接待能力的重要参考依据。根据用途的不同,可以将酒店内的会议厅分为宴会多功能厅和专业多功能厅,不同的会议厅由于功能的不同,其设计也会表现出较大的差异。

(1)宴会多功能厅

宴会多功能厅是商务型酒店的主力豪华多功能厅,代表着酒店的形象,主要举办餐饮招待会、音乐招待会、嘉年华会、鸡尾酒会、婚宴招待、新闻发布等重要的宴会。宴会多功能厅的系统设计多侧重于选用美观、先进、音质优美的声光像系统。

(2)专业多功能厅

专业多功能厅主要用来接待多媒体会议、网络电视会议、学术交流、新闻发布、国际交流等较为正式的会议。该类多功能厅代表着酒店接待会议的先进形象。酒店的会议系统通常采用最为先进的通信和展示技术,一般情况下需要包括以下功能或措施:

第一,良好的无线通信网络。能够满足与会人员的网络需求,能够随时上网调用资料。第二,多媒体渠道来源。与会人员能够根据自己的需要随意切换音视频源。第三,会议自动签到系统。可以将与会者的信息直接汇总传达到会议主办方。第四,良好的投影系统。大小屏幕能够结合起来,为会议的进行提供良好的条件,便于与会者即时获取现场的信息。第五,远程会议系统。能够进行异地内外部演示与会议。第六,中控系统。会议主办方能够对专业多功能厅进行集中控制管理。第七,灯控系统。会议室的灯光能够根据会议主办者的需求自动调节。

3.1.6 智能停车系统

停车场对于酒店必不可少,特别是商务型的酒店。对顾客而言,肯定是希望得到便捷快速的停车服务,这就要求智慧酒店的停车系统要最大限度地满足客人的个性化需求。因此,该系统应能够提供智能卡计时、计费或视频车牌识别计时、计费服务,在车库入口处能显示空闲车位的数量,并能为顾客提供电子化寻车、定位、导引服务。这一智能系统不仅能够增强顾客的个性化体验,同时也能为酒店节省人力成本。

3.1.7　智能电梯系统

智能电梯系统采用 RFID 技术,自动识别旅客房间卡信息,自动升降至旅客所在楼层;对无卡进入电梯者,系统应拒绝访问者无任何按键操作权限;同时应配备盲文,供盲人操作。智能电梯具有安全和节能的特点,使酒店变得更加高档、更加智能化。为延长电梯的使用寿命、降低酒店能耗和运营成本,智能电梯系统限制用户使用权限,有效地阻止如小孩玩耍乱按电梯、使用电梯者按错楼层等额外的电梯运行,进而真正实现电梯的有效运行。

3.1.8　智能通信系统

该系统用于客人对外通信、酒店内部通信交换。良好的通信网络使客人可以进行语言、图像、数据等多媒体信息传递,可开网络会议、视频电话、上网等。使宾客处在一个开放的、便捷的信息社会,即使旅行在外,也和在家一样,有宾至如归的感觉。

3.1.9　酒店楼宇自控系统

该系统用于酒店客房及公共场所的环境参数自动控制,如温度、湿度、新风、气味、除菌等自动控制,目的是为宾客创造一个舒适、温馨的住宿环境,给宾客优质体验环境。

3.1.10　设备能源管理系统

该系统既要保障宾客的舒适度,又要做到节能减排,使酒店的综合能耗得到很好的控制。让酒店既满足宾客的需求和体验,又能做到低碳高效。

3.1.11　酒店安防系统

这些系统的智能控制,主要体现在安防数据挖掘、智能识别、智能跟踪、云计算的数据比对等领域,这些新技术的应用大大提升了酒店安防的智能化程度,为酒店的安防起到积极作用。

【案例 3-1】

酒旅业数字化方兴未艾,而华住已走在行业前头

从软件系统角度看,经过 15 年的积淀与成长,华住已形成一个强大的技术"中台"。从 CRS、PMS、RMS、CRM 等酒店营销管理系统,到供应链采购平台,再到无接触

服务、自助服务等先进技术的引入,华住系统化、技术化能力融入商业操作系统,形成了"甲骨文般"的竞争力。

华住集团在技术方面的一个显著特点是,它的整个酒店运营IT系统都是自主开发的。其数字系统平台100%采用自主知识产权,利用算法、大数据分析、数据挖掘、人工智能、机器学习和物联网等先进技术。华住集团平台包含中央预订系统、分销平台、供应链生态系统和高效的PMS酒店管理系统。华住集团首席财务官何继红说:"我们拥有一支强大的IT专业团队来开发整套操作系统,这在酒店行业是独一无二的。"

凭借坚实的技术基础,华住集团的系统可灵活连接华住集团旗下的未来品牌或新收购的酒店。自主数字平台还可以为获取新客户量身定制,例如利润较高的企业客户、会议、奖励旅游、大会和展览(MICE)以及普通休闲旅客。

华住集团是中国首批大规模部署智能机器人的酒店集团之一。这些由大数据和算法驱动的机器人可以穿梭于整个酒店,运送零食、洗漱用品和其他酒店设施,迎接客人,并引导客人前往房间,从而提高酒店的运营效率。这种非接触式方式在疫情期间受到欢迎,也受到许多现代"内向型"客人的欢迎。华住集团以数字自动化为基础,员工与客房的比例为0.16,远远低于同行。而在线服务率更是达到了惊人的92%。

总之,技术实力可以帮助华住集团实现规模经济,以递减的成本吸引客户和市场两端的特许经营权,这种模式堪比互联网平台经济。盈利能力也随之而来。

(资料来源:财新网,2023-10-25.)

3.2 智慧酒店营销系统

3.2.1 智慧酒店营销的概念

智慧酒店营销是以经营数据分析、计算模型构建为基础的经营决策支持综合网络平台,智慧经营给酒店决策者、营销经营者一个新的经营环境,即:智慧营销的核心就是以数据分析为基础,应用大数据和智能技术,为酒店的市场分析、布局提供高效能的决策支持。智慧营销将构建全覆盖、多渠道的营销模式。从较早的网络营销,到网上订房;从酒店直销网站,到第三方订房平台;从有线网络订房入口,到移动手机终端销售。

3.2.2 智慧酒店营销的应用场景

酒店的智慧营销将是立体的、全天候的、多渠道的。以下为智慧经营的几个应用场景。

（1）酒店（集团）自主网站营销模式

在网络营销方面可以是酒店（集团）的直销模式，许多大型酒店集团具备了网络销售的能力，为酒店的客源市场构建起了营销平台，例如洲际酒店集团的自主网站，是酒店很好的销售渠道。自主网站配以电话预订达到了很好的效果。酒店发展私域流量，建设好自营网站是很好的途径与方法。

（2）酒店第三方营销平台

目前的酒店第三方营销平台占市场份额很大，这是市场细分的结果。酒店企业从第三方平台得到市场份额，是渠道销售途径之一。酒店与第三方的信息交换，在网络技术架构上比较简单，只要酒店具备能够上网的浏览器就可以进行操作。比较典型的国内第三方酒店平台有携程、飞猪等。这种营销平台在桌面端和移动端切换自如，应用普及而广泛。上述几个渠道的整合形成了酒店（集团）营销渠道的领先优势，许多酒店集团会在数据和技术分析基础上，采用渠道销售分析，结合收益管理，来调配渠道销售达到智慧营销的目标。

（3）新媒体智慧酒店营销

这里的新媒体主要是指移动终端的普及带来的变化，人们使用移动终端已经到了无孔不入的阶段，只要有创新想法，就能实现移动终端的应用。例如：App 移动服务，微信、抖音、美团的传播等渠道。这些新媒体的传播渠道最大的特点就是在各种移动终端上的应用，如移动手机、平板电脑等。只要有 Wi-Fi 信号，这些移动终端就能与酒店的营销平台交流信息，进行各种互动。移动终端最大的优势就是人们可以利用"碎片时间"进行阅读，进行信息交流，随意性强。对宾客而言可以随意下单订房，酒店也可以将"剩余的客房"进行碎片销售。

【案例 3-2】

首旅如家聚焦数字化营销，实景直播促成品效合一

首旅如家酒店集团是中国最大的酒店集团之一，旗下拥有以住宿为核心的 20 多个品牌系列、近 40 个产品、超 6 000 家门店；覆盖"奢华高端""中高端""商旅型""休闲度假""社交娱乐""联盟酒店"全系列的酒店业务，门店遍及全国各地。

2023 年首旅如家携手平台共同探索数字化营销，以提升自身商业价值。截至目前实现总交易额超过 8 000 万元，产出短视频超过 700 万条，整体曝光超 10 亿次。

Field 商家自营，聚焦数字化营销，线下实景直播促用户黏性提高

探索数字化营销新模式，组建以集团账号为主的直播运营团队，建立线上直播阵地经营,带动交易额增长。采用城区账号在店内实景直播模式,向用户展示旗下门店的特色和优势,进一步增加品牌的美誉度,到店消费的用户可享受优质住宿服务,通过用户在线下门店的完美服务体验,反哺提升线上运营,提高用户黏性,联动优质直播服务商,开启区域维度直播,组建高质量直播货盘,严格筛选酒店产品和服务,确保服务品质,吸引用户到店体验。选择优质代直播服务商,在货盘售卖周期中与优质代直播服务商合作,保证开播频率,以实现品效合一,以城区维度在门店内进行常态化自播,重点突出城市特色、门店特色,并搭配不同城区的区域通兑货盘进行推广宣传售卖。

Influencer 达人合作,锁定头部+中腰尾达人资源优势,扩大品牌曝光度

货盘首发锁定头部达人档期,吸引中腰尾达人持续开播,打造流量及销量的持续提升,扩大货盘制造爆发期声量。旅行囤货节期间,联动@欣子、@小九的旅行盲盒等达人拍摄集团特色门店短视频,集中声量为集团及通兑商品造势,展示旗下门店的特色和优势 Event 节点营销。

Event 节点营销,携手平台打造多样营销活动,找准热点做城市宣传

2023 年首旅如家与平台积极合作,打造五一好生意、519 中国旅游日、好好旅行节、旅行囤货节等热点专题营销活动,逐步扩大品牌影响力。旅行囤货节期间,首旅如家推出节点专属通兑券,创下了总销售额超 1 200 万元的成绩。基于抖音平台淄博烧烤热点,主动借势组成山东淄博周边热门城市通兑货盘,并以淄博为热点积极宣传,同步打开活动、城市声量。

首旅如家酒店集团利用抖音平台的巨大流量和用户基础,合作产出大量优质短视频内容,吸引大量用户的关注和互动,进一步提升了品牌的影响力。未来,首旅如家酒店集团将继续探索数字化营销的新模式,不断提升品牌竞争力和市场占有率。

(资料来源:国家旅游地理网,2023-11-24.)

3.2.3 智慧酒店营销的原则

鉴于以上几个用途,酒店官网的建设要将酒店的经营服务特色考虑在内,此外还要注重以下原则。

(1)品牌原则

建设官方网站时,要将酒店的品牌优势充分体现出来,塑造酒店网络品牌的个性化形象,尽可能地转换为酒店的品牌消费,建立酒店忠诚的客户群体。

(2)商业原则

建设酒店官方网站作为酒店商业运作的重要组成部分,要能为酒店企业文化的对外传播提供服务,为酒店与客户、酒店与员工提供良好的沟通渠道,提高酒店的收益,使酒店获得更多商业机会。

（3）经济原则

根据酒店自身的需求,建立合适的网络平台,提供广泛的涵盖用户多种需求的功能,数据处理方式灵活以满足高度用户化的需求,节省网站建设成本,并确保其较好的拓展性和开放性。同时网站需具有基于 Web 界面的管理后台,酒店能够自主地对网站上大部分内容作更新、修改操作,节省酒店网站的运营成本,提高信息更新、传播效率,扩充原则。网站的整体规划及框架设计是具可扩充性的,前台页面的设计能保证网站在增加栏目后不会破坏网站的整体结构。后台数据库的设计具有高度的扩充性,酒店能够根据需要对栏目、类别进行增、删、修改等操作。同时,网站良好的扩充性能够适应内外网连接、数据同步的需要,酒店官方网站的建设应从用户的角度出发,尽可能地简化操作程序,实现用户的线上客房预订,顾客只需要在表格内将自己的姓名、身份证号码、订房规格、人数、到离店日期、联系方式等信息填写进去,确认后将这些信息提交酒店后台即可。此外,酒店管理人员还要密切关注顾客的信息,及时解决顾客在入住过程中出现的问题,与顾客建立良好的互动关系。一般情况下,顾客入住酒店的流程主要为:查询客房信息——在线填写预订信息——预订——入住酒店。在互联网环境下,酒店的官网具有便捷性、准确性和有效性,酒店的相关人员要及时更新酒店的相关信息,让顾客及时了解酒店的相关信息。

3.2.4　智慧酒店营销观念的创新

营销创新首先是观念的创新。第一,合作竞争观念。在全球经济一体化时代背景下,市场竞争愈发激烈,单个的竞争主体或关联性较弱的企业在竞争中难以获胜。因此,智慧酒店不仅要密切关注潜在和现实的消费者需求特征的变化,而且要时刻关注竞争对手的营销策略,同时要加强合作企业的战略合作,使得智慧酒店的产品质量、服务质量、管理效率等方面竞争优势明显,特色鲜明,合作中竞争,要善于向对手学习。第二,绿色营销观念。环境保护与可持续发展是现阶段和将来部分阶段全世界都关注的话题,如今的绿色消费的趋势愈加明显,绿色革命浪潮席卷全球,智慧酒店紧随绿色革命的浪潮,使得服务和产品具有竞争力,创造丰厚的营业绩效。

【知识链接】

首旅如家酒店集团在其庞大的会员体系基础上,建立了基于大数据的 CRM 系统,通过该系统,可动态生成会员标签,实现精准的会员画像及会员的线上/线下全场景触达,实时掌握会员状态,挖掘会员的潜在需求,帮助酒店推出个性化的营销方案,从而真正精准地满足消费者需求。

3.2.5 智慧酒店营销途径的创新

第一,要广泛应用网络营销。互联网经济时代,传统的同质化、大规模营销方式已经转向差异化、整合营销,从单方面的市场影响向互动的多向营销转变。对于网络营销来说,它具有的交互性、整合性和高效性,以及费用成本低廉、不受地域时空限制的优势,能够为智慧酒店开拓市场、扩大营销链条、开发新产品和服务带来有力支撑。第二,在满足消费者需求的基础上要创造、引导消费需求,即智能酒店依靠消费数据、互联网数据去挖掘顾客未意识到的需求,据此生产新产品,通过宣传、促销等营销手段,引导消费者消费,从而培植和创造消费需求,使得酒店在产品和服务上产生市场领先优势,形成特色产品和服务,迅速、提前占领市场。

（1）与旅游在线服务商合作

除了印刷传统广告、做电视广告、媒体宣传以外,智慧酒店在营销推广方式上也更显智慧化。智慧酒店通过在本酒店网站、合作者网站、旅游类网站及客户端、App 软件上投放广告,建立宣传面广、宣传内容多样化的智能广告营销渠道。例如,智慧酒店可与艺龙网、携程网等声誉度较高的在线旅行社或者与马蜂窝等旅游攻略网站进行合作,以扩大酒店的知名度。旅游在线服务商拥有游客大量出游数据,酒店与其合作不仅能了解游客选择酒店的喜好,进而调整酒店经营策略,而且还能让在线服务商向酒店的目标顾客推广酒店,增强营销效果。

（2）升级酒店网站服务

智慧酒店要建设有独立、易识别、易记忆的域名,网站提供包含国际通用语言在内的多语言支持;同时配套建设手机 Wap 网站,并开发手机 App 应用,形成具有咨询、预订、支付和评价功能的智慧酒店电子商务平台。同时链接相关旅游门户网站、政策信息网站、旅游论坛等实现网络资源共享。

智慧酒店还需要在具有智能化的搜索中向目标顾客进行推荐。比如顾客在选择景点之后,会自动显示附近的酒店,这使得营销的对象更具针对性。另外,虚拟旅游的兴起也为酒店营销推广提供了一条独特的道路。

（3）打造智能信息终端

客房智能信息终端要具备音视频播放、地图导览、简洁操作系统、可触摸操作、无线网络支撑、视频通话功能,同时能够在包括电视、电话、各种移动终端配套使用,同时还要支持多种语言。

（4）开发虚拟服务体验网站

智慧酒店可以应用三维全景实景虚拟现实技术,三维建模仿真技术,360°实景照片或视频等技术建成数字虚拟酒店,实现虚拟漫游。具体而言,酒店可将其官网界面设计成模拟酒店情境,将酒店每间客房的内部布置、具体方位等信息图文并茂地详细展示出来,为顾客提供一个全方位实景挑选客房以及体验酒店各种智能模拟系统的平台。浏览者还可通过"虚拟客房"功能,任意设计酒店的产品和服务,并对其进行模拟体验。酒店可根据顾客的设计掌握他们的喜好,进而推出全新的产品和服务,努力满足客人的新需求。

(5)开展新媒体营销

酒店可在官方微博和官方微信公众平台上发表酒店的概况简介、促销活动信息和新产品介绍等,或者发起热门的话题讨论与抽奖活动,以吸引读者的注意力。此外,酒店可建立微信商城,让顾客在网上商城便能享受酒店产品查询、预订、支付及反馈的一体化服务。

(6)开展待用酒店项目

待用酒店项目是专为收入较低的旅游人群而设。顾客在线下或在线结算房款时额外多支付 2/5 的房费,这额外支付的房费将会存入顾客的酒店个人账户里,其余 3/5 的房费将由酒店承担。这些房费是留给承担不起高额住宿费用的游客,让其免费享受智慧化服务。而参加待用酒店项目的顾客在下一次到酒店消费时将会享受折扣优惠。

【知识链接】

智慧酒店通过与旅游在线服务商合作、开发虚拟服务体验网站、开展新媒体营销等方式,可以迅速、灵活响应顾客需求,实现酒店对外营销智慧化。

以"菲住布渴"为例,其官方小程序可以承接客人行前预订、行中店内服务消费以及行后会员复购等行为,沉淀的数据,可用于再次触达和营销。菲住布渴目前在支付宝打通、在飞猪设计了全链路的体验流程,并将支持 App 拍照后一键在线下单。借助阿里生态,通过全域营销等手段,酒店可以对潜在消费者进行有效多维度触达,并且满足商务、个人、家庭消费等多类场景,丰富不同层次的营销需求。

3.3　智慧酒店管理系统

3.3.1　技术基础

从智慧酒店的相关技术支持和功能来看,智慧酒店在对当今科技的应用上更加智能化,通过使用移动互联网,便携式移动终端等先进技术实现对酒店数据的自动记录、分类、分析和共享;另外,智慧酒店的 App 和公众号支持网上查询、在线预订、线上付款和快速入住登记,能够最大程度地免去客人排队等候时间,让客人享受到智慧系统带来的便利。从智慧酒店的内涵层面来看,智慧酒店配备了更完整的智能化信息系统,在网络数字化支持下,实现酒店管理的数字化,智能化的服务模式。这是对传统酒店模式的创新,在提高酒店资源利用率和提供高品质要求的服务的同时,也满足消费者对服务的个性化多元化需求。

智慧酒店的建设、运营与管理是一项巨复杂的系统工程,由于正在运营中的中、高星级酒店都已经初步实现了智能化管理,因此,其管理系统的建设可依托酒店原来的智能化管理系统接口,结合信息技术(物联网、大数据、云计算、移动客户端等)的发展进行升级改造。

新酒店在筹建时,要找准自己的目标市场定位,决策采用什么样的智慧酒店管理系统。相比传统酒店,酒店智慧化管理系统的优势体现在以下几个方面:一是在酒店进入高成本运营的时代,通过科技的进步、员工价值观念的转变,实现循环经济理念下资源集约化利用,在酒店区域内实现资源优化配置、循环使用、节能减排、降低成本、生态和谐;二是依托智慧化管理系统优化管理流程、提高管理效率和在大数据、云计算平台的支持下,获取精准的服务信息,对未来的经营管理做出科学预测;三是实现酒店业流程再造,往往企业科技水平进步一小步,员工工作效率提升一大步。流程再造后,必然减少员工工作量、提高劳动效率、减员增效;同时,依托先进的感知系统可根据客人实际需要,为宾客提供满意且惊喜的超常规服务。

智慧酒店的兴起和初步发展,离不开信息技术(IT)及其应用的大发展,离不开通信网络(有线、无线)不断发展,离不开电子商务迅速普及。"智慧酒店"基础性、技术性的架构是以互联网、通信网、物联网三网为基础的,这 3 个网络将相互融合、相互支撑、相互应用,使得智慧旅游、智慧酒店成为现实,并具有可行性。

3.3.2　智能酒店管理系统

(1)智能酒店管理系统概念

智慧酒店建设的目的从客人角度来说,是增加客人体验、享受现代信息技术进步带来的便利、舒适和身心的愉悦;从酒店运营角度看,智慧酒店所应用的智慧酒店管理系统,可以实现高效运营、数据分析、预测未来、减员增效、节能减排、物质循环利用等效果。目前,不同星级、不同规模的酒店企业都有自己的酒店管理系统。酒店管理系统,就是我们常说的 PMS,是酒店信息管理和处理的综合系统,通过计算机技术和信息化手段的应用,提升酒店运营过程中的管理效率,实现对酒店资源的高效运用。随着信息技术的进步和管理模式的变迁,云计算平台、SaaS 模式(软件即服务)、PaaS 模式(平台即服务)成为软件供应商们为酒店提供的新的酒店管理软件运营模式。物联网框架下,酒店 PMS 基本可以实现酒店运营范围内所涉及的人、财、物等资源以及工作流程的智能化管理。北京市旅游委制订的《智慧饭店建设规范》对酒店管理系统作出了具体要求。提出酒店管理系统应有 ERPI 系统、PMS 系统、CRM 系统,并方便与其他系统对应。

本书认为,酒店智慧管理系统是利用最新信息技术进步的成果,通过对酒店运营区域内人、财、物等资源的流动状况自动感知、提取数据并进行分析,实现对酒店经营过程中发生并现实存在的资源变动状况实时监控、管理和预测,最终起到优化酒店管理品质,完成酒店运行高效、节能减排、环境友好的目标。

【知识链接】

H PMS——酒店管理平台

华住集团"易系列"产品的核心就是 H PMS。华住自主研发的 H PMS 是基于云平台的酒店管理平台,它管理着整个酒店内所有的基本资产,包括房量、房型、房态、房价、房控。目前,H PMS 平台上有华住管理的三千多家酒店和上千家非华住品牌的酒店,可以说是全世界最大的云酒店管理平台。

(资料来源:环球旅讯网,2021-11-11.)

(2)智慧酒店管理系统设计

为提升酒店的服务质量、增强酒店的竞争力,智慧酒店可以借助物联网技术的发展,基于物联网六域模型打造一款多功能的智慧酒店控制系统来满足顾客的多样化需求(图 3-1)。

1)物联网六域模型简介

2018 年由我国主导的《物联网 参考体系结构》(ISO/IEC 30141:2018)国际标准正式发布。该参考体系结构如图 3-1 所示,其中包含用户域、资源交换域、服务提供域、运维管控域、感知控制域和目标对象域。

用户域。标识不同物联网类型用户,可以通过该域完成对实际物理对象的感知和操控任务;从用户总体分类来看可以包括政府用户、企业用户和公众用户等。

资源交换域。实现物联网系统与其他系统的信息资源交换与共享;按照功能可分为信息资源交换系统和市场资源交换系统。

服务提供域。基于硬件设备端的大量数据信息,进行深层次的数据处理和加工,

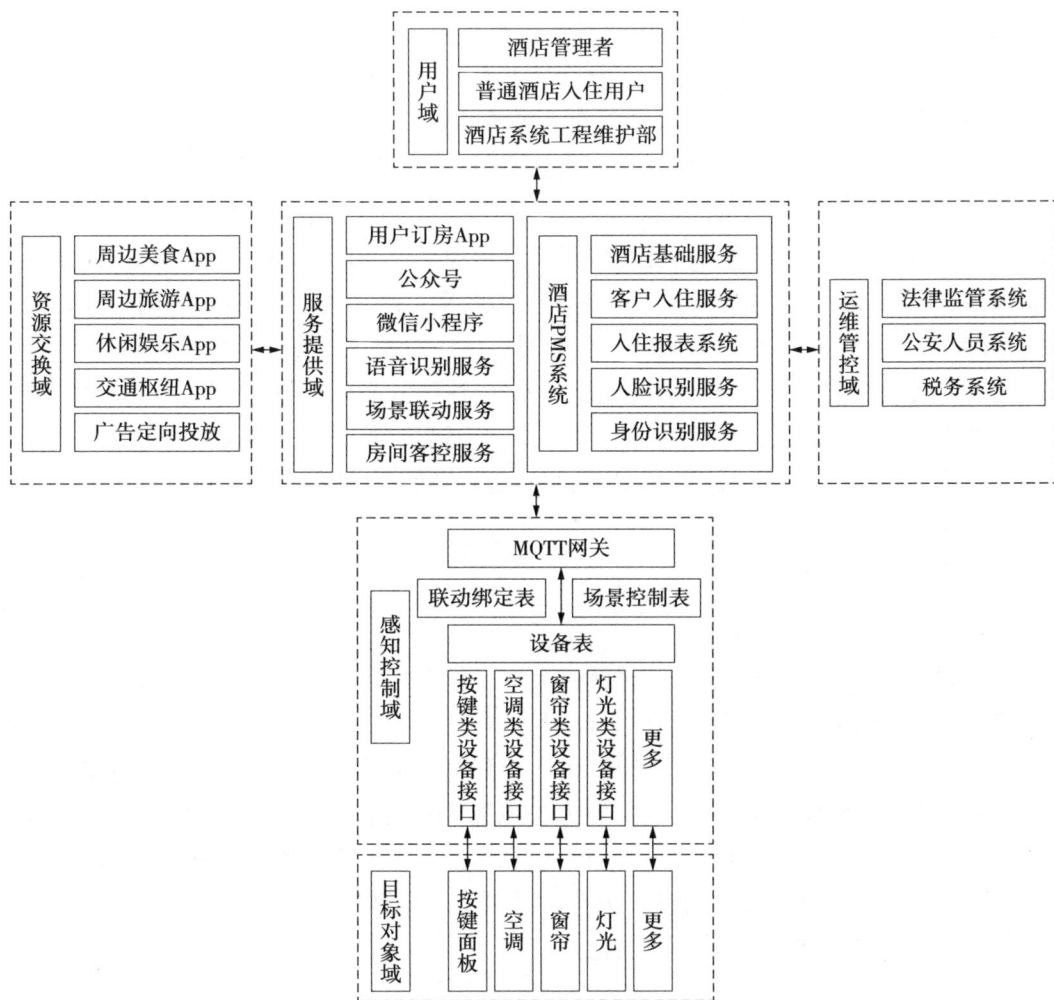

图 3-1　基于物联网体系结构的智慧酒店建设构想图

例如云计算、人工智能算法等,为用户域内不同的用户提供各类服务接口。

运维管控域。管理和保障物联网系统的可靠性和安全运行,并保障相应的应用系统符合法律规范和按照行业规范运行。

感知控制域。采用一定的技术手段实现对目标对象的感知和控制,通过不同的感知和执行功能单元实现对目标对象的控制操作和信息采集;在现有技术下,感知控制域包括传感器网络系统、标签识别系统、位置信息系统、音视频采集系统和智能化设备接口系统;其中智能化设备接口系统具有通信、协议转换、数据处理等功能,在实际应用中智能化设备接口系统可以集成在目标对象之中。

目标对象域。即物联网用户所关注的物联的"物体"是构建区别于传统产品服务的全新价值的源头、感知控制域的信息资源的来源、信息获取和控制对象的实体集合

（包括感知对象和控制对象）；感知对象和控制对象可以采用通信接口或者非通信接口的方式与感知控制域进行关联，实现物理世界与虚拟世界的接口绑定。

2）基于物联网体系结构的智慧酒店系统的优势

相对于传统酒店管理系统，智慧酒店除了包括传统酒店 PMS 系统的基本功能，还增加了让旅客通过微信、App、公众号等手段办理自助入住、选房退房等一系列手续的功能；提供智能客控系统进行多元化场景设定和用户习惯设定，客户可以通过 AI 语音识别、App 操作等手段控制客房灯光、窗帘、空调等，为客户提供量身定制的个性化服务，大大提升入住体验；由于客户需要实时对客房内设备进行监控，因此通过智能算法实现对房间设备的功耗进行检测和智能控制，以达到节能减排、降低运营成本的效果；智慧酒店系统可以通过资源交换域与第三方的周边美食、休闲娱乐、交通系统进行数据的对接，通过大数据进行定向营销，拓宽酒店营销渠道，降低营销成本的同时增加酒店运营收益。

（3）智慧酒店管理系统建设

1）前台管理系统建设

在如今的大数据物联网时代，能够极大地简化酒店的前台管理，客人的入住、退房手续等都可以借助手机或是酒店的自助服务器自主解决，顾客入住后，酒店的管理系统可以自动对相关信息进行收集整理，极大地降低了酒店前台工作人员的工作量，仅包括为顾客提供临时定制服务、紧急服务等少数几项内容。因此，酒店应配备一个较为完善的管理系统，即前台管理系统（PMS）和客户关系管理系统（CRM）。其中，PMS 系统包含客户资料管理、预订管理、账户管理和客房管理四大功能。CRM 系统包含客户档案管理、客户反馈资料管理等功能。

【知识链接】

信息化的 IT 技术成为华住在中国酒店行业中的创新。通过线上线下协作流程的全面重新设计和数字化，华住改变酒店和客户的连接方式和服务方式。

以入住酒店的消费流程为顺序，在客房价格制定方面，华住在 2018 年推出了 RMS 智能化收益管理系统，通过建立科学的数学模型预测经营情况，根据市场实际状况进行精细的自动调价。截至 2018 年年底，就实现了房价自动调价比例超过 58%，全业态自动化结算超过 100% 的成绩。华住也是全球首家可以根据客房供需情况进行精细自动调价的酒店管理集团。

2）客房管理系统建设

构建云端智能平台，实现酒店房间客控系统智能化、自动化统一管理，包括酒店管理、客房管理、设备管理、场景管理、权限管理、系统管理、天猫精灵对接、微信小程序接口和 MQTT 客户端。RCU 控制器通过 Wi-Fi 连接 MQTT 服务器,使 RCU 与云端智能平台以消息订阅和发布的方式实现交互和控制功能;云端智能平台按照第三方对接协议标准,将第三方智能产品接入系统平台,并能够与各个房间的 RCU 系统进行绑定控制,实现第三方智能产品自由扩展,如对接天猫精灵实现 AI 语音控制酒店房间中各种设备;用户管理模块设计实现了对酒店人员、系统管理员、酒店入住用户进行分级权限管理;API 扩展接口提供用户 App、微信小程序和对接 PMS。

3)人力资源管理系统建设

人力资源管理是指对酒店内员工的管理,酒店可以根据员工身上配备的 RFID 电子标签以及酒店内的感知系统,对员工的考勤和在岗情况进行记录。同时,还可以根据酒店内不同地点用户的需求,及时就近安排员工为客人提供服务。此外,客人还可以对员工进行评价,作为酒店对员工进行考核的依据。采用这种人力资源管理方式,能够有效减少酒店的人工管理成本,此外,这种管理方式还能够为用户提供及时有效的服务,提高用户的满意度。

【知识链接】

基于 H PMS 系统,华住旗下酒店能进一步降低人力,目前华住旗下酒店人房比仅在 0.17 左右。据华住集团 CIO 刘欣欣介绍,仅易发票这项功能,就能为华住旗下 4 000 多家酒店节省 85 万小时,也就是 500 个人一年的工作量,而这样能够把单项工作简单化的产品他们一共有 22 个。

在入住后的服务流程中,华住自主研发了"华通"App,通过软件,实现了员工移动办公化,每位客房服务员都可以借助此工具随时掌握每位客人抵店和离店的时间,从容安排自己的工作;并且可以通过手机实时更新清洁进度和用品库存等信息,实现精准化管理。

4)财务管理系统建设

酒店的内部财务管理系统主要为酒店内部营运服务,涉及酒店的方方面面。通过使用专业的财务管理系统,实现业务数据和财务数据的在线对接和财务数据监控,并具有财务决策功能和酒店业务监控功能。

5)物资管理系统建设

酒店的物资管理主要是指酒店的客用品以及酒店员工的工作服等,通过电子标签的使用,能够提高酒店物资的管理效率。通过识别设备,客房管理人员可以实时统计被装、服装等的送洗情况、使用寿命以及催洗物品信息,并将信息发送给相关的执行员工。通过物资管理系统,管理人员能够随时掌握酒店物资的动态信息。

6)采购管理系统建设

根据酒店电子标签所显示的信息,酒店能够随时获得物资的入库、出库信息,从而统计需求量和剩余信息,并将需求信息发送至提供商和配送商处进行配送。

7)智能安防系统建设

酒店的智能安防包括两个方面:一是酒店贵重物品的安防。一般贵重物品均摆放在固定位置,内嵌 RFID 电子标签进行实时监控,一旦物品离开固定位置就会自动报警,并提示酒店保安该物品的位置信息,以便及时追回。二是火灾等安全隐患的智能防护。酒店内的智能感应系统可以根据实时监控的温度、湿度等的变化提示可能的火灾隐患;电路的相关信息也可以及时发送给管理人员,防止断电、电路起火等安全隐患的发生。酒店的安防监控系统还应具有防盗和防破坏功能。酒店安防监控系统所拍摄的视频要清晰,能够在光线较暗的晚上识别车牌信息。此外,安防监控系统里的视频要能够为其他系统调用,能够与火灾、消防等系统联合起来,为各种突发事件的处理提供依据,保障酒店内顾客的人身和财产安全。

【本章小结】

1.智慧酒店宾客服务系统是指顾客入住酒店过程中所能享受到的一切服务,酒店通过智能化的系统为顾客从踏入酒店第一步开始到其踏出酒店的最后一步提供个性化、便捷化的服务,从而增强顾客的体验性。

2.智慧酒店营销是以经营数据分析、计算模型构建为基础的经营决策支持综合网络平台,智慧经营给酒店决策者、营销经营者一个新的经营环境,即:智慧营销的核心就是以数据分析为基础,应用大数据和智能技术,为酒店的市场分析、布局提供高效能的决策支持。智慧营销将构建全覆盖、多渠道的营销模式。

3.酒店智慧管理系统是利用最新信息技术进步的成果,通过对酒店运营区域内人、财、物等资源的流动状况自动感知、提取数据并进行分析,实现对酒店经营过程中发生并现实存在的资源变动状况实时监控、管理和预测,最终起到优化酒店管理品质,完成酒店运行高效、节能减排、环境友好目的。

【思考与练习】

1.试述智慧酒店系统的构成要素。

2.试述智慧酒店如何进行营销途径的创新。

3.结合实际案例,试述如何打造智慧酒店管理系统。

【案例分析】

如家商旅酒店智能自助入住机

首旅如家目前拥有强大的面客系统、运营系统和后端支持系统,分别应用于服务、经营和管理,并持续改进和研发,为连锁酒店的高效管理和服务提供强大的 IT 系统支撑。例如,面客生态系统建设,其实现了在线预订、在线选房、前台智能自助机入住、自助离店等全周期体验,同时实现约车、购物、订票等周边生活全生态服务,提升客户满意度。对于顾客而言,入住首旅如家酒店旗下酒店,顾客从进店在自助入住机上 Check-in 再到被机器人引至房间,全程不超过 5 分钟,且无须工作人员参与,极大的降低了沟通成本和提升了入住效率。与此同时,酒店还可以作为城市探索的超级中心,与城市生态完美交互,满足住宿、出游、购物等多重体验。

再比如智能化产品的深度应用。集团通过和行业智能厂商合作,一方面开发了智能客房、智能前台、智能电视等一系列满足客人好住好玩需求的智能应用,如自助服务请求、自助购物及自助开票等功能,而通过客房智能客控可以语音控制灯光、空调、电视和窗帘等设备;另一方面则是清洁机器人等设备的率先使用。目前首旅如家部分酒店开始大规模试点的清洁机器人,可以深入客房场景,将清洁广度从平面延伸至立体空间,深入不同细节,真正发挥全域 3D 清洁的奥义。

(资料来源:迈点资讯网,2022-09-26.)

思考:

(1)数字技术的发展会给智慧酒店管理系统带来哪些变革?

(2)首旅如家的营销路径有何创新之处?

第4章　智慧酒店的战略与组织管理

【内容导读】

　　本章将结合当前智慧酒店企业战略与组织发展的最新动态,围绕智慧酒店战略与组织管理相关的核心内容展开,探讨智慧酒店战略管理的概念和形成,智慧酒店战略的实施者、智慧酒店战略管理的目标等基本问题。同时,为了保障战略的实施,本章介绍了智慧酒店的组织结构和管理模式,并结合当前竞争形势和行业动态探讨智慧酒店组织的创新与竞争战略,并提出大数据时代智慧酒店的管理对策。

【学习目标】

　　1.掌握智慧酒店的战略概念。

　　2.了解智慧酒店战略的形成以及形成阶段的主要任务。

　　3.了解智慧酒店的战略实施及战略目标。

　　4.掌握智慧酒店的组织结构和管理模式。

　　5.掌握智慧酒店的创新和竞争战略。

4.1　智慧酒店战略管理概述

4.1.1　智慧酒店战略管理的概念

　　战略管理是伴随着企业的管理理论和实践发展而逐渐形成的,1938年巴奈德首次将战略的概念引入管理领域,他认为管理和战略是企业管理者的两个重要工作。随着经济的高速发展,企业间的竞争更加激烈,复杂多变的环境需要有新的管理理念,企业战略管理登上了历史舞台。1965年安索夫在前人的基础上提出了战略管理的概念,他将战略管理定义为将企业的日常业务决策同长期计划决策相结合而形成的一系列经营管理业务。在这之后,大批研究者涌入企业战略研究领域,迈克尔·波特(1980)提出了著名的五力模型,斯坦纳(1982)将战略管理视为动态过程,亨利·明茨伯格(1989)则通过对诸多学者的研究总结,将战略管理定义概括为"5P",即策略(Ploy)、计划(Plan)、模式(Pattern)、定位(Position)和观念(Perspective)。

结合上述战略管理的经典定义,我们将智慧酒店的战略管理定义为:智慧酒店在分析外部环境和内部条件的现状及变化趋势的基础上,为了求得酒店的长期成长与发展所作的整体性、长远性的谋划。

4.1.2 智慧酒店战略的形成

智慧酒店战略的形成是指智慧酒店管理者为了确定酒店未来的发展方向、制定酒店未来发展战略而从事的各种行动。智慧酒店战略形成阶段主要关注的核心问题是智慧酒店进入何种业务,智慧酒店如何配置自身的资源,如何抓住外部机会,减少外部威胁,以什么样的方式和方法在酒店行业中培育自身核心竞争力并在与对手竞争中获胜。

智慧酒店战略的形成包括酒店外部机会与威胁的分析,酒店内部优势与弱点的确认,酒店长期目标的建立,酒店未来发展战略的制定和选择。

4.1.3 智慧酒店战略形成阶段的主要任务

智慧酒店战略形成阶段的主要任务包括酒店战略分析、酒店战略制定和酒店战略选择。

(1)酒店战略分析

酒店战略分析是对影响酒店未来发展的关键因素的评价和分析,确定酒店的发展使命和长期目标,分析酒店所处的外部环境和自身内部实力。任何酒店的战略管理过程都始于战略分析。酒店战略管理意味着企业自身的一种变革,而任何的变革都源于酒店对内外部环境变化的一种应对。因此,对酒店外部条件和内部状态的分析成为酒店战略管理的首要内容。

酒店的外部分析包括对酒店所处一般宏观环境的分析和对酒店所处行业的分析。酒店的内部分析是指对酒店自身发展情况和竞争能力的审视,包括酒店内部财务、人力资源和市场等职能的评估。借助酒店战略分析的过程,酒店明确自身面临的外部机遇与挑战、自身的发展优势和劣势,为下一步的战略制定奠定基础。

(2)酒店战略制定

酒店战略制定是在酒店战略分析的基础上,围绕酒店的内外部发展条件,进一步确定酒店的发展使命,确立酒店的发展目标,并提出可供选择的酒店战略发展方案。

（3）酒店战略选择

酒店战略选择是指形成一个适合的酒店未来发展战略方案,从酒店战略制定中形成的可供选择的方案中,通过各种评价,选择一种适合的发展战略。在酒店战略选择中,最需要的是明确,在可选择的战略之中,哪一种战略能够使得酒店获得最大收益,并获取竞争优势。对于任何企业来说,都没有一个十分理想的战略方案,过于完美的理想化的战略方案往往都是不存在的,现实的情况是,战略方案的选择也都只是遵循一种满意的标准。最理想化的战略方案既是难以获得的,也是不经济的,其依赖于各种理想化的条件,并且对信息的要求异常高,而信息的获取难度十分大,信息的成本也相当高。

4.1.4　智慧酒店战略制定者

智慧酒店战略制定者通常是对酒店负有主要责任的个体或群体,包括高层的酒店首席执行官、各个部门的酒店部门经理。智慧酒店战略制定者是酒店战略形成阶段的核心群体,他们负责帮助酒店搜集、分析和整理相关的信息,追踪酒店产业的发展和竞争态势,分析酒店自身的发展情况,识别各种威胁和新的机会,制定出酒店未来的行动方案。

4.1.5　智慧酒店战略的实施

简单来讲,智慧酒店战略实施就是要通过战略思维指导整个经营管理过程。

（1）做正确的事

这是智慧酒店决策层的工作,确定经营战略,也就意味着酒店选择"做什么、不做什么"。决策是管理的一项重要职能,是管理的核心,是其他管理活动的前提和基础。什么是正确的"事"？正确的标准来自市场、环境和变化,做出适合酒店发展、生存的决策就是正确的"事"。它是一种思想、意识,是行动前的计划,有效指引着酒店发展的未来方向,关乎着酒店能否在高竞争的环境下生存。只有在行动前做出正确的决策,才可以事半功倍,帮助酒店达到预期的效果。

（2）正确地做事

酒店决策层制定战略,明确了做正确的事,但这往往是酒店的方向指引而非具体操作,要把战略落地,决策层、经营层和基层三者缺一不可。而经营层作为决策层和基层间的枢纽至关重要。经营层需要分解战略目标、进行战略部署,并选择具体战略进而实施。经营层需要明确战略实施所要采取的方法和手段,深入了解酒店内部的发展状况,明确酒店治理结构、组织结构进而分解战略、进行合理的资源配置,实施战略到基层。酒店经营层实际上就是将战略方案转化为实际行动并取得成功的过程控制者。在这一过程中,酒店经营层通过分解战略目标设立年度目标、配置资源、建立有效的组织结构,推动战略的实施。

（3）把事做正确

战略的实施是实际的操作过程,在这一过程中,基层员工根据决策层所分解的具体战略目标和具体战略部署而做事。基层员工不仅要做事,还要把事做正确,如果基层员工无法理解高层管理者的战略意图和战略的正确执行步骤,那么,将面临战略失败以及资源损失的风险将大大增加。因此,"把事做正确"是检查战略实施有效性的标准,明确基层员工所要执行的具体步骤以及及时跟进实施反馈。唯有这样,酒店才能切实将战略的美好未来转化为现实。

4.1.6 智慧酒店战略的控制与提升

智慧酒店战略的控制与提升是智慧酒店战略管理的最后阶段。智慧酒店战略控制是指在酒店战略管理过程中重新审视酒店所处的外部条件和环境因素,判断、评估酒店战略的实施情况,并根据各种变化情况调整战略,对酒店战略进行适当的监控,以确保酒店战略能够有效地执行并实现酒店的发展目标。面对变化了的环境,酒店需要借助战略控制来监控战略的实施,包括对内外部环境的审视,酒店战略实施业绩的评价,衡量酒店运营的业绩表现,并将其与酒店发展目标相对照以发现酒店战略实施过程中的问题,进而采取纠偏措施、调整酒店战略,推进战略的实施。

酒店战略的控制与提升目的在于应对酒店的外部环境的变革与影响,核心在于对酒店战略实施的整体评价,确保酒店战略发展方向和高效运行。这样既能够保障酒店战略实施的稳定性,也能保障酒店战略的适度灵活性,适应酒店战略的各种变化,进行必要的调整和升级,促进酒店战略目标的实现。

4.1.7 智慧酒店的战略目标

智慧酒店战略目标是智慧酒店未来发展过程中所需要达到的预期结果,是智慧酒店对未来预期状态的表达,反映了酒店在未来一段时期内经营活动所期望的水平。智慧酒店战略目标对于酒店的发展极为重要,通过明确酒店战略目标,有助于明确酒店未来的发展方向;有助于调动酒店内部的各种力量,使得具有不同利益的群体在行动中有一致的基础,实现协同发展,促使酒店的内外部利益相关者认识其在酒店未来发展中的作用;有助于为酒店发展确立一种良好的绩效评价标准,减少发展的不确定性和盲目性;有助于在酒店内部达成统一的共识,减少潜在的内部冲突;有助于激励酒店员工,并依据酒店目标对酒店资源进行有效配置。

（1）智慧酒店战略目标制定的要求

智慧酒店战略目标的制定,与其他类型的企业目标一样,必须满足 SMART 原则,以此能够更清晰地将酒店战略目标向酒店的内外部利益相关者传达,实现酒店内部的异质性。

1）具体性

酒店战略目标必须具备具体性特征,能够有明确的主题,目标必须明确、清晰、具体,以此能够很清晰地向酒店内部和外部传达,方便人们理解和执行。

2）可衡量性

可衡量性是指酒店战略目标必须能够量化,能够容易将酒店目标进行分解和定量化,使得目标能够很好地传递分解,也方便酒店对目标的监控和对目标执行情况的评估。

3）可实现性

可实现性是指酒店战略目标必须在一定的时间范围内能够实现,一方面酒店的目标具有一定的挑战性,不是很容易就能达到的;另一方面也要求酒店的目标是可以实现的,而不是脱离现实的。这样方能很好地激励酒店员工。

4）相关性

相关性是指酒店战略目标应该与酒店战略使命相关,酒店的战略目标应该围绕着酒店的战略使命而制定。与此同时,酒店的内部包含着一串的目标体系,既有酒店的总体战略目标,也有酒店职能目标和员工个体目标等子目标,而总体目标与子目标之间应该保持内部的一致性和连贯性,相互统一协调。

5）时间性

时间性是指酒店战略目标应该有时间期限,对酒店制定的各项目标的实现制定一个可行的时间表,每个目标有一定的实现截止日期。酒店战略目标的时间性,一方面能够很好地控制和推动目标的实现,激励员工;另一方面也能加强对酒店的管理和监控。

（2）智慧酒店战略目标的制定

智慧酒店战略目标是对酒店未来发展状态的描述,涉及酒店的所有部门和利益相关者,因此在酒店战略目标制定过程中应该让酒店内部的各个利益主体都参与其中。与此同时,酒店战略目标是由一系列目标组成的,既有酒店总体战略目标,也有酒店内部的职能部门的目标和员工个体目标,因此在制定酒店战略目标时,应该遵循一定的程序和过程,建立起酒店的目标体系:第一,依据酒店已经确定的战略使命,确定酒店长期发展的战略目标;第二,将酒店的战略目标,从时间期限角度进行分解,建立起酒店发展的短期目标;第三,在酒店内部,将酒店的总体战略目标进行层级分解至不同的酒店业务经营单位或者事业部,各个事业部或经营单位建立自身的部门战略目标;第四,酒店内部的各个职能部门如市场部门、人力资源部门、财务部门等依据酒店的总体战略目标分别建立各自部门的发展目标;第五,酒店内部的各个员工,依据酒店的总体战略目标和经营目标,建立个体目标,最终将酒店的总体目标逐层落实到个体。

（3）酒店战略目标制定的步骤

第一步,酒店目标制定的调查研究。为了制定酒店目标,需要针对酒店的内部资源、外部环境和条件开展调查研究,把握酒店的内部优势与劣势、外部威胁与机会,将酒店的现状与未来发展状态进行比较,获取一手资料。第二步,依据调查结果和企业未来发展方向,拟定酒店的战略目标,包括酒店战略目标的方向和酒店战略的目标水平。第三步,针对已经制定好的酒店战略目标展开评价和论证,邀请酒店内外部利益相关者,甚至是外部的专家咨询队伍,对酒店战略目标进行论证和修改。第四步,酒店战略目标经过论证修改后,最终由酒店内部高层管理者决定,并将酒店战略目标在企业内部分解,传达至各个部门和员工。

（4）智慧酒店企业目标制定方法——标杆超越法

标杆超越法最早是由美国施乐公司于 1979 年创立的,后来由美国生产力与质量中心对其进行了规范化和系统化的总结。标杆超越法是通过不断寻找和研究有助于本企业战略实现需要的其他优秀企业或其内部优秀企业的有利实践,以此为标杆,将本企业的产品、服务和管理等方面的实际情况与这些标杆进行定量化评价和比较,分析这些标杆企业达到优秀水平的原因或条件,结合自身实际加以创造性学习、借鉴并选取改进的最优策略,从而赶超标杆企业或创造高绩效的不断循环提高的过程。对于酒店企业来说,运用标杆超越法设定企业目标,核心在于选择确定好酒店企业的标杆,以此对酒店企业与标杆进行分析对照,寻找差距,进而确定酒店企业的发展目标。

标杆超越法的过程可以分为 5 个环节（图 4-1）:一是企业自身目标的定位,为企业的未来发展设定一个方向和定位;二是设立标杆,在市场中寻找一个处于行业领先地位的企业,作为自己的标杆和目标;三是对标杆企业进行分析和学习,总结成功经验,并以此来对自身企业进行综合评价分析;四是整合改进,即依据标准和评价分析结果,对企业进行整合改进;五是跟踪评估,即对企业的发展进行跟踪评价,以取长补短。

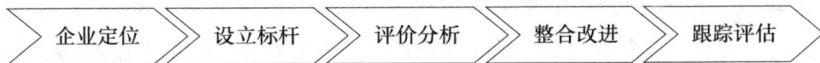

| 企业定位 | 设立标杆 | 评价分析 | 整合改进 | 跟踪评估 |

图 4-1　酒店企业标杆超越法过程

酒店运用标杆超越法的一个关键难题在于如何确定好企业的标杆,需要注重以下3个方面。

1) 实事求是

它是指酒店企业应根据自身的实际情况来选择所参照的标杆企业。酒店企业选择标杆企业的目的是改善自身的产品、服务和管理方法,寻找企业自身与标杆企业的差距,进而制定合理的战略目标,而不是让酒店企业自身丧失自信心。因此,酒店企业在选择标杆企业时,需要依据企业的自身实力,实事求是,确立一个合适的企业,它既可以是行业领先者,也可以是竞争对手。

2) 全面分析和评价

标杆超越法是一种渐进式的管理方法,酒店企业需要深入、全面地分析标杆企业的成功案例,解剖企业的每一个流程环节,从中寻找到可供借鉴的经验。

3) 立足自身,注重变革

标杆超越法的核心在于通过不断地与标杆企业进行比较,推进企业自身的变革与发展,改进企业自身的管理和发展模式。因此,变革与改进应该贯穿于整个标杆超越的全过程之中。

【案例 4-1】

华住转向精益增长　锁定四大战略全面布局

2022 年 3 月 24 日,华住集团 2021 年第四季度及全年业绩发布会线上举行。华住集团 2021 年四季度净营收达 33.5 亿元,较去年同期增长 9.1%,2021 年全年净营收达 128 亿元,较去年同期增长 25.5%,实现了稳健性增长。

华住创始人、董事长季琦在业绩发布会中表示,"在中国经济从高速增长向高质量发展阶段的转型背景下,华住集团谋定'精益增长'战略,将'超大规模增长'战略转型为基于合格门店的'精益增长'战略,通过转型升级实现可持续、高质量发展,并以客户、员工、加盟商为中心创造价值,同时借助品牌、流量、技术的'三维一体'模式做大产业。"

华住集团首席执行官金辉在业绩发布中围绕"精益增长",详细阐述了华住的增长战略、品牌战略、用户战略和数字化战略。

下沉三四线,全面布局中高端市场。从规模化扩张转向精益增长之后,华住的发展核心依然是"增长"。金辉介绍,截至 2021 年,华住有 40% 的在营酒店以及 57% 的管道酒店位于低线城市。在 2021 年新签约的 2 849 个酒店中,低线城市占比为 55%。2021 年城市覆盖数量为 1 062 个,未来目标进入的城市数量为 2 200 个,还有 1 000 多个空白城市亟须覆盖。

此外,金辉表示,接下来华西和华南市场将作为重点市场进行突破。根据国家战略的四大经济发展圈,当前酒店在京津冀以及长三角地区的覆盖相对充足,而在粤港澳大湾区以及成渝双圈的酒店覆盖相对薄弱。所以2021年华住在深圳和重庆分别设立了华南和华西总部,未来将在这两个区域进行重点开发、拓展当地加盟商、深耕当地市场,以实现全国各区域的均衡发展。

在"量"的增长之外,华住财报还传递出了其在"质"上的提升。2021年华住的中高端酒店业务多点开花,桔子水晶、城际、美仑、漫心、美居和诺富特等中高档品牌在营酒店数量454家,管道数量264家,目标是在2023年在营加管道数量突破1 000家。

随着中国文旅市场的蓬勃发展和消费升级的大趋势,华住的中高端业务迎来了飞跃进阶。金辉解读了华住在高端市场发展的3个策略:通过与融创成立的合资公司拓展高档酒店数量。目前合资公司永乐华住在营及管道酒店数量已经超过100家;通过花间堂品牌撬动国内蓬勃发展的休闲旅游市场,在2021年花间堂新签约数达到35家;通过美仑美奂品牌探寻中国高档酒店存量市场的翻牌机会,2021年美仑美奂品牌与上海东方饭店达成合作,并已进驻上海外滩CBD。

优化品牌产品,建立品牌差异化定位。2021年华住的品牌战略分三条线进行,且初见成效。第一是产品升级,华住持续优化各个品牌的产品、提升产品质量。比如随着90后、00后个性化消费力量崛起,汉庭适时推出了最新3.5版本,在设计风格、空间配置、功能硬件上均实现突破,以匹配消费者的新需求。同时,华住还在核心城市及核心位置开设旗舰店,作为展示品牌的一扇窗口,提升品牌影响力。第二是旗舰店打造。金辉表示,华住未来将在核心城市以及核心位置开设旗舰店,建立和塑造品牌影响力,提升品牌形象。比如,去年在上海长风公园新开的桔子水晶2.0版本的旗舰店。

最后,明确品牌定位。通过塑造不同品牌独有的客户体验,从过去产品功能引领逐步过渡实现品牌引领。比如,汉庭是14亿国民高性价比首选;桔子代表健康、活力、阳光;你好是中国新青年首选等。在细分领域内,把产品做得更精致,把品牌做得更富有辨识度。华住的品牌战略满足了日益细分的市场多元化需求,为未来业务增长提供了多个增长点。

做好用户市场拓展,深度运营核心用户。财报中提到,2021年华住集团的酒店预订服务平台华住会的会员数量突破了1.93亿,同比增长14%。关于华住的用户战略,金辉这样解读,"我们通过单店销售、企业客户以及第四流量合作等直销渠道作为重点,进行客户拓展,将用户导入华住会平台,并以华住会为核心,对客户进行深度运营。"从2015到2021年,华住会员的复合增长率为26%,2021年中央预订占比为58%,比2020年同比提升3个百分点。值得注意的是,华住2021年企业客户贡献间夜占比为11.9%,同比提升2.5%,中高档及高档酒店中企业用户占比一直在提升,这也与华住的中高端品牌发展战略路径相匹配,拥有广阔的发展空间。

推动全面数字化,实现全场景云端连锁化管理。疫情之下各行业都开始加速数字化转型探索,华住的数字化战略的第一突破点是将此前的有限服务酒店提升为全面数字化酒店。华住率先启动了全球第一个有限服务类酒店的全GOP管理项目"八爪鱼",为酒店实现高效率、低成本运营打下基础,同时还是酒店业第一个率先拥有点对点员工、加盟商全覆盖的运营App——"华通",结合华住原有"易系列"和内控管理工具,让精细化高效运营成为可能。对于数字化,华住还有着很多探索空间,金辉提及,"未来包括数字营销、会员全场景体验、质量管理、GOP管理、加盟商生命周期管理等内容,都能够进一步实现数字化,从而提升效率,扩大管理半径。"全面数字化为加盟商从技术维度破解了酒店运维难题,帮助他们在运营过程中降本增效,扩大盈利空间,降低损耗和支出,拥有更强的生命力和竞争力。

华住数字化战略的第二突破点是实现高档全服务酒店的单店管理模式到云端的连锁化的管理模式,通过搭建数字化的人财物的共享平台,实现共享服务。随着施柏阁等高端酒店引入,华住也在不断抢占全服务酒店高地,通过搭建数字化平台,华住的高档全服务酒店从单店运营模式发展到了云端的连锁化管理模式,让中高端酒店服务云端化、高标准化。

在锚定增长战略、品牌战略、用户战略、数字化战略四大增长极之外,金辉还重点谈到了ESG对于华住的重要性。他指出,"在国家提出碳中和以及全球对可持续发展持续关注的大背景下,ESG也将成为华住长远战略规划制定的重要一环。去年,我们也发布了第一份ESG报告,未来公司将持续披露ESG相关内容。同时,公司的各个部门也在评估ESG可持续发展的相关议题,寻求各个领域的可持续发展的机会。"

(资料来源:美通社,2022-03-24.)

4.2 智慧酒店的组织结构

4.2.1 智慧酒店组织的定义

智慧酒店组织是指为实现智慧酒店目标,通过分工与合作及不同层次的权利和责任制度而构成的人员集合。这一定义包含三层意思:第一,组织必须具有目标,因为任何组织都是为目标而存在的,目标是组织存在的前提。第二,没有分工与合作也不能称为组织,分工与合作的关系是由组织目标限定的。第三,组织要有不同层次的权利与责任制度,要赋予每个部门乃至每个人相应的权利和责任,以便实现组织目标。智慧酒店进行有效组织管理的意义在于提升工作效率,根据酒店的目标来建立组织机构,合理分配人员,明确责任和权利,协调各种关系,有效实现组织目标的过程。

4.2.2 智慧酒店组织结构的基本类型

智慧酒店的组织结构是阐明全体员工在职务范围、工作责任、任务和权利方面所形成的相互关系的结构体系,用以确定各项工作的任务分配。智慧组织结构是酒店内部分工协作的基本形式或者框架。随着酒店规模的扩大,仅靠个人的指令或者默契远远不能高效实现分工协作,它需要组织结构提供一个基本框架,事先规定管理对象、工作范围和联络路线等事宜。智慧酒店的组织结构基本类型包含以下五种。

（1）简单直线组织结构

在简单直线组织结构中,酒店职权集中于领导手中,员工只是为领导者监控权力的延伸而服务,多见于经济型酒店、民宿等。

（2）事业部型组织结构

事业部型组织结构又可被称为 M 型结构或多部门结构,有时也称为产品部式结构或战略经营单位(图 4-2)。即按产品或地区设立事业部(或大的子公司),每个事业部都有较完整的职能机构,具有集中决策、分散经营的特点。事业部型组织结构适用于规模庞大、品种繁多、技术复杂的大型酒店,是国内外较大的联合公司所采用的一种组织形式。

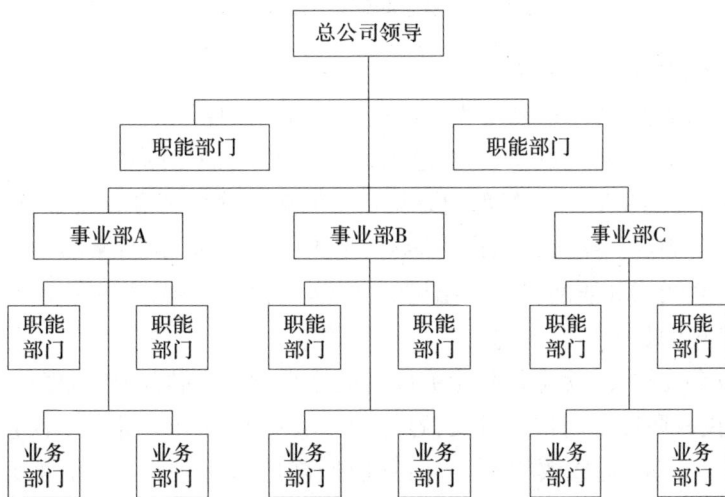

图 4-2 酒店事业部型组织结构图

（3）职能型组织机构

职能型组织机构可被称为 U 型组织,又称为多线性组织结构(图 4-3)。职能制结构起源于法约尔在其经营的煤矿公司担任总经理时所建立的组织结构形式,故又称"法约尔模型"。它是按职能来组织部门分工,即从酒店高层到基层,均把承担相同职能的管理业务及其人员组合在一起,设置相应的管理部门和管理职务。多适用于大中型酒店,酒店部门越多,则层级越多。

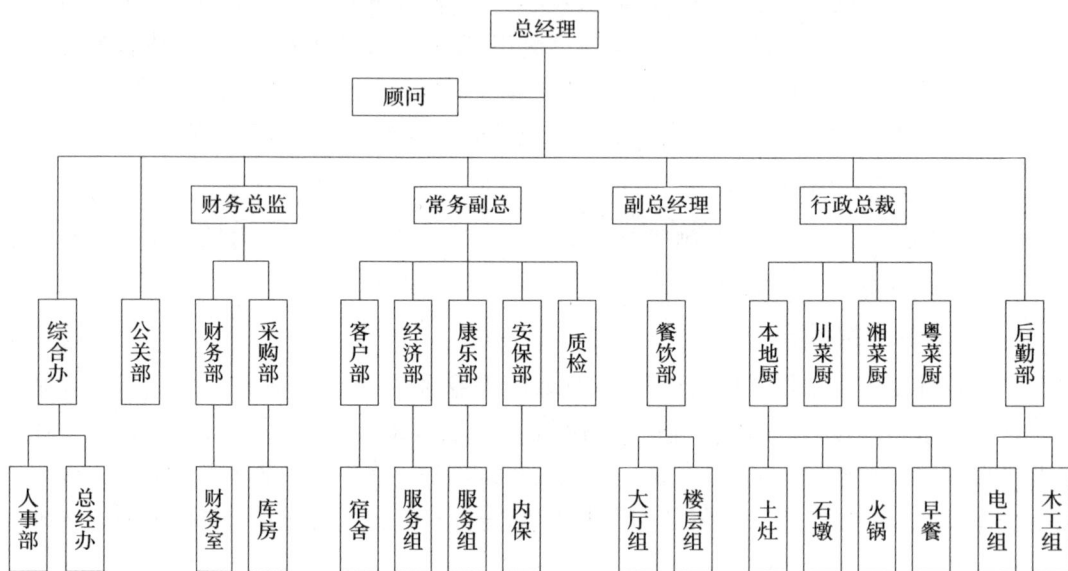

图 4-3　酒店职能型组织结构图

（4）直线-职能型组织结构

直线-职能型组织结构是目前我国酒店普遍采用的组织结构形式,是直线式和职能式组织结构的结合,在直线-职能型组织结构形式下,酒店的各部门分为主线部门与职能部门两大类(图 4-4)。主线部门是指负责酒店一线经营和接待业务的部门;职能部门不直接参与酒店一线经营和接待活动,是为一线服务、执行某项专门管理职能的部门。它兼有直线式和职能式组织结构的优点。它既可以保持指挥统一的优点,又可以发挥专业管理的长处。

但是它也存在缺点,就是各职能单位自成体系,部门间容易出现摩擦,还可能增加管理费用,若授权职能部门权力过大,容易干扰直线指挥命令系统;不重视信息的横向沟通,工作易重复,造成效率不高;而且职能部门缺乏弹性,对环境变化的反应较迟钝。

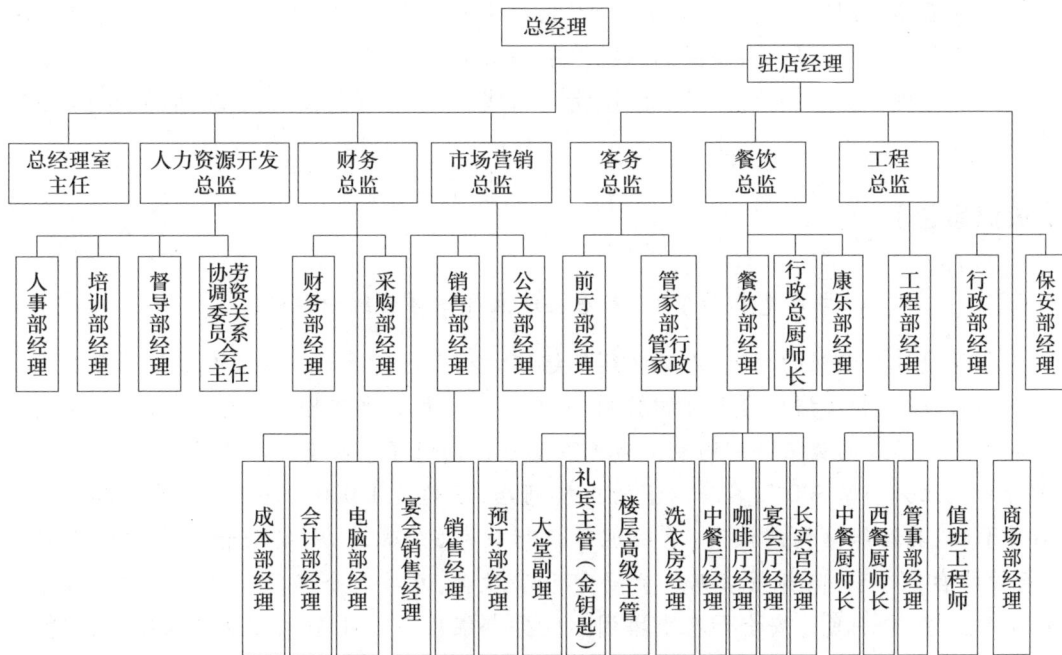

图 4-4　酒店直线-职能型组织结构图

（5）区域型组织结构

区域型组织结构的优点是灵活性较强，能够适应各个地区的竞争情况，从而使各个利润中心得到发展，增进各个地区的营销、财务与生产等活动的有效协调。该组织结构的缺点是保持整个企业目标的一致性比较困难，需要的管理人员多，成本消耗大，以及某些职能的重复设置，导致了开支的巨大浪费（图 4-5）。

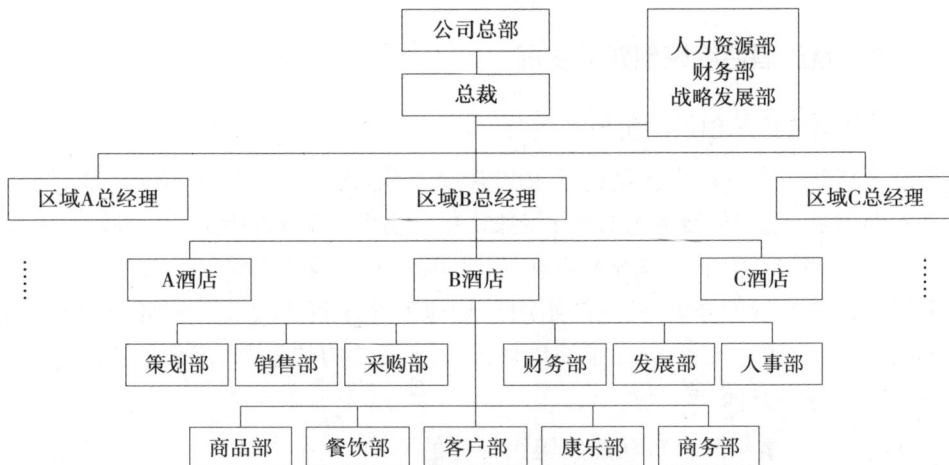

图 4-5　酒店区域型组织结构图

酒店战略与组织结构之间的关系密切,对于酒店来说,组织结构与酒店战略的匹配至关重要,酒店要确保自身的组织结构能适应酒店战略的不断发展变化,能为酒店战略的实施提供保障和支撑。因此,围绕酒店战略,不断审视、调整组织结构是酒店的必然选择。

【知识链接】

当前竞争形势下,酒店应建立什么样的组织架构?

在竞争日趋激烈的今天,酒店必须从组织结构上进行改革。管理人员的管理宽度必须加大,减少和压缩后台人员的编制,一线部门结构扁平化势在必行,这样才能使员工成本不断攀升的势头得到遏制。我们在这一方面做了一些有益的尝试,实践证明是可行的。比如一家300间客房以下的中型酒店,不超过1 000个餐位数,桑拿和娱乐对外承租,其组织结构建议为:总经理下设行政部(分管总办、安全和人事)、销售部(兼管前台)、工程部(兼管客房)、财务部和餐饮部,总共5个部门即可。行政经理下设4个主管,分别负责安全和人事培训。财务部经理下设几个主管分管收银和信贷、成本控制、财务总账、采购及库管等。销售部经理主管下的前厅部不再设经理,由大堂副理监管前厅日常事务。餐饮经理下设厨师长和多名主管协助工作,不再设领班。工程部经理(亦可是客房部经理)下设若干主管,分别负责客房、PA、洗衣和维修。改革的结果表明,管理层人数减少了,中间层次减少了,管理层工作强度加大了,矛盾减少了。150间客房以下的酒店,就只需设行政部负责所有后台管理,设营业部负责营业部门,也就是设一个经理带两名助手即可。

(资料来源:刘伟.酒店管理[M].北京:中国人民出版社,2014.)

4.2.3 智慧酒店组织创新与发展

(1)智慧酒店组织创新的价值

智慧酒店组织有其内在的结构要求和制度规范,而外界市场在不断变化,智慧酒店也在不断发展,组织创新成为必然。例如,在市场供不应求的情况下,多数酒店无须设置市场营销部门。但如今情况发生逆转,市场营销已成为多数酒店中的主要部门,且在互联网快速发展的今天,营销的组织结构也发生了巨大变化。因此,组织创新始终是酒店需要面对的问题。酒店组织创新涉及组织结构的重组、流程的再造、制度政策的修订完善等多方面。

(2)组织结构重组反思智慧酒店组织存在的问题

我国绝大多数酒店在组织结构设计上都采用的是直线型组织结构,按照这种分工思路,无论酒店规模大小,在部门设置上都容易陷入过分求全和管理官僚化的误区。相反,扁平式组织结构借助现代计算机技术和通信技术,实现了信息高效共享。智慧酒店可以通过流程再造提高对顾客需求的反应速度,按照酒店企业的基本价值链将整个企业组织体系分解成为若干相互联结的流程模块。简化过去相互割裂的部门建制,全员营销,前移服务重心,突出直接为顾客创造价值的环节。

(3)流程再造提升顾客价值体验

对原有流程进行全面的功能和绩效分析,发现其存在的问题。首先是确定流程中是否存在功能障碍。对原有流程的分析,要以顾客价值为标准,查找影响服务功能实现的因素。同时根据重要性原则,把握酒店的服务定位于核心竞争力,果断放弃消耗资源又不代表酒店特色的业务,让酒店经营变得简洁而高效。对业务流程的反思,一定要与企业所能支持的技术水平、员工素质相结合,客观评估一项流程的实施所需要的资源是否为企业所掌握。

流程再造的一般性方法,通常是将目前的数项业务或工作进行整合。流程再造是一个开放性的循环,客观上只存在阶段性的最优状态。酒店的业务流程是否合理,是其外部环境与内部积累相互博弈决定的。在市场环境快速变化的今天,一个流程再造项目的结束往往意味着下一阶段调整的开始。

4.3　智慧酒店的管理模式

智慧酒店管理要成为一个具有现实意义的系统理论,需要将理论与方法结合起来,让理论来引导智慧酒店管理决策,让方法来推动智慧酒店决策实施。以下内容主要从智慧酒店管理的理论体系入手,智慧酒店管理理论体系至少应包括资源与能力两方面的内容,既包括资源与能力基于载体的静态管理,又包括资源与能力基于活动的动态管理。智慧管理作为一种新的管理模式,按照管理职能论来说,智慧管理包含战略计划、经营组织、内涵领导、智能控制、信息反馈等职能。由此,可将智慧酒店管理的理论体系分为静态智慧酒店管理和动态智慧酒店管理(图4-6)。本书主要聚焦智慧酒店的静态管理。

静态智慧酒店管理,一方面要做到对智慧资源的管理,另一方面要做到对智慧资源载体的管理。根据智慧酒店管理的内涵,静态智慧酒店管理包括3种层次管理。动态智慧酒店管理一方面要体现对知识管理的传承,另一方面要体现出对知识管理的创新。

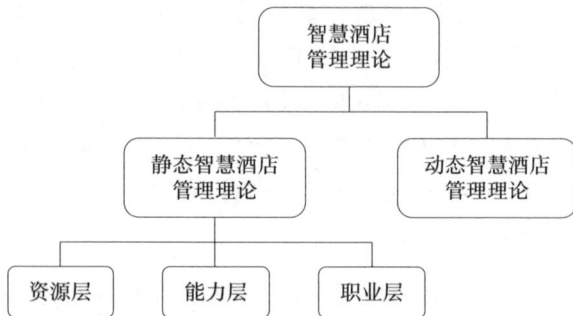

图 4-6　智慧酒店管理的理论体系

4.3.1　智慧酒店管理层次

（1）资源层

资源层智慧酒店管理的对象是智慧资源,酒店及其相关企业的智慧资源重点是能为以酒店为主的企业的战略决策起决定性影响的核心资源。

1）企业家特殊才能

所谓智慧酒店企业家特殊才能,是指智慧酒店企业家管理技巧和企业家精神,它决定了智慧酒店的经营战略与路线。

2）高级技能人员经验

作为知识的集成者和创新者,高级技能人员能够在实践中解决难题,他们的经验决定了一个智慧酒店的技术变革与创新路径,他们对智慧酒店的可持续竞争优势培育与提升具有重要意义。

3）组织惯例与本能

以企业家精神和企业家管理技巧为主的企业家特殊才能,决定了智慧酒店发展战略;组织惯例与本能为智慧酒店连贯性发展提供保障,促使智慧酒店在相对平稳的通道中向前发展迈进。组织惯例能够影响智慧酒店的活动模式、程序与规则。遵循智慧酒店的惯例和本能决策,往往能得到最广泛的支持和实现最保险的目标。

4）产品品牌价值

智慧酒店的产品品牌价值是被消费者高度认可的无形资产,通过提升酒店传统品牌形象产生智慧酒店品牌效应,品牌价值是智慧酒店经营周期内智慧资源的高度体现。

5）产业链适应性资源

该资源分为供应端适应性资源和顾客端适应性资源。前者是指智慧酒店与供应商形成的战略合作关系,后者是指智慧酒店在长期的营业过程中具备的满足顾客需求的资源与能力。供应端适应性资源对智慧酒店建设初期的成本、硬件设施影响较大，在营业中对酒店的餐饮、维修、改造也有影响。顾客端适应性资源与供应端适应性资源相比，更加抽象、综合，更加需要客户的反馈，对酒店成立后期的营业产生重要影响。

（2）能力层

能力层智慧酒店管理不仅是资源管理，更是能力管理。运用智慧酒店资源的能力体现为建设能力和操作能力两个方面。智慧酒店的建设能力包括心理契约力、情感连接力和价值判断力，建设能力维护智慧酒店组织文化。操作能力维护智慧酒店的决策行动力，为保证决策有效，需要使得智慧酒店具备要素配置能力、组织凝聚力和价值转化能力。

（3）职能层

职能层酒店智慧化管理既然称之为管理，那就不能仅仅停留在资源或能力等的静态层面，而必须具备可操作、可执行、将抽象活动付诸实现的职能。动态智慧酒店管理一方面要体现对知识管理的传承，另一方面又要体现出对知识管理的创新。

本书将智慧酒店管理的职能划分为战略决策、经营组织、内涵领导、智能控制 4 个核心环节。与传统管理思想不同，智慧管理建立起一套超越传统管理思想的新的职能体系，该体系不仅有利于抓住酒店管理智慧化的关键本质和实现酒店管理智慧化的具体化，更有利于促进智慧管理融入传统酒店管理活动当中，让酒店及其相关企业更好地实现智慧酒店管理的理论再造和实践探索，推动酒店管理智慧化的应用和发展。

4.3.2 智慧酒店管理模式的价值分析

智慧酒店管理模式依靠其各个方面的优势在未来的酒店竞争领域中主要有如下几个方面的价值特征。

智慧酒店管理可以实现科技创新价值。信息科技是不断助推我国智慧酒店发展的核心力量，因此智慧酒店将为我国的酒店科技创新带来新的发展机遇，推进酒店行业产品的优化升级。智慧酒店对信息科技的多样化需求将对信息科技与酒店产业的融合发展产生巨大的推动作用，信息科学技术在酒店行业中的融合运用也将实现科学技术跨领域的应用创新。由此可见，综合双方的发展趋势而言，智慧酒店在引入科学技术的同时也将创造一定的科技创新价值。我国产业发展的重要趋势之一是多类产业之间的融合，智慧酒店从技术上来看可以通过技术信息等硬软件实现酒店资源的有机整合，在一定程度上酒店的管理智慧化可以创造产业支撑价值，突破不同产业之间的分界线，实现酒店产业与相关产业之间的有机融合，这种不同产业之间的融合不仅使得酒店与各类产业之间实现资源共享、经济利益共赢，而且可以为酒店与相关产业创造更多的潜在发展机会、创造跨越产业的横向价值，为整个产业的发展提供产业融合创新的支撑价值体系。

智慧酒店可以创造经济效益价值。从上述分析可以知道智慧酒店可以利用其智能化、信息化的优势在激烈的酒店行业竞争中获得优势地位,从而获得丰富的经济效益。与此同时,智慧酒店也可以通过产业融合对相关产业的发展起重大的推动作用。在智慧酒店的拉动效应之下促进信息技术产业、建筑行业以及新能源行业等相关产业的高效发展,为整个社会创造一定的经济效益价值。智慧酒店可以实现为社会拉动价值,智慧酒店将以其智能化的服务模式改变人们的出行方式以及旅游理念。旅游者可以通过智慧酒店的优质信息化服务获得丰富的信息资源、最大效率地利用时间、合理高效地安排好出行计划。在智慧酒店个性化服务模式之下,消费者可以根据自己的消费习惯选择定制酒店服务,由此不断促进智慧酒店服务产品创新升级,不断创新酒店的服务模式和服务菜单,为消费者提供良好的出行环境,从社会角度创造价值。

4.3.3　基于智慧管理的酒店管理模式变革分析

随着智慧旅游的发展,在信息等科学技术的支撑下,酒店发展与智慧旅游结合愈加紧密,智慧酒店的建设也受到市场需求和自身转型的双重驱动,也将对智慧酒店的服务、运营与管理的智能化提出更高要求。

（1）基于智慧服务的酒店管理模式分析

智慧酒店凭借智能化、信息化的优势能够实现相关设备的智能化服务,可以让住客与酒店服务始终处于在线的服务模式,从而有效提升高效率的服务。智慧酒店可以通过为消费者提供个性化、多元化的价值服务,提升智慧酒店的综合竞争力,以高效率、智能化服务模式为智慧酒店创造翻倍的营业收入。

智慧酒店将为消费者提供更为私密、安全的酒店管理服务。为住客提供安全私密的酒店服务历来是酒店核心关注点。智能化酒店管理可以让消费者通过智能终端获得各类资源信息,获得舒适、安全、私密的智能服务体验;同时,智能理念的植入将成为智慧酒店的闪耀风景,为消费者提供耳目一新的体验之旅。

智慧酒店提供符合旅游发展趋势的个性化、专业化服务。随着休闲旅游时代的到来,旅游需求呈现出散客化、个性化、深度化的发展趋势,传统酒店的服务为更好地满足游客的需求,需提供更加个性化和专业化的服务,而借助智慧酒店的技术支撑和知识支撑,能够很好地满足游客新时代的需求,提高酒店竞争力。

（2）基于智慧营销的酒店管理模式分析

智慧酒店有助于利用信息整合开展营销服务。智慧酒店借助云服务、物联网等带来的大数据,通过对大数据的分析,得出入住本店乃至本地区或者同样竞争对手的消费者的旅游消费特征,如金额、习惯、偏好、期望等,有助于针对目标客户展开针对性营销服务,提高营销水平,进一步增加酒店营业收入和服务水平。

智慧酒店能够提供更多公益性信息产品,以技术优势、信息化平台和个性化服务平台打造智慧酒店的核心价值点,实现酒店在管理质量以及服务理念方面的优化升级。通过网络信息共享使得游客和酒店管理部门、旅游行业管理者获取更多信息,便于游客入住选择,也方便酒店管理部门对酒店的管理。

智慧酒店要求酒店营销观念和手段、设备的更新升级,传统酒店借助传统营销媒介展开的营销服务手段和方式已经不能满足智慧酒店的营销目标。为适应智慧酒店的管理,要求酒店管理者和营销从业者改变传统观念,掌握新技术,学习营销新理论,进一步引进相关支撑手段和仪器,满足智能营销需求。

智慧酒店营销产生产业联动效应。无论是酒店等服务性行业还是其他产业,现代产业融合是当今产业发展的主要趋势。智慧酒店或智慧饭店通过信息共享和资源互惠,打破了传统酒店行业与关联产业的界线,更好地实现酒店与其他产业的融合合作,给酒店和关联产业创造更多的发展和合作机会,从而实现跨越产业间的超额价值。

(3)基于智慧管理的酒店营销模式分析

智慧酒店将促使酒店经营管理往低成本、高品质的趋势发展。酒店经营成本中最为重要的一点是酒店能耗,以智能化的模式来控制好酒店的能耗可以最大限度地降低酒店的经营成本。智慧酒店的面世给我国酒店行业的发展带来了发展转机,智能化、信息化、品质化将成为酒店行业发展的重大趋势。智慧酒店的建设将对酒店管理水平和服务质量的提升起到重大推动作用,实现传统酒店行业管理模式以及盈利模式的优化升级,重新整合酒店产品价值链,创新酒店服务业态。将一些酒店文化创意业态、服务业态引入,实现价值链的补足,形成与酒店行业相关的文化创意产业以及服务支撑产业,实现整体意义上的产业融合发展。实现智慧酒店向融合、创新、高效、智能化的方向发展。

智能酒店有利于创新酒店管理方式。随着旅游者出游方式的多样化、散客化,出游时间和出游方式也发生很大变化,旅游者消费特征和出游理念也随之发生改变。对于入住智慧酒店的游客来说,他们不仅能够便捷、安全、快速地使用移动便携终端查询旅游信息,还能够将入住作为旅游活动中一项智能体验环节,增加旅游活动的新奇性,极大节约信息获取时间,更加合理地安排旅游和商务日程。同时,智慧酒店通过提供满足消费者行为特征的更加多元化、个性化的服务,进一步创新酒店的服务方式,一定程度上引导消费者进行消费,更进一步地推动管理方式向智能化、个性化、多样化方式转变,增加了来访者对于目的地的体验和感受。

智慧酒店促使管理者决策依据更加科学量化。贝尔信认为,在互联网时代背景下,五星级酒店要突破传统的以装饰装修、硬件设备、价格竞争等手段为主的竞争方式,高星级酒店管理者要精准定位战略目标市场,根据现代营销理论以酒店消费者为中心,在控制酒店智能化改造成本的基础上,为顾客最大化、最优化地提供个性、优质的酒店产品和服务,寻找智慧酒店的核心竞争力。智慧酒店通过信息技术构建了一个综合服务平台,该平台包含了城市的旅游、商业、交通、医疗、政府部门等多个方面的子系统,实现了资源统筹、信息贯通、应用丰富功能。酒店顾客借助综合服务平台,既能体验到安全、智能、优质的智慧产品,又能获取旅游、社会、政治、经济等信息。

智慧酒店促进酒店产品的更新换代、提高经济效益,为实现智慧酒店转型升级,需要更新智慧酒店产品和服务,超前创造出满足游客消费需求的新产品,引导消费需求。相较于传统酒店企业为住客提供的直接的、面对面的线下酒店产品服务,智慧酒店提供的产品更具竞争优势。一方面,智慧酒店的建设,在经营管理方面将改进传统管理模式,通过引入在线营销系统,极大节约酒店以宣传为主的经营成本,正因为如此,酒店传统经营模式将被全新的智慧平台逐渐替代,线下服务转型升级为线下服务和线上服务相结合的经营模式。另一方面,酒店管理的智慧化带来的平台,是酒店充分展示酒店形象和提供服务产品的平台,面对面、高效、多频次使用,将促进酒店产品的深度开发,推出更符合酒店客户群需求的产品和服务,进一步实现酒店资源的综合利用程度。

智慧酒店能借力大数据助推发展,酒店本身具有一定的数据基础,如果酒店能充分利用这些数据,进行专业化处理,形成"大数据",并在酒店的管理、服务、营销等方面预测与运用,为宾客提供更为贴心、个性的体验式服务,从而推动酒店成为"智慧酒店"。也就是说,当今的互联网时代或大数据时代,是酒店管理智慧化发展的强有力支撑。

4.3.4 酒店智慧化管理模式系统的构筑

(1)酒店智慧化管理模式总要求和功能

提供安全、舒适、快捷的优质服务,智慧酒店将延续以往安全、舒适的建设要求,提供更智能、快捷的优质服务。智慧酒店通过和客户直接、多次接触,省去人工服务等候时间,能够根据系统预存客户消费偏好,提供满足客户消费偏爱的酒店产品选择方案。为保障智慧酒店的安全性,智慧酒店将创建包括防盗、巡更、电梯、闭路监视、应急、报警功能在内的安全保障系统。对安全保障系统来说,这是智能酒店最主要、最基础的功能之一。

建立先进与科学的综合管理机制,智慧酒店不仅包括硬件的智能化,还包含为实现智能酒店理念的管理机制。不可否认,智慧酒店智慧性系统受制于科学技术发展,但是管理,由于其科学性、艺术性,使得智慧酒店的智能管理是实现智慧营销和智慧服务的关键环节,是智慧酒店得以实现的无形资源。为使酒店管理者建立正确的智能酒店理念,酒店业尤其是高星级酒店管理者需要建立全面的智慧酒店的背景知识、向黄龙饭店等优秀的智慧饭店学习经验、掌握智能酒店建设支持政策,同时提升酒店管理者个人企业家特殊才能、完善管理者学科体系、更新管理者管理理念和手段,使得传统酒店管理者的管理技能和理念能够支撑、掌控、控制智慧酒店。

节省能耗和降低人工成本,智慧酒店借助高质量的管理手段、配套运营的系统,通过降低酒店以物耗、能耗为主的硬件成本,以人员成本、信息沟通成本为主的软件成本,降低酒店运营成本,提高酒店竞争力,创造更高经济效益。

进行数据库营销,更有针对性地进行业务推广。如前文所述,智慧酒店具备向住客提供安全便捷、多样性个性化的产品和服务。借助酒店信息管理平台,通过收集入住客人个体的泛在化的旅游信息服务,完善酒店对消费者的认识,以此为基础进行针对性营销,进一步促进酒店产品的升级换代和酒店管理模式的演进。针对性营销一定程度上能够促进旅游者行为方式、酒店营销方式、酒店管理方式、酒店服务方式的根本性改变。

创建舒适性的酒店环境,随着消费者可支配收入增加,将会提升提高对酒店入住舒适性的要求。一方面,可以通过硬件环境来营造,如建设空调系统、智能一卡通系统、自主服务系统等;另一方面,需要酒店通过人工来营造,如节庆时期酒店屏幕的色调、音乐、宣传主打主题,又如住客消费整周年纪念日给予特殊优惠等贴心关怀,给住客创建舒适、温馨的酒店环境,而不是随着科技水平的提高带来的酒店客房一体化、机械的非人工服务带来的漠视感。

（2）酒店智慧化管理模式的建设模块

部分学者对智慧酒店管理系统按功能可分为两大类。第一类是建筑基础设施体系:中央空调系统、智能照明控制系统、火灾自动报警及联动控制系统、楼宇自控系统、通信网络系统、计算机网络系统、酒店信息管理系统、综合布线系统、安全防范系统、智能化集成系统、机房工程、UPS 电源系统、防雷接地系统等。第二类是服务管理系统:客房智能管理控制系统、智能一卡通系统、卫星接收及有线电视系统、VOD 点播系统、公共广播系统、多媒体会议系统、卡拉 OK 点播系统（KTV）、多媒体查询系统（含触摸屏、公共区 LED 大屏或等离子体大屏幕）、远程视频会议系统等子系统等。

【案例 4-2】

2018 年 12 月开业的阿里未来酒店菲住布渴,自一开业就备受瞩目。作为全球首家全场景人脸识别酒店,菲住布渴重塑了酒店行业客人的入住体验,无接触智慧酒店概念亦成为这两年行业追捧的新风向。在菲住布渴酒店开业近 2 周年之际,菲住布渴官宣发布"未来酒店智慧大脑2.0"产品。菲住布渴CEO、阿里未来酒店管理有限公司董事长王群介绍,"在2019年研发的业务＆数据PaaS'核心双中台'是1.0孵化器版,2020年诞生的菲住布渴未来酒店智慧大脑则是我们的2.0行业复制版。"菲住布渴以自身为孵化器,孵化出一套成熟的未来酒店智慧解决方案向全行业输出。

对于一家酒店的运营来说,不仅要实现消费者的智能化体验,更要实现酒店运营管理的数智化。以疫情为例,酒店入住率锐减,但员工成本却无法降低。降薪?裁员?一系列举措带来的是酒店管理难度的增加。如何让酒店拥有更强的抗风险能力,更高效的管理能力和更优异的盈利能力,实现降本提效,要从管理和运营方式上寻求根本解答。

菲住布渴集合阿里巴巴产研团队,大力投入未来酒店智慧大脑2.0的研发。其底层逻辑IaaS运用了阿里云大数据＆云计算＆IOT,以及传统行业系统核心能力抽取;PaaS层搭建了核心双中台:智慧酒店数据中台和业务中台,结合深度算法和数据模型,为酒店运营决策提供有力的支持;SaaS层,最终实现了C端智慧酒店体验、B端数字化管理能力以及酒店自运营能力的提升。

通过"未来酒店智慧大脑2.0",实现了财务结算及对账自动化、对客服务能力在线化、经营管理移动化和办公协同线上化。所有的数据不再是一个孤岛,而是可以沉淀下来,生成专属于这家酒店的运营模型。

酒店的管理不再仅仅依靠管理者的个人经验,而是能有一套完整的数据模型为运营决策提供支持。一些基础岗位,将获得系统能力的加持,酒店工作人员有更多的时间为客人提供有温度的个性化服务。

构建消费者体验与酒店员工体验双赢模式。未来酒店不等于把原来应由酒店员工完成的工作转移给客人;也不等于客人看似获得了方便,但酒店员工有大量的工作要补充。真正的"未来酒店":把简单留给客人和酒店员工,把"复杂"留给系统。菲住布渴把客人的入住流程分成行前、行中、行后,对每个环节的体验进行了设计。以菲住布渴一键退房功能为例。当一位客人在上午10:00,通过支付宝小程序点击退房后潇洒离店,离开时顺手带走提前在小程序申请的发票和水单;与此同时,后台系统实时全渠道、多种支付方式一键结算离店。通过系统替代了退房前厅手工查看账单和财务夜审的工作,大幅降低了酒店员工的工作量,且数据精准度更高。通过这种方式,真正实现了智慧介入,快人一步的入住体验。

与阿里生态共建酒店自运营能力。酒店汇聚了吃喝玩乐住多个生活场景,菲住布渴可以说是阿里生态数字经济的集合体。阿里云提供稳定安全的大数据底层服务;钉钉团队和阿里巴巴企业智能提供数字化工作平台;支付宝提供小程序和酒店自运营能力的支持;石基提供酒店管理系统的支持;飞猪提供旅游行业数字化升级的解决方案;

人工智能实验室(A. I. Labs)提供了最新设计的天猫精灵和机器人;饿了么、口碑作为本地生活平台提供支持,同时菲住布渴和饿了么联合开发的外卖机器人,有效地解决了酒店大门到客房的外卖配送问题;优酷提供了娱乐影音的支持……基于阿里生态打造的菲住布渴支付宝小程序,不仅打通了行前、行中、行后不同阶段的用户需求,通过沉淀酒店客户精准画像,给经营者提供决策依据,提升酒店自运营能力。同时阿里商旅的接入,让天下中小企业没有难订的酒店。

阿里巴巴集团与酒店业 TOP 级 ISV 共创未来。菲住布渴对自身的定位,是酒店科技行业变革孵化器。菲住布渴将行业最新技术融入酒店运营之中。阿里巴巴核心专利技术"韦陀",是管理十万人园区安全的中枢大脑。"韦陀"搭建了菲住布渴酒店智慧安防体系,通过实时可视数据大屏,活体刷脸,从根本上杜绝尾随。这项技术即将在中国某一标杆省份进驻试点。

菲住布渴不仅仅是一家酒店,也不是传统意义上的酒店管理公司,而是一个开放的平台。各行各业的生态都有可能和菲住布渴发生一定的化学反应。这也就可以理解,菲住布渴与行业内的 PMS、智慧安防管理、移动工作平台、IOT 智能设备甚至很多新零售的公司,都保持着非常好的合作关系。

(资料来源:品橙旅游网,2020-12-05.)

4.4　智慧酒店的竞争战略

不同的酒店有不同的战略目标与战略选择,这是一个"如何做"的问题。酒店业务层面的战略选择是指通过在特定的单独的产品市场开拓核心能力来为顾客提供价值,并且获得竞争优势。智慧酒店可采取的竞争战略一般包括成本领先战略、差异化战略和专一化战略 3 种。

4.4.1　成本领先战略

(1)成本领先战略的内涵

所谓成本领先战略,是一种以最低价格为顾客提供产品的战略。它是波特提出的三种一般战略之一。成本领先战略特别强调生产规模和出售一种标准化产品,从而在行业内保持整体成本领先的地位,以行业最低价格为其产品定价。

成本领先的来源因产业结构不同而异。它们包括追求规模经济、专利技术、原材料的优惠采购价和其他因素。例如,在酒店等服务业,成本优势要求极低的管理费用、源源不断的廉价劳动力和因人员流动性大而需要的高效率培训程序;追求低成本的企业不仅需要向下移动学习曲线,而且必须寻找和探索成本领先的一切来源,强调从一切来源中获得规模经济的成本优势或绝对成本优势。通过低成本,酒店能够抢占市场获得高市场占有率,同时因其高市场低成本的经营带来了巨大的收益;凭借高额收益,酒店更新优化自身的设施设备,使得人工成本等降低,进而实现了成本领先战略目标。在实际中,低成本可以通过下列措施实现:充分利用生产能力、规模经济、技术进步、业务外包、去掉不必要的功能等。

（2）成本领先战略在智慧酒店中的应用

1）相对标准化的产品

智慧酒店要想使自身服务产品成本处于同行业的最低水平,就必须围绕这一目标采取一系列措施。最首要的措施便是生产相对标准化的产品。通过生产相对标准化的产品,智慧酒店一方面塑造了令人深刻的统一品牌形象;另一方面,智慧酒店通过相对标准化的产品严格控制了服务生产成本和管理费用,并且降低了内部复制的成本,使快速扩张成为可能。

2）顾客能够接受的特性

智慧酒店想通过成本领先战略获得竞争优势,首先需要明确低成本所产生的产品和服务是否能使顾客接受,并且满足顾客的需求。顾客希望智慧酒店的产品或服务"物美价廉",也希望"物有所值",如果智慧酒店一味地追求成本领先而忽视了顾客的接受度和满意度,那么成本领先战略只能成为加速酒店灭亡的催化剂。

3）最低的竞争价格

智慧酒店要想实施成本优先战略,就必须明确市场上自身的竞争价格,要确保自身价格是市场最低价,才有可能形成规模效应,获得最大效益。如果智慧酒店在获得低成本的同时想赚取较高的利润额而未设置最低竞争价格,其竞争对手往往通过模仿、总结经验或优化自身成本,形成与该酒店相似的产品并以更低价售出,这时该酒店的盈利将会大幅下降,同时市场将被对手以更低价抢占。

【案例4-3】

菲住布渴酒店坐标在阿里巴巴杭州西溪园区东侧,亲橙里购物中心右侧。得益于阿里的高科技加持,酒店内部黑科技满满。免押金预订、刷脸登记入住、刷脸酒店消费、退房交款,全过程实现智能化,无人化,由机器人开展服务。它的本质就是利用大数据、物联网、人工智能,在酒店行业实现了智能化场景的应用,为酒店行业赋能。

第一,有助于行业降低成本。包括人力成本、管理成本。

第二,简化了程序、提高了效率,满足了消费者个性、品质需求与入住体验。

第三,代表了科技+行业、科技为行业赋能的未来方向。海底捞的无人餐饮,马云、刘强东的无人餐厅,阿里的人工智能实验室、人工智能设计师,很多商业巨头在推动科技与行业的融合,通过智能化、无人化,颠覆传统的商业模式。酒店行业很多重复性的劳动,也完全有可能被人工智能代替。

第四,随着人工智能应用于各行业,我们不用朝九晚五地重复工作,将腾出更多的时间花在消费、旅游上,从而反向助推无人酒店的进一步发展与普及。

人工智能加速融入酒店行业,但不是说一定要取代人类。阿里的未来酒店也不应是纯无人酒店,房间清洁、餐饮制作不需要专人来打理? 很多企业的酒店是为了安置员工,对人工智能取代人并不很感冒,阿里巴巴的智能酒店探索之路还很长。

(资料来源:爱用建站网,2019-01-02.)

4.4.2 差异化战略

(1)差异化战略的内涵

差异化战略是指酒店向顾客提供的产品和服务在行业范围内独具特色,这种特色因其特殊性可以给酒店带来额外的加价,使顾客为之付出较高的价格。

目前,差异化是酒店行业最重要、最常见的战略选择。而酒店差异化特征的创造要求酒店需深入思考以下问题:第一,酒店的目标群体是谁,是针对哪些群体需求实施差异化? 第二,目标群体的需求是什么? 他们看重什么? 第三,要在酒店的产品/服务的哪些方面突出差异化? 差异化的主题是什么? 通过对以上三大问题的思考,酒店进一步明确差异化战略的规划与实施,以竞争对手做不到的方式满足顾客,获得顾客的忠诚度及卓越的盈利能力。

(2)差异化战略在智慧酒店中的运用

1)产品创新

差异化的实质就是智慧酒店必须设法取得某种独特性。为此,智慧酒店需要具有创造力,通过独具匠心的构思,将产品创新,为顾客提供独特的服务价值。

【案例4-4】

科技的发展,绝不是取代人性,而是能进入每个人生活中,成为协助人类将想象力发挥得更为极致的得力助手。据英国《每日邮报》官网3月1日消息,世界上第一家"太空酒店"将于2025年在近地轨道上开建,它将配备餐厅、电影院、水疗中心以及可容纳400人的房间,最早可能在2027年投入使用,基础设施将建在围绕地球的轨道上。

"旅行者空间站"的概念早在2012年随着美国盖特威基金会(Gateway Foundation)

的成立而提出,2018 年,盖特威基金会成立了大型太空建设公司 OAC,以实现在太空中建造第一家商业酒店的梦想。近日,OAC 公开了有关太空酒店的细节。

从设计图上看,这家太空酒店像极了《流浪地球》中的旋转空间站。"旅行者空间站"将围绕一个双层环形结构建造轨道空间站。其内部"对接环"是不加压的,仅供飞船卸载乘客和货物。外部环由 24 个长 20 米,宽 12 米的加压模块相互连接而成。据报道,如果完全按照设想完成建造,"旅行者空间站"将成为有史以来被送入太空的最大人造物体。

模块内部别有洞天。OAC 公司表示,"旅行者空间站"的设计理念就是要将商务与娱乐融为一体。因此这些模块并非全部用作旅客休息室。部分模块将由美国盖特威基金会运营,用于满足旅客的各种需求。这些模块兼备娱乐室、酒吧、图书馆、健身房、电影院和按摩厅等多种功能,所有你在地球上能体验的,这里都有。

而其他的模块将租赁或出售给政府和个人。政府机构可以利用空间站来作为他们自己的科研舱,或者作为准备前往火星的宇航员的培训中心。

遨游太空,那个曾经我们以为遥不可及的梦正在成为现实。从人类首枚航天运载火箭到"旅行者空间站",太空酒店将以前所未有的方式革新太空工业,人类正在一步步靠近星辰。

(资料来源:旅搜网讯,2021-03-05.)

2)上乘的质量

差异化一方面体现在智慧酒店产品和服务的创新差异上,另一方面体现在质量差异上,上乘的质量促使顾客选择酒店的产品。以酒店的餐饮部门为例,其质量的上乘取决于食物的美味与否,同等价位下,顾客往往会选择食物更为丰富、烹饪技巧更加高超的酒店餐厅。

3)优质的服务

酒店的优质服务多种多样,酒店业往往会从人性关怀的角度为住客提供优质服务,包括掌握酒店长住客户与 VIP 客户的生活习惯,处处为他们提供快捷的服务;了解长住客人所在国的国庆日,主要客人的生日等,向他们致以国庆日、生日的祝贺,帮助长住客人解决急难的问题;另外通知他们参加酒店的重要活动,定期召开长住客座谈会,虚心听取客人的意见,改进服务工作,使长住客人到店如到家,处处感到亲切、方便、舒适、安全等。

4)更好的供应商关系

在高度分工的现代社会,没有哪一家酒店能够单独完成产品从设计到输送到顾客手中的全部价值活动,酒店总是或多或少地需要外部人员的帮助,而在酒店业,这一外部人员往往是酒店供应商。酒店通过与供应商保持良好的关系,进而影响酒店的采购战略,获得与其他酒店差异化的供应商产品,从而获得更高的收益。

5)独特的品牌形象

品牌形象是在竞争中的一种产品或服务差异化的含义的联想的集合。酒店塑造的品牌形象会给消费者一个明确的定位,传递出"我是谁""我是怎么样的"以及"我在市场的排名"。正如迪拜阿拉伯塔酒店,提到它,人们脑海中浮现的第一印象是那如同帆船一般的酒店,它的高端奢华以及富丽堂皇。

6)创造性的广告

在社交媒体广泛应用,人人都是自媒体的时代,要想从众多酒店中脱颖而出,打响知名度,靠的不是"酒香不怕巷子深",而是创意性的传播推广,酒店也需要创造性的广告传播,通过广告,打响酒店知名度,与其他酒店品牌形成差异化。

4.4.3 专一化战略

专一化战略也叫聚焦战略。在小市场,可以做专一低成本和专一差异化的服务。其关键是提供的产品或者服务能迎合某一特殊的细分市场,这就要求智慧酒店必须能识别细分市场,也必须能比竞争对手更好地评估和满足细分市场的需要。主攻某个特定的客户群、某产品系列的一个细分区段或某一个地区市场。其前提是公司能够以更高的效率、更好的效果为某一狭窄的战略对象服务,从而超过在更广阔范围内的竞争对手。

随着中国改革开放的进一步深化,经济全球化与我们迎面而立,国内旅游业更加繁荣。新型概念酒店迅速崛起,直到现在的供大于求。在新的市场环境下,各个酒店品牌的竞争不再会和以前一样围绕酒店装潢、客房数量、房间设施等质量竞争和价格竞争展开,而是转移到了智能化、个性化、信息化方面,这样,智慧酒店应运而生,并成为酒店行业寻求突破、提升核心竞争力的发展趋势。智慧酒店的专一化战略体现在智慧酒店瞄准了"技术控"和对住宿体验要求较高的顾客。因为智慧酒店拥有一套完善的智能化体系,通过数字化与网络化实现酒店数字信息化服务技术,以多种方案根据客户硬件+软件—产品硬件+软件的方式实现,从吸客、预订、登记、开门、入住、服务、退房等方面,打造独特的智能化科技酒店。喜达屋旗下的雅乐轩酒店在2014年第一次采用酒店机器人之后,万豪、洲际、希尔顿也相继使用酒店机器人。越来越多的酒店采用机器人来取代客房服务员完成一些简单的配送任务。新奇的体验不仅收获了消费者的好评,提高了消费体验,在员工流动率如此大的酒店业也帮助酒店节省了人力成本。此外,智能追踪、超声波、智能镜子、可穿戴智能设备、3D打印等技术都将在可预见的未来应用到酒店内,进一步为酒店发展赋能。早两年,人脸识别技术在酒店科技上崭露头角,酒店入住利用人脸识别技术就在全国范围内普及开来。人脸识别确保人证合一,大大减少了入住人员身份信息混乱的问题,不仅给其他酒店住客增添了一份安全保障,这也吸引了很多对入住安全要求较高的顾客前来。在 2017 年,携程发布"EASY 住"全套酒店智能方案,提供 30 秒快速入住。这款自助终端包含自助前台功能、在线选房、智能客控、行李寄送等多项产品服务,将入离酒店的办理效率提高了30%。不仅仅是携程,市面上也出现了多个品牌的酒店自助入离机,以地域品牌为划分占领全国酒店,为酒店客人带来更为快速便捷的入住体验。

【案例 4-5】

日本一家以机器人为噱头的"古怪酒店"用实际行动告诉大家,机器完全可以取代人,甚至可以如人一般经营一间经济适用型酒店。

这家古怪酒店有 3 个前台接待"人员",分别为美女和恐龙,通晓两种语言,与顾客沟通不存在障碍。酒店内还有大约 140 台不同类别的机器人,有的是打扫卫生的,有的是负责搬运行李,甚至还有负责调酒的酒吧机器人。总之,酒店的原则就是能用得上机器人的,绝不用真人。很难想象拥有 72 间客房的酒店,竟然只有 7 名"真人"员工。

旅客 Check-in 不需要与人交流,进房门可以刷脸,连客房也是机器人的天下,房间内的各种电器都可以由小机器人来控制,比如躺在床上喊一声开灯,灯光自然就会亮起了。

机器人的出现,不仅带给了酒店利好,对顾客而言,也更增添了便捷。

(资料来源:携住网,2020-04-28.)

4.4.4　大数据时代的智慧酒店管理对策

(1)建立大数据时代的智慧酒店管理体系

我们可以深切认识到建立大数据时代的智慧酒店管理体系要站在大数据处理技术、信息技术、互联网和物联网的发展、智慧酒店管理理念以及管理方式创新的基础之上。因此,要建立新时代的智慧酒店管理体系就要积极加大对数据处理的投入,推进人工智能的快速发展,积极形成智慧酒店的人工智能服务的竞争优势,增强智慧酒店领跑行业的服务质量竞争力,提升智慧酒店的客户体验感。

(2)树立科学的智慧酒店管理理念

要积极发展智慧酒店的管理理念,树立科学发展意识,坚持结合地域特色以及风土人情、环境特点等多方因素,坚持管理工作紧密结合实际情况,站在消费者的角度发现问题,积极收集顾客体验感想,吸取意见与建议,不断完善服务信息,提升服务质量与服务效率。建设智慧酒店的信息化与文化,立足于智慧酒店管理特色与服务体验特色,充分利用人工智能处理信息资源的强大能力以及高效的处理效率,建立立足于智慧酒店的服务文化,提升智慧酒店的品牌竞争力。通过宣传人工智能服务优势与特色,积极引导消费者到店体验,从而有效对智慧酒店的服务文化进行宣传,提升智慧酒店的知名度与民众认可度,从而提升酒店的竞争优势,推动酒店的盈利效率。

（3）大数据时代的智慧酒店网络化

大数据时代的智慧酒店要积极推进服务数据收集等的网络化,充分利用当前网络技术高速发展的时代红利,贯彻智慧酒店网络化服务方式,从消费者网上订房、订餐、网络支付、到店体验中的人工智能服务,通过增强智慧酒店的科技感装修以及运用高新设备等一键化的网络管理等,深度贯彻智慧酒店网络化理念。

科技发展是第一生产力。在大数据、数据处理技术、互联网、物联网等高速发展的时代背景之下,智慧酒店管理体系要积极创新管理制度与体系,为客户营造一个良好的消费环境与高质量的消费体验。因此探究大数据时代智慧酒店的管理策略,就要紧抓时代背景与地域环境等,立足于智慧酒店特色,充分利用技术手段来发展智慧酒店的管理体系。

【本章小结】

1. 智慧酒店战略管理是指智慧酒店在分析外部环境和内部条件的现状及变化趋势的基础上,为了求得酒店的长期成长与发展所作的整体性、长远性的谋划。

2. 智慧酒店组织是指为了达到智慧酒店目标经由分工与合作及不同层次的权利和责任制度而构成的人的集合。

3. 智慧酒店组织结构的基本类型包括简单直线组织结构、事业部型组织结构、职能型组织结构、直线—职能型组织结构、区域型组织结构五种。

4. 智慧酒店可采取的竞争战略一般包括成本领先战略、差异化战略和专一化战略3 种。

【思考与练习】

1. 试述基于智慧酒店的管理模式如何进行变革。

2. 试述差异化策略在智慧酒店中的应用。

3. 请结合实际案例,试述大数据时代背景下智慧酒店的管理对策。

【案例分析】

首旅如家加码酒店数字化，传统酒店转型升级势在必行

全球数字化浪潮孕育的周期红利正在显现，清华大学公共管理学院院长江小涓曾在演讲中预测，到 2025 年，产业数字化和数字产业化的综合，有望超过 GDP 的 50%。另根据 IDC 发布的《中国企业数字化进程和未来办公洞察》显示，77% 的企业正处于数字化转型的孕育期，23% 已经进入数字化转型阶段。

根据其发布的半年度财报数据披露，2022 年，首旅如家的研发费用为 3 038.92 万元，同比增长 35.11%，这也是上半年唯一仍在加大技术研发投入的酒店集团。在这里，或许可以一窥首旅如家的宏图远志。

在大多数酒店企业还在将数字化当作风口追捧的时候，首旅如家已在探索行业数字化的终极形态——智慧化，即管理更简单、赚钱更简单和服务更简单。

首先是全面管理在线化，重构酒店运营逻辑。首旅如家将宾客在线和员工在线作为实现全面管理在线化的重要组成部分，前者旨在积极实施会员私域运营战略，借助集团 CRM、企业微信、面客 App 等流量入口，以拉新和促活（提升会员活跃度）为主要运营思路，进一步提升客户客源占比，并积极推进如生活战略，赋予宾客周边生活和城市生活权益，让消费者可以在线享受多元体验。后者则继续推进协同作战和中央赋能战略，以员工、酒店为作战单元，通过技术赋能和数字化能力，提升整体管理能力和上下联动的执行力。据统计，目前首旅如家的在线管理已经可以达到酒店 2 小时开业，全网调价 5 分钟生效，AI 价格预测准确率 85% 以上，酒店人房比进一步优化，酒店运营管理更加简单。

其次是全方位运营数字化，提升酒店经营效率。首旅如家体通过上线抖音小程序等项目，持续投入"互联网+酒店"全方位数字化体系建设，实现了酒店经营分析的全数字化覆盖，并利用 AI 算法和模型进行有效的流量预测和收益管理，让酒店经营更简单和高效。与此同时，线下通过企微进行私域运营，借助后端强大的 CRM 和内容管理能力，实现前端私域运营精准推送，服务量身定制，宾客满意度不断提升，店均蓄客翻倍增长。

最后是全场景服务智慧化，精准触达核心消费诉求。一方面，首旅如家积极落地自助前台、智能送物机器人、智能电视、AI 智能客服、智能洗衣机等智慧场景，减少人力投入。2022 年，首旅如家的智能化方案覆盖旗下 6 000 家门店，日交互次数超百万级，产品功能覆盖首旅如家所有智慧数字化场景，实现一店节省一人工时的战略目标。另一方面，为了实现不同厂商和不同智能场景之间的协调和同一场景调度，让宾客体

验更有温度,首旅如家在行业首创新一代智能酒店服务系统文殊智慧平台,实现了各类物联网设备、系统对接能力;业务规则智能编排能力;可视化总控台,控制、展示、分析和预测能力。借助文殊平台,可以实现宾客一键触达和服务的一键响应,大大提升酒店客需、投诉、智能客控、智慧场景的服务效率。

如今,在数字化新趋势下,尽管已有不少酒店企业开始尝试,但只有少数以周期同频共振的公司,才能以新周期为跳板,撬动更大的增量,更快的增长。首旅如家酒店集团算是一个,其通过持续不断的研发投入和数十年如一日的客户思维,真正找到了穿越周期的底层逻辑,也为行业的新一轮数字化升级提供了更广阔的视角。

数字化运营提升效率,酒店降本增效是必需。当大多数酒店都加速布局智能化,并将大数据融入酒店运营管理框架中之时,有一项沉没成本,却经常在智能升级的过程中被忽略,那就是酒店的"中枢神经"——客控系统。以往,客控系统是高端五星及以上酒店的功能需求,但伴随着技术水平的提升,现在越来越多的中高端酒店也开始布局智能化。

与此同时,客控系统也在不断地改造升级,新一代消费者更加追求个性化产品体验。曾经市面上的弱电客控技术,对酒店基础设施要求高,而且改动大、布线多、改造周期长,后期难维护;还有一种是需要更换所有系列设备才能实现酒店的智能客控,以上两种方式无疑都增加了酒店改造的成本。

(资料来源:思蓝科技,2022-10-09.)

思考:
大数据时代的传统酒店如何实现改造升级?

第5章 智慧酒店业务运营管理

【内容导读】

业务运营管理是酒店管理的核心内容之一,酒店各部门业务运行情况直接影响酒店管理目标的实现与否。智慧酒店的业务运营会涉及前厅部、客房部和餐饮部3个窗口部门,这些部门的员工会直接和顾客接触,因此窗口部门的服务质量与顾客体验质量息息相关,对酒店的运行至关重要。本章首先围绕智慧酒店运营的核心内容展开,再分别结合智慧酒店的前厅部、客房部、餐饮部三大主要营业部门,对其运营管理进行阐释和介绍。

【学习目标】

1. 熟悉智慧酒店运营的核心内容。
2. 掌握智慧酒店前厅部运营管理。
3. 掌握智慧酒店客房部运营管理。
4. 掌握智慧酒店餐饮部运营管理。

5.1 智慧酒店运营管理概述

智慧酒店与智能酒店不同,智能酒店更依赖于科技来实现酒店的集约化管理和员工的标准化服务。智慧酒店则是在智能酒店的基础上,从顾客自身出发,让顾客化被动为主动,自由组合酒店产品来定制个性化服务,在享受科技带来的便利之下,更能体现人的主观能动性。

智慧酒店的核心理念是以人为本,关心顾客体验是其设计理念,推广优质服务是其主要表现形式。在设计服务质量时,酒店通过获得顾客的一系列数据,设计出独一无二的方案,在充分考虑客源群体需求的基础上提供多元化定制服务。同时,酒店接受顾客对酒店服务的意见反馈,从而提升酒店的服务质量。

智慧酒店智于科技,慧于管理。科技应用程度的高低是智慧酒店与传统酒店的分水岭,酒店的智慧化推动酒店管理模式从单一到广泛、集约化到精细化的方向转变。智慧酒店所展现的精细化智慧管理体现在各个方面,在对硬件设施设备的管理上能够有效提高对酒店内部资源和社会资源的利用率,降低酒店的维修运用成本。在人力资源的智慧化管理中,根据不同员工的素质和性格,分配不同的部门岗位,定期培训提高员工综合能力,通过转正或升职增加员工的工作信心,充分肯定和尊重员工为酒店收益做出的贡献,是智慧酒店留住人才的有效手段。智慧酒店是传统酒店适应当下社会发展转型升级的产物。

随着智慧旅游的发展,中国建设智慧酒店是产业结构调整的必然要求,也是各大酒店抓住机遇大力发展的必然途径。智慧酒店遵循可持续发展的理念,包括对经济、社会、生态环境三方面的可持续发展,追求三个体系之间理想平衡的状态。运用先进的管理理论和最新的科技成果,智慧酒店能够综合协调酒店、人与环境的联系,强调可持续发展,实现经济效益和环境效益的可持续发展。

5.1.1　智慧酒店运营的服务对象

如今,智能化带给人们更大规模的影响。因此,依托大数据、云计算、物联网与人工智能等新兴技术诞生的智慧酒店吸引了消费群体。消费者也越来越在意智慧酒店的服务提升。智慧酒店面对的服务对象主要是智慧宾客。智慧宾客就是拥有便携式移动终端的消费者,他们在旅游、商务活动过程中,求新、求异,喜欢高度自助,讲求办事效率,具有较强的信息收集和使用能力。如果缺少了智慧宾客,智慧酒店的服务对象就变得没有了目的性。智慧酒店通过智能化设备,使宾客的酒店经历变得自助而有趣。但这也需要宾客自身具有一定的文化素养,能够学习操作多媒体设备,自身至少配备智能手机等便携式移动设备。当然,由于智慧酒店同目的地智慧旅游平台是密不可分的,宾客旅游目的地的智慧旅游平台建设成功与否也会给顾客带来不同的体验,决定着顾客体验的满意程度。作为消费者,无论出于商务旅行还是休闲度假目的,都会希望自己停留的酒店能够顺利把自己的工作、家庭生活与旅行的乐趣无缝对接,在享受酒店舒适休憩的同时,也能自如地使用各种先进的信息技术,获得更多的不一样体验。因此,智慧酒店就是为满足顾客的需要应运而生,随着智能手机、5G 网络等通信工具的普及,这一目标客户群体以前所未有的速度增加。

从顾客的角度,可以期望在智慧酒店得到这样的体验:消费者根据自己的差旅需求,用智能手机通过酒店智慧预订模块(酒店 App、官网、OTA 等)预订旅游目的地的智慧酒店房间;通过智能手机的酒店 App 客户端完成选定楼层、方向、户型、360°全景观看房间设备;到达目的地后,在抵达酒店的路上通过 App 控制房间的湿度、温度;当消费者进入酒店射频识别区域,酒店系统自动甄别顾客身份等级,根据事先的预约确定是否办理入住手续或进行 VIP 迎接;顾客进入客房区域,房号导航系统会通过箭头指示灯引领旅游者到达房间出口;然后,用手机打开房门;进入房间后,手机或房间 iPad 可以控制客房主要的硬件设施;入住过程中,可以使用手机或房间 iPad 向酒店提出服务要求或意见反馈;房间智能传感器自动记录顾客习惯(如智能床垫收集顾客睡眠质量信息等),根据智能传感器收集的信息,酒店数据分析平台可以推送有关酒店产品供顾客选择;如果顾客想退房,不管消费者在店内还是在店外,用手机支付就可以实现退房功能;最后,酒店智慧管理系统收集的顾客信息计入大数据库建立客史,并进行进一步营销活动。

在酒店智慧化建设过程中,一是要求酒店经营管理者通过互联网思维,保持思想与时代进步同步;二是要通过"互联网+"行动的落地,发现、抓住、引领宾客需求,使宾客在酒店的停留经历不仅仅是休憩放松,更是一段体验学习的过程。酒店只有真正结合自身情况应用符合自己客源定位与产品特点的智慧化运营系统,才能在严格的政策环境和激烈的市场竞争中保持利润增长。因此,智慧酒店的建设最终应该是实现智能化、无边界、全生态的良性循环生态圈。

5.1.2 智慧酒店运营的起步

2008 年经济危机后,世界经济于 2010 年开始回暖。此时新技术不断涌现,人们的老式"大头电脑"已经更新换代成了液晶屏电脑,手机也换成了带有指纹识别的智能机。互联网更是得到了突飞猛进的发展。大数据、云计算等高等新兴技术也在蒸蒸日上地出现。"隔空见面""隔空互动"等仅仅在人类畅想中的活动现如今成为了现实,并且还在源源不断地满足人们更多的需求。而今,新技术更是层出不穷,这些出现的新技术构成了目前以互联网与 App 平台为依托的智慧酒店运营模式。

5.1.3 创新智慧酒店运营模式的必要性

传统的酒店行业已经形成了定式,各大名牌酒店把持着局势,新的传统酒店品牌无论是从酒店的硬件配置上还是客源上都比不过它们。但智慧酒店业可算是新兴产业,可以通过翻新旧有的竞争手段与有效的管理经营体例,再对智慧酒店进行使用模式上的更新换代来提升总体的竞争力。因此,酒店的竞争优势将主要在人性化、个性化、网络化上展现,创新模式迫在眉睫。目前智慧酒店现有运营模式中出现的问题主要有以下 4 个方面。

（1）不能满足消费者要求

首先，智慧酒店诞生的初期弥补了传统酒店做得令顾客体验不佳的地方。入住酒店时看见的与预订酒店时根本不符合的酒店实景照片，房卡丢失后所造成的种种不便。其次，满足了传统酒店不能满足消费者的地方，如 AI 行李追踪技术与 RFID（射频识别）标签可以让顾客在入住成功之后就不用带着行李箱去到房间，直接将行李送到房间所在的楼层专放处进行拿取。然而这"智慧酒店"有的时候好像并不像吹嘘得那么聪明。感应开启的窗帘一次性根本拉不开；有些配备的黑科技功能复杂导致消费者需要去查阅说明书或询问；更不便的是入住酒店必须要下载好 App，否则无法入住。这些都在昭示着智慧酒店还不能完全依靠现有的状况来满足消费者的需求。

（2）安全性能不足

当信息在网上被大量呈现，以前人们看不见的很多信息被曝光在触手可及的互联网上，人们首先就会担心自己的信息会不会被泄露。而对于智慧酒店，只是增加了一个网络控制功能，就令消费者产生了新的担心。在安全性方面，智能门锁一直饱受非议，且部分智能锁还没有应用完整的系统来保护。假如遭受了蓝牙密码复制，一次性的密钥在经过复制之后就会直接被操作的人套走，系统根本分辨不出是消费者还是恶意的操作人员。因此从管理层面来进行身份认证区别人员与权限分散集中的处理是安全问题的关键，也是最不容忽视的地方。

（3）千篇一律无特色

现有的智慧酒店仅仅盲目追求"智慧"。首先，酒店基础设施智能化。电气设备与微信平台、IPTV 系统相连，智能客控普及度高。其次，是入住流程智能化，对房间进行自主交付，到店去自助机办理入住。最后，是增值服务智能化，线下的消费服务都从线上来完成。但这毫无特色可言。目前特色酒店蓬勃发展，消费者都在寻求"特色"，而智慧酒店每家几乎差不多，给消费者的体验相似。

（4）智慧化服务单一

目前的智慧酒店只能做到传统的住宿职能"智慧"化，只能在住宿方面给予便利。在其他方面也应该更智慧、更人性化。改变传统意义上的酒店住宿功能，开发其他方面的新职能应成为转变的主要方向。

5.1.4 创新智慧酒店运营模式的措施

（1）智化酒店智慧的水平，提高服务质量与效率

第一，做到入住流程更加便捷化。到店后顾客自主地在入住机前办理入住手续，有疑问再寻找工作人员，既加大了酒店当下的电费等投入资本的利用率，又减少了酒

店人员利用成本。第二,做到更好的酒店基础设施智能。智慧酒店的"智慧"不应仅仅体现在下单订房、智能化入住、智能订餐、智能呼叫服务等方面。随着移动互联网的发展,去中心化已经变得越来越明显。因此酒店还应提供远程智控服务,让顾客在来的路上就可以打开需要的设施,准备好自己需要的舒适环境。那些喜好温馨房间的消费者,在出门在外时,想必也希望通过氛围的改变来获得惊喜。因此,智能客控就可以借助场景预设,如使用温度、灯光来给用户营造氛围、创造惊喜。第三,在进行酒店推广的时候要有针对性。互联网时代,消费者的消费行为与消费习惯都可以根据以往的记录精准捕捉,充分利用到云计算与大数据,对消费者进行有理有据的分析计算后总结。与消费者经常利用的第三方软件做好"联动",在个体消费者经常利用的软件等第三方平台有针对性地投放消费者感兴趣的广告。如消费者在某个平台上搜索了从常居地去往另一个地区的机票、车票、船票,就搜索相关地区的酒店图片快速吸引住消费者的视线;并且时常关注市场局势,根据淡季、旺季、工作日、周末等时间影响因素进行价格的变动,然后把自己比其他酒店有优势的地方在消费者的浏览界面展示出来。这样不仅使广告更有针对性,客源的转化率更高,降低成本,还可以获得稳定的客源,规避不必要的资源浪费,更重要的是能与消费者之间建立起来稳固且长久的关系。

(2)辅以人工来使得服务人性化

由于智慧酒店基本上是自助下单,自助缴费、自主办理入住,所以有一部分酒店会进行各部门大量裁员来节省成本,以便将这方面的成本投入到其他方面去。这就造成了不当。当消费者使用酒店里配备的物件时,难免会有使用不当或者不会使用的情况,如果将为了更好服务消费者的负责答疑解惑专员也不雇用的话,当消费者遇到了需要指导的状况,却无人解答,这不免会对酒店的服务口碑造成负面影响。且如果酒店的重要设施临时故障,需要检查修复,但酒店也把这部分人裁撤了,导致没有专员立即去修复,而是需要临时调派。不仅会影响酒店即时的运营,还会引起住客的恐慌,得不偿失。因此,在有必要的部门保留一些人工进行及时的服务有很大必要,这是不能节省的成本。

(3)加速融合,开发新职能

当下人生活水平的提高连带着消费水平的提高,导致了人们对服务质量的高要求。消费者尤其是较为年轻的消费者,到酒店的目的从简单的住宿向追求多样化体验转变。随着互联网上的风潮涌现,酒店办公更是成为当下"晒照"的流行趋势。但目前的智慧酒店只能做到单一的住宿自助化、无人化,应扩展业务,丰富顾客的住宿活动,利用好顾客的碎片化时间,丰富顾客的酒店体验。如利用 OA 系统方便顾客"无纸化"办公。此外,智慧酒店不能仅仅提升酒店的"智慧"率,更应该利用好大数据进行统计。通过信息化的手段来找出个体消费者的体验意向,统计出主要方向来进行发展。首先,利用第三方平台的可移动性,将洗衣、订餐、送餐、叫车、导航等服务转移到这些可移动的 App 上,再简化程序,使顾客更快得到想要的反馈。其次,在顾客有意向体验的服务方面加快"智慧"化发展。如加速当下受欢迎的游戏行业与智慧酒店的结合,就可以用 VR 虚拟现实技术和 AR 增强现实技术来实现。安放在游戏区域与酒店放映室或者直接安放在客房里面,让有需要的顾客方便快捷地获取。

（4）创新员工对客服务

1）旅游路线私人定制

酒店可向顾客提供私人定制旅游路线的服务,为顾客带来深度的旅游体验。酒店的员工都要求具有导游人员从业资格,他们对酒店所在城市的各个景点都了如指掌。工作人员不仅可根据顾客的要求为其规划旅游行程,还会实时留意各景点的客流量以及突发情况,帮助客户调整出行计划。另外,员工还可针对顾客的兴趣和爱好,时刻留意当地在近期内是否会举行相关的活动,并且为顾客提供活动的详细信息,以满足顾客的喜好。

2）智能产品租赁

顾客在酒店的网站上浏览各种智能产品,如果对产品感兴趣,可在线对所需要体验的产品进行预约登记,并且通过酒店个人账户支付租赁费。酒店员工就会从酒店仓库中调货,把产品寄到顾客家里,让顾客切身体验酒店的智能化产品。员工还能为顾客提供产品使用的远程指导服务。

（5）酒店内部管理智慧化

1）完善数据化运营管理

酒店数据化运营管理的完善与酒店智能管理系统息息相关。酒店的智能管理系统会对酒店每天的经营数据、能源消耗数据、顾客反馈数据进行收集、整理和分析,同时也负责核算员工的薪酬以及绩效考核。该系统有利于酒店管理层了解酒店运营状况以及对员工的工作情况做出全面客观的评价。此外,智能管理系统可导出顾客在酒店官网上的评论数据,协助酒店对数据进行整合和分析,酒店通过数据分析结果了解顾客对酒店的态度变化。

2）建立和完善酒店员工培养体系

员工培养体系囊括了理论学习和实操培训两大部分。理论学习以在线学习为主,学习的内容既包括对世界智慧酒店发展状况的分析和酒店智能系统最新发明的研究等理论,又包括酒店的规章制度、酒店现有设施设备操作指南以及对客服务技巧等实际操作内容。员工可随时随地登录酒店员工培训系统进行在线学习,系统会根据员工岗位自动生成相对应的课程学习模块。当完成一个课时的学习后，员工需完成酒店模拟情景训练测试，若成绩不达标，员工须重新对该课程进行学习。

（6）确保顾客与信息的安全性

随着移动互联网、速运技术产业、云计算、蓝牙遥控技术、智能数据挖掘等新技术在诸多领域的广泛应用，人们越来越担心信息安全问题，而智慧酒店正是依托这些技术应运而生，所以安全问题也正是最需要发展的一环。所有酒店的工作人员必须实名制打卡。除了顾客，经常走动的人就是酒店的工作人员，如果培训流程不体制化，再加上工作人员自身意识不足，就很容易做出来不正当的事情。因此，对员工的严格管控十分必要，从体系上杜绝人为事件。在运营方面，除了管控员工，警示消费者的感知程度，也要严格从硬件上提升整个酒店的安全系数。除了传统的安全消防系统、闭路电视、监控系统，还要提升警报系统与门禁系统等安保系统的灵敏度。

此外，客房的报警系统与新兴的电子巡回监察系统也一定要不惜成本地去寻找相关专业人员制作，且要严格地定期修复。一定要以消费者的安全为重，不要因为安全系数不够而给酒店带来负面的影响。此外一定要雇佣相关人才，智慧酒店可能不像传统酒店那样依赖人工，但实际上正因如此对员工的素质要求才更高。

（7）做有别于其他智慧酒店的特色酒店

当人人都在追求"不同"的时代中，智慧酒店更要如此。知名的老牌酒店林立就是因为每家酒店的侧重点不同，特色分明，但当下新起步的智慧酒店却为了凸显"智慧"的特色造成"清一色"的局面。首先，想打造独立品牌的酒店可以寻求某个App进行单独的联动。如今，企业甚至是产业间的合作变得更加重要。智慧酒店通过信息资源共用与管理方法体例上的互惠，打破了传统酒店行业与其他关联产业的界线，更好实现了酒店与其他产业的融合。其次，可以对房间的主题进行有针对性的细化，知道客户想要什么，然后进行改造应用。如游戏主题房间、生日主题房间、古风房间等。

智慧酒店作为技术进步的产物之一，深受当代人的青睐。打破旧有酒店业的运营方法与服务模式，增强酒店的"人性"，来做到提高消费者对于酒店"智慧"方面的评价显得尤为重要。目前智慧酒店历经十多年的发展却仍旧处在初级阶段，一部分酒店试图通过复制旧有的酒店模式加上一些智能电器建设智慧酒店的路已经走不通。真正的智慧酒店的建设还有很远的路要走，但是随着科技的更新与建设思路更加明晰，智慧酒店在建设中会成为更加有"温度"的酒店，更受消费者欢迎。

5.1.5　智慧酒店运营的技术基础

（1）物联网

物联网是指通过信息传感设备,采集所需信息,然后与互联网相结合,来实现物与人、物与物、物与网络的联结管理。智慧酒店运用物联网技术酒店产品与物联网的有机联结,不仅能够有效地管理酒店产品和硬件设施设备,提高酒店的资源利用,控制成本减少损失,而且延伸了顾客的感知,增强了顾客体验感,满足顾客的新奇感。

（2）大数据与云计算

大数据是指海量、高增长率和多样化的信息资产。云计算是基于互联网的相关服务的增加、使用和交付模式,通过互联网来提供动态易扩展且经常是虚拟化的资源。大数据和云计算密不可分,云计算为大数据提供基础设备,这两者深度结合不仅为顾客提供各个酒店的信息,可以有效地去权衡每家酒店的优缺点,从而方便顾客去做出选择,同时也能够让酒店看到顾客消费能力与市场的潜力,让酒店做出相应的策略调整来吸引潜在顾客。

（3）移动互联网与智能终端

移动互联网、移动通信技术和移动智能终端的出现满足了人们随时随地访问互联网的需求。智能终端包括智能手机、平板电脑、可穿戴设备等。摩尔定律揭示了信息技术发展的速度,5G 移动网已经普遍应用在人们的生活中,未来更快的移动互联网也在酝酿中。智能终端的可移动性延伸了人们的感知器官,改变了人们的生活。移动互联网和智能终端的普及,改变了传统酒店的运作模式,智慧酒店也以此为依托应运而生。智慧酒店提供的个性化、智慧化的高品质服务是当下消费群体所渴求的。在智慧酒店的 App 中,顾客可以根据自己的需求进行自定义选择,定制出自己的专属服务,同时 App 也会记录下这一次的选择,方便顾客下次优先选择,在吸引顾客的同时,也可以增加顾客对酒店的忠诚度。智慧酒店实现信息的双向沟通,能够第一时间了解顾客投诉并且提供解决方案,减少顾客不满。

酒店业作为一个服务型的行业,其本质和出发点都是服务,为顾客提供优质的居住体验。既然强调服务,那么如何为顾客做好服务就是实现酒店智能化应该着眼的地方。科技是手段,智慧型酒店的最终目的还是提供更加优质的服务,通过科技可以实现和展现服务的魅力,并且让酒店自身更加有特色。同时酒店作为一个企业,我们不能不去考虑成本和收益,节约成本开源节流,是获得更大的利益的一种方式。酒店智能化可以对物料进行更好的管理,可以在某种程度上节约人工成本。这些都是未来酒店智能化的发展趋势。

【案例 5-1】

"智慧+酒店"是一条发展道路，"智慧技术与用户需求配对"是科技发展与追求服务品质的结合。历史上任何一次大的产业变革都根源于"技术趋势"与"用户需求"这两个最关键要素的驱动。

1. 智慧酒店成为酒店业发展的大趋势

随着科技进步和消费升级，顾客对科技化、体验化、场景化和定制化的酒店产品需求日趋强烈。在此背景下，依托大数据、云计算、物联网和人工智能等新兴技术打破了传统的酒店运营与服务模式，一大批以数字化、网络化、智能化为特征的智慧酒店引领着消费者消费需求和习惯改变，并以此提高酒店管理效率和用户体验，符合现代化发展趋势。全国正掀起酒店智慧化改造和新建高潮。

据统计，全国智慧酒店每年以 10%～15% 的速度快速增长，并迅速占领了现今酒店业发展的方向。在涉足智慧酒店一线品牌中，不乏腾讯、阿里、苏宁、万达等巨头的身影。2018 年 11 月，腾讯与香格里拉集团签署战略合作。同年，百度与多家酒店签订合作，其中合作的酒店上海世茂深坑洲际酒店最受关注，酒店依托 DuerOS 提供开放能力和全品类的智能服务功能，形成对酒店客户的完整方案，打造最完美的 LOT 智能客房体验。而阿里巴巴则直接建了一家酒店——"菲住布渴"，并将酒店职能化系统落地。同年，苏宁自营智慧酒店——"南京徐庄苏宁雅悦酒店"正式亮相。2019 年，万达酒店及度假村与腾讯微信签署战略合作协议，共建智慧酒店、探索酒店行业创新场景等方面展开深度合作，致力为顾客提供高品质、有温度的一站式商旅体验。2020 年，腾讯智慧房产与泰国 THE EASE SIERRA 携手建设泰国曼谷智慧人居新标杆，打造国际化水平智慧酒店产品。

华住、锦江、洲际、君澜、开元、如家等酒店集团也在智慧酒店方面推出了新举措。2018 年，华住旗下酒店与云迹科技签署战略合作协议，聘用云迹科技酒店服务机器人。同年，锦江国际 WeHotel 与中国移动签署酒店信息化合作协议，双方就开展 5G 酒店场景下智慧酒店信息化研究、酒店客房互联网数字化等多方面合作。2019 年，深圳华侨城洲际大酒店、深圳电信、华为签署 5G 智慧酒店战略协议，联合启动全球首个 5G 智慧酒店建设。首旅如家坚持在线化、数字化和智慧化的技术战略，2021 年，加大技术研发投入，研发费用 5 662.14 万元，同比增长 27.94%。君澜、开元等酒店集团也先后推出智慧酒店"升级版"。智慧酒店已成为酒店业发展的一大趋势，也是 21 世纪新经济时代酒店业的发展方向。

2. 让酒店从繁杂的事务中解脱出来

酒店业属于劳动密集型行业，在目前的发展过程中，存在着一些难以避免的问题。

如酒店行业的基层员工薪资福利较低,难以吸引高素质人才,员工流失严重;招人难、留人难是酒店发展的一大难题。没有足够的薪资福利刺激,员工工作的热情也会受到影响,最终影响到顾客在酒店的服务体验。另一方面,酒店里存在很多工作岗位,是一些技术含量不高的重复性较大的工作,如保安巡逻、收银、物品和外卖递送等,这些需要耗费酒店大量人力成本且可替代性又强的工作。这时出现的以人工智能为主的智慧技术的发展对酒店业来说无疑是福音,正好可以协助这些岗位的工作,节约酒店成本,全面提升服务管理水平,提高酒店竞争力。

在智慧酒店中,提供以人工智能为主的智慧技术可以让酒店从繁杂的事务中解脱出来,为此智慧酒店建立自助入住和退房办理系统、酒店信息服务系统、客控系统、智慧酒店休闲和健身系统、红外线感应系统环境和安全监控系统等。

自助入住和退房办理系统。如君澜酒店集团联合携程推出的30秒刷脸入住、在线选房、自助前台、闪住等服务举措。酒店通过建立入住和退房自助办理系统,简化住宿流程,促使酒店产品服务智慧化。酒店用智能科技替代传统前台,这样酒店管理者不仅可以根据每个顾客的需要定制服务流程,还可以把员工从每日烦琐的电脑数据录入中解放出来,增加与顾客的互动。

酒店信息服务系统。酒店信息服务系统为顾客提供酒店的相关服务,比如客房的打扫、请勿打扰、自助订购、衣服清洁、自助汽车租赁、按摩预订和紧急服务等。顾客可以选择,根据自身的需求提供相应的服务。

客控系统。对于酒店来说,这种客控系统不仅可以节能降耗,提高员工效率,还可以有效降低人力成本,加强内部管理。如通过App可以控制房间场景画面、房间室内灯光、排气扇、背景音乐、电视、空调和音响等界面,方便快捷,可用性高。

智慧酒店休闲和健身系统。顾客在房间内可以观看最新的影视大片,或者在阅读或者沐浴的时候听一首喜欢的音乐享受一下。不少智慧酒店抓住全民健身热潮时机开展智慧客房场景下的健身项目。基于智慧酒店客房的空间环境,量身打造运动教学短视频,住客足不出户就能在房间内完成运动的训练;也可以通过系统的手机投屏功能,将手机直播课程小屏换大屏,方便健身和交互。

红外线感应系统。红外线感应系统包括3个功能:浴室人体感应器,走廊人体感应器和客房门人体感应器。顾客不管在客房哪里都可以被感应,体验智能。环境安全监控系统。环境控制系统提供空气质量检测,温度和湿度检测以及烟雾检测报警。

3.“精细+精准”化服务,满足顾客个性化需求

对于服务业来说,提供优质的服务让顾客满意,是可持续发展的保证。聚焦于酒店,作为服务业重要的组成部分,关注用户需求将成为提升体验价值的必要路径,提供优质的个性化服务是智慧体验的一部分,也是一个酒店口碑好坏和经营成败的关键性因素。那么，如何做到更好地发现和提供个性化服务显得格外重要。

不同类型智慧酒店根据顾客群体需求定位自身的智慧化，利用大数据深度挖掘顾客的个性化需求特征，整合各种推广平台资源，建立智慧营销模式。智慧酒店通过智能化的手段和技术，为顾客提供个性化的服务，让智慧服务更加精细、个性和温馨。如顾客进入房间后，客服交互机器人可以与顾客进行人机对话，与顾客实时互动客房中功能服务、音乐、电器灯光控制甚至是美食推荐等，为顾客提供精细和精准的服务，让顾客全方位体验智慧生活，可以满足顾客的个性化服务需求，为旅途带来灵感体验，从而提高顾客的满意度和忠诚度。如"菲住布渴"未来酒店，顾客一旦进入房间后，专属自己的客房管家天猫精灵智能音响已经被唤醒，可直接对室内温度、灯光、窗帘、电视等进行语音控制，还可以通过客房管家发送送餐、送水的客房服务指令，增强了顾客体验感。

让智慧酒店更好地满足顾客需求，以适应未来的不确定性。未来，智慧酒店保持对科技创新的持续投入，逐步完善产品生态。不确定因素很多，但可以确定的是"智慧+酒店"是一条发展道路，"智慧技术与用户需求配对"是科技发展与追求服务品质的结合。智慧技术要实现各类型酒店的广泛应用，与让智慧技术与用户需求合理匹配是分不开的。历史上任何一次大的产业变革都根源于"技术趋势"与"用户需求"这两个最关键要素的驱动。对酒店业而言，一方面，"智慧技术"突破可以驱动企业创造出"新供给"；另一方面，"顾客需求"会加速企业这种"新供给"的普及。酒店的产品升级与服务升级，其源于"智慧技术"驱动与"顾客需求"驱动，否则只能成为无源之水，所以智慧酒店本质上是一场"智慧技术"与"顾客需求"的双向奔赴，具有鲜明的时代性与生命力。

(资料来源：环球旅讯网，2024-01-05.)

5.2 智慧酒店前厅部运营管理

前厅部是招徕并接待人，推销客房及餐饮等酒店服务，并为顾客提供各种综合服务的部门。前厅部是酒店的营业橱窗，反映酒店整体服务质量。

5.2.1 智慧酒店前厅服务

当今社会是一个移动互联的社会，手机已经成为人们生活中必不可少的一个环节，手机为人们带来的便利性也是以前其他设备无法比拟的。对于酒店这个传统行业，在发展智慧旅游的趋势下，也必将向智慧酒店的方向前进，而目前对于智慧酒店的建设大部分还停留在理论阶段,或者单纯地为酒店添置一些硬件设备来带给用户更好的体验。为了带给用户更好的体验,提供更加智能的服务,可以将移动终端应用到智慧酒店的建设当中,利用移动终端的智能性、便捷性将其与智慧酒店提供的服务相结合,不仅从硬件部分来建设智慧酒店,还从软件和服务部分来带给用户更加智能化的服务。

从顾客角度看,酒店服务始于酒店前厅、结束于前厅,前厅服务质量的高低往往决定着顾客眼中的酒店服务质量。智慧酒店前厅部工作流程如图5-1所示。

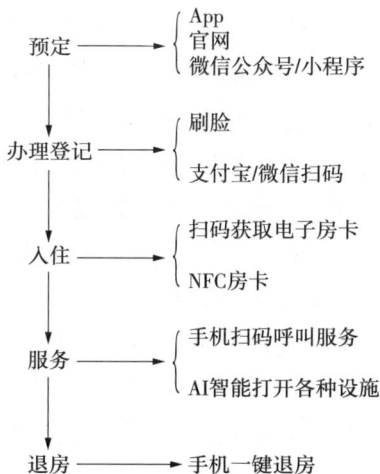

图 5-1　智慧酒店前厅部工作流程

（1）网络预订逐渐占据主体地位

随着信息技术的发展,酒店客房预订的方式越来越丰富,不同预订方式的比例也在发生变化。除了传统的电话预订、传真预订等方式,越来越多的顾客通过互联网、智能手机客户端(App)等多种方式获得酒店预订服务,再通过酒店预订服务查询、预订满意的酒店类型。前厅预订部工作人员的工作重点将从原来的受理电话预订转化到对网络预订的批处理。

（2）电子支付逐渐取代传统支付方式

电子货币将成为全球最为主要的支付手段或者货币形式,顾客的各项日常消费都有希望实现一卡通。在酒店入住期间,顾客可以使用电子卡在酒店的餐厅、商店、酒吧、商务中心等部门进行消费,这些消费者会通过系统直接而准确地汇总在顾客账单上。而酒店的 PMS 系统可以把顾客的账单与他们的房间号相关联,顾客在结账时只需要报出自己的房间后就可自动生成账单,采用电子支付,快捷方便,此举会大大缩短顾客结账退房的等待时间。

（3）创新总机叫醒服务方式

叫醒服务是总机的一项常规服务，在大多数传统酒店，总机一般采取电话叫醒的方式将顾客唤醒，这种方式能够达到唤醒顾客的效果，但是用此种方式唤醒的顾客，从熟睡当中突然被唤醒，往往会感觉到比较痛苦。甚至有些顾客会在酒店电话唤醒之后再次进入睡眠状态，从而影响了重要的事务，给顾客造成了损失，也让顾客对酒店服务留下了不好的印象。

在现代的智能化酒店，酒店在对顾客的唤醒方式上有了很多创新，比如说光线唤醒就是一种很好的方式。由于许多人习惯根据光线而不是闹铃声来调整起床时间，新的唤醒系统将会在顾客设定的唤醒时间前半小时逐渐增强房间内的灯光，直到唤醒时刻的灯光亮得像白天一样。使用这种方式被唤醒的顾客，会有一种自然醒的感觉，从而一天都能有好的心情。或者智能化酒店通过可穿戴设备的应用，比如说智能手环，通过智能手环震动的方式唤醒顾客，也是一种比较温和的唤醒方式，同时能够不吵醒同行的人。在总机提供机器唤醒服务的时候，如何确认顾客已醒一直是酒店的一个难题。传统的做法是：在电话叫醒的时候，如果顾客接通电话，并且发出清晰的"喂"，则视为顾客已被唤醒；如果电话被接通但没有发声，则视为顾客未被唤醒。这样的方式有时未必准确，而在智慧型酒店当中员工可以通过在客房中安装传感器的方式，通过客房的光线变化和红外感应等方式，来判断顾客是否已经起床。

（4）无线无纸化入住/退房系统投入使用

手机的广泛应用极大地促进了入住系统的转型升级，越来越多的顾客不愿花太多的时间在排队入住登记上，让顾客更加快捷自助地入住是智慧酒店的一个重要环节。智慧酒店拥有自助的入住登记和退房解决方案，这些设备能够帮助酒店为顾客提供省时又便捷的服务，顾客可以借助安放在大厅醒目处的自助登记设备自行办理入住或者退房手续。如果顾客是驾车前来的，那么酒店在车库的入口处也安放了自助入住登记设备，顾客在车库完成了自助登记之后可以获得房卡，直接乘电梯进入房间，在很大程度上节约了顾客的时间。对于 VIP 顾客酒店还可以采取手持登记设备进行远程登记，通过手持登记设备，酒店可以不受空间上的限制，无论顾客身在何地随时随地都能完成登记、身份辨识及付款等手续。酒店的宾客关系经理在接待 VIP 顾客的时候，可以第一时间带领客户进房，然后在房间里面通过手持登记设备让客户签名即可完成登记，不管是入住还是离店，都可以通过手持设备远程进行。

（5）前厅部员工考核方式更加智能

智慧酒店通过 RFID 技术可以对员工在工作期间的状态和出勤情况进行考核，RFID 的芯片可以装在员工制服里，酒店在各个分区都有读写器，这个芯片可以显示员工在某一时刻所在的区域,如果在工作时间员工出现在了不该出现的区域,则有擅离岗位的嫌疑。对于前厅一些职位(比如说 GRO 客户关系主任)并没有固定的工作区域,这样的考勤方式更为有效,酒店可以对员工全天的工作轨迹来进行追踪。在前厅部酒店可以使用酒店 PMS 系统,前厅的每一个员工都有一个自己的 CODE,每天工作时使用自己的 CODE 来进行登录,系统当中会记录员工的任何一个操作。当出现问题时,酒店只需要去查看当时的操作记录,就可以实现问责到人的效果。移动终端记录下每位员工的工作记录,为酒店的量化管理提供依据,也让管理变得更加公平、公正和公开。"智能考核系统"让员工更"自觉"。

5.2.2　前厅部智慧化运营的优势

（1）由关注对客服务到关注对客关系

前厅部在酒店属于前台服务部门,直接与顾客接触,是与顾客交流非常多的一个部门,前厅的服务好坏直接决定着顾客对酒店的评价。酒店智能化让烦琐的业务操作简单化,让前厅部门的工作人员省出大量机械服务的时间,使得前厅人员有更多的时间与住客交流,更好了解住客需求,不断提升酒店服务水平。智能查询替代问询功能,人手一台的移动终端(智能手机)保证了前厅人员、客房人员等酒店员工随时记录顾客服务需求,为住客快速服务的同时方便顾客消费及住店习惯等数据的采集,实现住客档案的随时记录。所以在酒店实现智能化后,看起来前厅人员的服务变少了,但是酒店与顾客的关系更密切了。

（2）由被动服务到主动服务

主动服务,永远比顾客先想一步,是对客服务的最高境界。智能化酒店让我们随时关注顾客需求,及时搜集顾客信息,把主动服务变成了可能。未来酒店前厅部的发展趋势就是服务更主动、更隐形,使顾客获得更多便利。

【知识链接】

"聘用"机器人到底能省下多少成本?

让机器人打通最后 10 米,能让酒店省下多少运营成本? 结合成都一家五星级酒店真实数据,我们来简单算一笔账。

以礼宾部为例,因顾客需要酒店把外卖送至房间,原本酒店需要白班、夜班各 1 人,按照基础员工的平均月工资为 5 000 元来算,2 个人工资加社保、住宿、用餐等费用,每个月就需要 15 000 元。如果换作机器人代为送物,就大大缩减了这笔运营费用。

再比如,减少 1~2 个保洁人员,取而代之的是采用机器人清扫、消杀,按照平均工资每月 4 000~5 000 元计算,此项大概每年也可省 15 万元的费用。

事实上,酒店还有一个隐性成本,员工培训和离职成本,大体来说这个成本是员工工资乘以 1.2。如果仍以 5 000 元来算,这个成本可能达到 6 000 元。对于运营而言,这项成本也是需要计划在内的。

除了节省部分人员成本,机器人也具备一定的广告、社交属性。当顾客把酒店机器人的便利化服务发到 OTA 平台、小红书、微博等社交平台,对酒店来说也是一种无形的广告节省方案。

(资料来源:期待具备"人性化"的机器人,打开更多酒店服务新空间.酒管财经公众号,2023-03-22.)

5.2.3 智慧酒店前厅部员工的培养途径

智慧酒店所要求的前厅员工不但要能够胜任智慧酒店现在的需求,还要能够胜任一些未来的变化,也就是说,我们在培养前厅部员工的时候要考虑到今后智慧酒店的发展变化,要能够了解酒店的发展趋势,这样才能培养出适应智慧酒店未来发展的人才。

(1)合理设置岗位,加强能力培养

智慧酒店的出现对前厅服务人员的要求带来了变化,很多新的岗位出现了,一些旧的岗位被取代了,这就对智慧酒店的人才培养提出了更高的要求。我们要根据前厅部新的岗位以及岗位职责来确定人才培养方案,要注重员工实践能力的塑造,在高校的酒店管理专业要引入智慧酒店的概念,高校、培训机构与智慧酒店携手,共同培养符合新的岗位需求的智能型人才。

(2)科学设置培训内容

培训内容的设置直接关乎培训的质量。首先,培训的内容要结合当今智慧酒店的发展现状,并且结合未来酒店的发展趋势,对员工或者准员工来进行一些先进理论的培训;其次,我们要提高员工的信息技术技能,为他们以后操作智能设备打下基础;最后,我们要培养员工的沟通能力和语言能力,因为在智慧酒店当中员工的工作重点已经从原来的对客服务转向了对客关系的管理。

(3)优化教学模式,推行智慧教育

员工培训可以采取信息化的培训方式,智慧教育系统可以根据员工的不同情况来量身定制学习计划,虚拟技术和 3D 技术的发展可以使培训更加生动有趣,通过智慧教育可以让前厅部的员工达成终身教育的目的,这对增强智慧酒店的认知,提高相关业务技能有着很大的帮助。

（4）进一步增强服务意识的培养

高科技只是一种手段，核心还是在于服务。酒店的产品其实是一种用户体验，这并不是说高科技就可以完全满足的，过分地强调高科技反而会适得其反，让顾客觉得不舒服。科技应该以人为本，所以智慧型酒店的前厅员工更应该加强服务意识的培养，达成酒店智慧化与传统对客服务的和谐并存，只有将人才的工作做好了，才能为未来智慧酒店的健康发展打下坚实基础。

【知识链接】

在企业"互联网+"的浪潮中，华住推行的是"胖线上、快线下"战略，积极推进集团直销多渠道和平台化建设，坚持并持续推动全程移动化客户体验做到多个行业首创：华住云端 PMS、自助选房、自助入住终端、移动客房管理、覆盖社交网络评论的运营质检体系等，把会员从入住前到离店后的每一个触点都当成一个业务的入口，并将华住 App 与生活服务整合。下面将详细介绍华住"易系列"服务。

1. 易发票

针对"营改增"后带来的"开票难"问题，华住推出了发票预约服务。顾客预订华住旗下各品牌酒店并完成预付后，即可通过华住官网、App、官方微信等线上平台快速预留企业增值税发票信息，并预约发票。同时，也可于到达酒店后，使用大堂的自助入住终端机"华掌柜"在办理入住时预留发票信息。预留过的发票信息也可保存在顾客的华住账户中。顾客退房前，前往前台一键打印即可完成开票过程。这一功能得到顾客的广泛使用，目前已经有超过 200 万顾客在华住官方平台预留过发票信息，每天超过万人使用此功能成功打印发票。

2. 易入住，即华掌柜

酒店智能终端机"华掌柜"，从外观设计上看类似 iPad，右侧带有身份证刷卡槽。顾客通过预订终端，可闪电完成自助预订、支付、选房、身份证信息读取、登记入住、房卡自动领取、发票直联等服务，顾客的身份证信息通过技术直接上传系统，通过"华掌柜"，前台办理入住手续的时间从 3 分钟缩短至 30 秒，目前，该服务已经覆盖所有全季酒店。华住在行业内首推的自助选房，让住酒店可以像选飞机舱座位一样选酒店房间。

顾客事先预订酒店，入住当天 6:00 后，点击"自助入住"按钮进入选房页面，即可对酒店楼层和客房布局一览无余，房间位于几楼、是否临街、是否靠近电梯或公用厕所、是否位于拐角等都可以心知肚明，一起住店的同事或亲友也可以自行选择相邻房间，这给了顾客极大的自主权，充分尊重了顾客个性化的住宿需求。

3. 易公安

"易公安"并不直接对客户，而是对前台。即顾客只是把他的身份证扫描一下，系统自动识别完之后,会直接传给旅业系统。以前顾客入住酒店,前台需要拿身份证扫描一下,然后到旅业系统上进行身份证信息上传、比对等工作。而"易公安"不仅跟自助一体机相连,还跟前台的 PMS 相连,只要有顾客发生入住、延住、换房或退房,都会将数据实时上传,既避免了前台每一次的重复操作,也避免了因遗漏上传或更新所造成的不必要麻烦。这既优化了前台的工作流程,又让顾客入住变得更为简单。

(资料来源:旅行者联盟,2017-03-02.)

5.3 智慧酒店客房部运营管理

酒店客房区域是宾客在酒店停留时间最久的区域,也是酒店重要的收入来源,因此,智慧房务系统的建设是酒店企业提高管理水平和服务质量的重中之重。随着政府推动的"互联网+"行动计划的落地,加速了新一轮的传统企业结构调整,互联网思维通过"互联网+"行动进一步落地到智慧酒店建设中。

5.3.1 智慧酒店客房服务的重要性

同 20 世纪 80 年代率先学习西方国家先进酒店管理模式一样,酒店业进行传统酒店的转型升级也走在其他产业的前列,业界智慧酒店建设已经开展得风生水起。在智慧酒店房务系统建设方面,国内酒店无论是在宣传方面还是在行动领域,都做到了先声夺人:率先实现 App 客户端(微信)预订、无须总台自助入住、微信扫开门锁、自动会议签到系统、一卡通口禁系统、客房 iPad 或 App 智能控制系统等在酒店业的应用,成为酒店提升个性化服务品质、增加顾客体验的新举措。由于酒店前厅区域是酒店最早实现智能化管理的区域,智慧酒店前厅的建设往往是在酒店前厅管理系统方面进行进一步集成、升级原有的服务功能和增加一些新的信息化服务系统,总体架构变化不大。

因此,智慧客房的建设才是酒店智慧客房系统建设的关键所在。那么,究竟什么是智慧客房呢? 基于用户体验角度,智慧客房使用智能手机、iPad 等作为控制器,通过物联网技术,实现对酒店客房设施设备的自动感知和智能化控制,通过智能设备可以随时要求酒店客房服务人员给顾客提供便捷、人性化的服务,获得满意的入住经历。智慧客房实现顾客智能手机或平板电脑客户端为核心来控制房间应用设备,大大提升了体验感和提高了酒店劳动效率。基于酒店管理角度,智慧客房系统包括智能照明、智能安防、影音控制、智能窗帘、环境检测、物料控制等多模块,通过智能客房的建设能让酒店服务实现快捷舒适,安全方便,健康环保,从而让顾客享受到技术进步带来的梦幻体验。基于手机和 iPad 控制模块的构建,如图 5-2 酒店智慧客房系统。

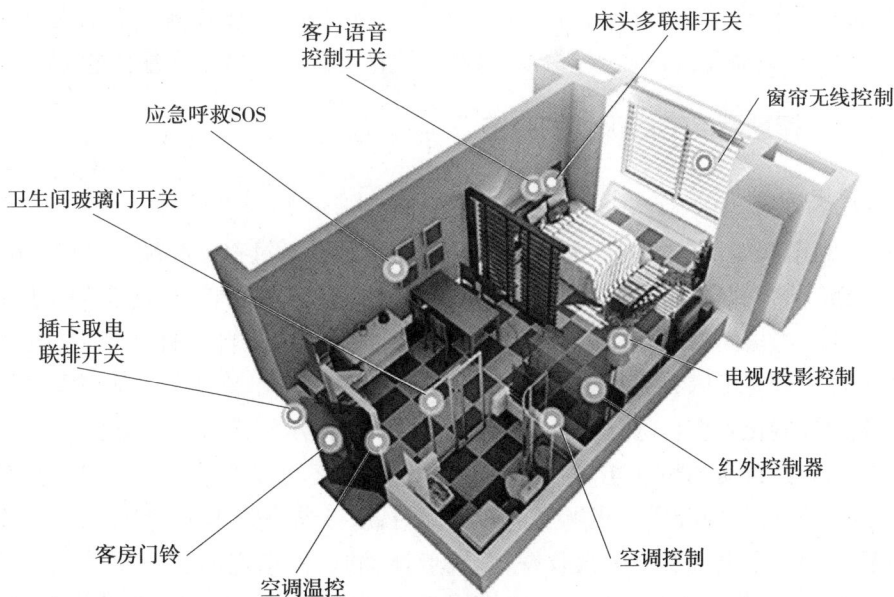

图 5-2　酒店智慧客房系统

目前,国内的智慧客房建设还处于起始阶段,建设目的仅仅停留在顾客体验环节。未来的智慧客房建设一定会从智慧、便捷的体验层发展到感知宾客健康的保健层。例如,酒店可以通过智能手环、智慧马桶等感知人体睡眠、体液状况,给顾客提出保健性建议。与智慧餐饮系统联通后,可以推荐顾客品尝酒店有针对性设计的健康食谱、体验适度的健身房锻炼方案等。因此,智慧房务系统不仅仅是移动客户端使用,也实现客房智能化、信息化、自动化管理;不仅仅是手机预订和扫一扫开口,而是在客房系统高度信息化的基础上、在保障顾客安全的前提下、深度关注宾客健康与个性化需求。例如国内维也纳酒店就针对国内顾客大多睡眠质量不高的情况下,打造了一套完整的酒店客房助眠生态系统。在顾客追求提升空气质量的情况下,酒店努力打造自己酒店中的空气质量安全,加装空气净化系统也是智慧酒店客房管理系统实现的一项要务。

5.3.2　智慧酒店客房服务存在的问题

（1）信息获取困难

酒店顾客大多都是外地游客或商旅人士,由于对当地情况的不了解,他们在获取当地的天气、交通、饮食信息方面就会比较困难,而酒店中就算提供这些信息,大多都是需要到前厅获取,可谓是相当不方便。

（2）使用其他服务较麻烦

其他服务主要指顾客在入住酒店期间想要获得一些客房服务,如添置被单、洗漱用品等,通常需要致电前台,再由前台通知楼层服务员实现;或者顾客希望预约一辆出租车等,都需要到前台,再由前台联系,这些问题都会降低顾客的入住体验。

5.3.3 智慧酒店客房服务的内容

（1）产品智能化

首先,利用智能设备实现产品智能化升级。当顾客通过移动终端办理好入住手续之后,分配给顾客的房间控制器将获得指令,自动打开空调,调节至适宜的温度,等待顾客的入住。当房间内部感应器感应到顾客进入房间后,将自动打开灯光、电视等欢迎顾客入住。顾客可以利用移动终端控制房间内部的灯光、电视、空调、窗帘等设施,实现真正的智能化操作。除此之外,客房还分为休闲、办公、睡眠几种模式,不同模式下房间控制器会自动调整灯光,电视、窗帘等设备,顾客可以通过程序一键切换不同模式,体验不同状态下的舒适。当顾客离开房间时,服务器将关闭所有设备,实现节能目的。客房采用智慧电视实现电视收看、影视点播、酒店信息查询、互联网使用、互动服务、互动娱乐一体化。康乐采用高尔夫模拟系统、自动报靶射击训练系统等智慧科技,有效解决娱乐活动场地限制问题,拓宽了酒店娱乐项目范围,满足了顾客多样化的娱乐需求。其次,利用先进科技实现对酒店设施设备的智能控制。例如利用智能照明系统调节灯光和背景,利用智能会议系统自动识别顾客身份,实现自动签到,智能统计已到场和未到场人数,以及每位宾客的会议足迹。

（2）服务智慧化

首先,利用智慧技术为顾客提供便捷的智慧服务。例如,利用 App、微信、微博、官方网站,其他旅游网站(携程、艺龙、途牛等),以及团购网站(美团、百度糯米等),为顾客提供智慧预订服务,并及时为顾客的特殊喜好做好准备,等候顾客的到来。利用网上银行、支付宝和微信等网络支付平台和手机、平板电脑等移动终端实现 B2C 快捷交易支付,为顾客提供智慧结算服务。其次,实现服务信息的实时传递和前台后台的无缝对接,提升沟通效率和服务效率。例如,当顾客接收到电子钥匙后,在程序中可以查看酒店内部的地图,并通过室内定位技术获取用户的位置,利用室内导航技术,推送给顾客导航,通过移动终端引导顾客找到自己的房间,为顾客提供便捷的服务。此外,顾客可以通过移动终端获得当地的各种天气、交通、旅游等信息,并据此安排自己的行程。当顾客需要客房其他服务如添置被单等服务或需要服务员帮忙时,可通过移动终端的客房服务功能直接将自己的具体需要发送至服务器,服务器则将这些信息直接发送至客房服务员端口,避免了经过前台的复杂程序。当顾客外出需要预约出租车时,也可通过程序中的预约出租车服务发送自己的需求,服务器将自动分配人员处理这些需求,避免了顾客跑上跑下的麻烦。同时酒店也可通过系统统一调配管理人员,实现高效人员管理工作。另外,酒店可以利用服务交互系统迅速将服务信息传递到服务终端,将顾客消费信息实时入账,彻底杜绝错单漏单现象。当顾客启用"呼叫服务"按钮时,服务终端能立即显示呼叫内容,保证服务及时到位,提高对客服务效率。最后,利用智慧技术实现宾客信息智慧共享,可以提高员工协作能力和对客服务水平。

(3)安全精细化

对于信息安全问题,客房之间实现 VLAN(虚拟局域网)隔断,而服务器则利用网络准入控制、安全加密等手段对所有终端实施。

酒店防盗监控通过安全门磁性和顾客控制系统联结,如果门内门禁异常,系统将提醒顾客注意财产安全。当顾客有访客访问时,访客按下门铃的瞬间便会激活门框上方的摄像头,访客的清晰图像便会在短短的几秒之内发送到顾客的手机或者客房内部的可视电话上,顾客便可以轻松确认访客身份,一经确认后顾客便可以使用手机或者可视电话开启房门。

在逃生指导方面,根据室内定位技术,结合酒店的建筑特点,系统自动规划的逃生路线将会出现在客房的显眼位置。当发生险情时,顾客可以在最短的时间内通过最佳路线离开酒店,在酒店的 App 和公众号的安全管理界面也可以查询到相应路线。移动终端实现了智慧酒店综合信息系统的互操作和数据共享,使顾客能够更方便、更及时地接收到信息。

(4)附加功能

酒店附加功能(广告)。在酒店的 App 或者公众号上出示赞助商的相关链接以及最近优惠的相关活动,给顾客提供便利的同时也给酒店和赞助商带来好处,实现三赢。

【知识链接】

华住"易客房"实现了房态管理的移动化自循环。顾客退房后,保洁员会根据先前的排班收到打扫通知。而假如这个保洁阿姨名下现有多间客房待打扫,而另外一个保洁阿姨可能她的顾客都还没有退出来,那系统会允许别的保洁阿姨去抢她的单,这大大提升了清扫人员的工作效率。并且,当保洁员完成客房打扫之后,系统会自动将房间状态更新到主管。

"易客房"还加上了"易维修"这个环节,比如说一间房间电视机坏了,保洁员只要通过"易客房"发一个需求,后面维修人员的调度也会跟着转起来。维修完成后,还可同步更新状态。而经主管确认后的 OK 房,则会通过系统自动更新至前台的 PMS 系统,前台便可进行新的销售、入住安排等工作。除此之外,保洁员、维修工程人员等的计件工资跟薪资系统也是全部打通的,因为每一间房间的工作量是不一样的,相应的工资也是不一样的计算方式。通过"易客房",这些工作都不再需要人工核算,无形之中提升了效率。

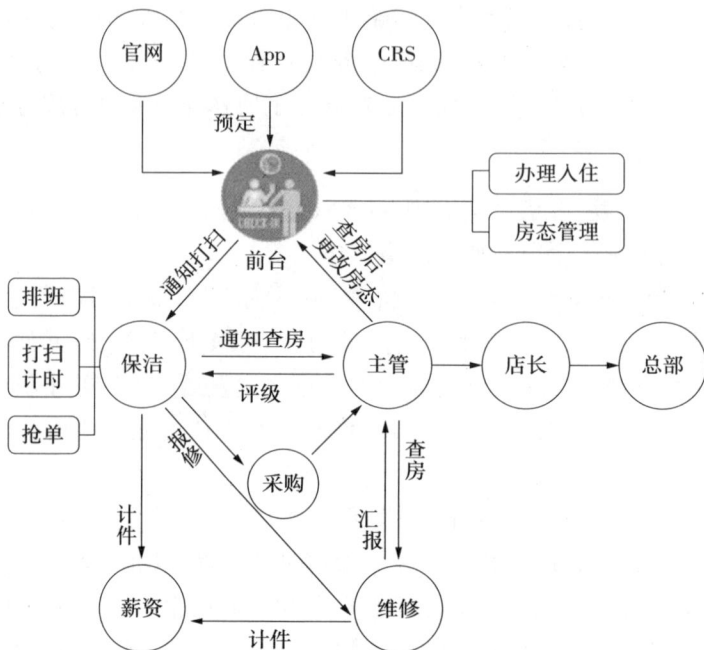

图 5-3　华住"易客房"流程

5.4　智慧酒店餐饮部运营管理

酒店餐饮的服务场所是社交集会的理想场所,它日夜不停地和住店顾客及店外顾客发生频繁接触。许多顾客会以点看面,将对餐厅的印象看成对整个酒店的印象。餐饮服务经营管理的好坏、服务质量的优劣关系到酒店的声誉和形象,进而影响客源。

5.4.1　智慧酒店餐饮管理系统

在智慧酒店中,餐饮是与客房同等重要的一个组成部分,经过酒店的多样发展,酒店的餐饮也开始进入科学管理阶段。酒店的餐饮管理系统不仅包括菜品信息、点餐信息、收银操作等,还包括餐饮部门在运转过程中的销售信息、劳动成本信息等,成熟的酒店餐饮管理系统能够帮助酒店的管理者更好地进行管理和操作,提高部门人员的工作效率,降低成本。

随着科学技术的发展、信息化程度的推进以及企业经营理念的变化,如今多数餐饮相关行业开始改变传统模式,注重提升用户体验,增强企业自身的竞争力。此外,还对餐厅的风格进行了调整,为顾客提供多样化的菜式,优化点餐方式,开始注重高科技技术在其中的应用。

以往传统的点餐方式是服务员将纸质菜单拿给顾客,然后用纸记录顾客所报菜品。在这种传统的点餐模式下,各个环节都要花费一定的时间,从而出现上菜慢、结账慢的现象,而且人工记录还会出现记错、上错菜的现象。而服务员在前台、后厨、大厅之间的来回奔波会对顾客的用餐情绪产一定的影响。随着移动客户端的出现,店家开始用平板或手持终端来代替手写账单,顾客点餐后,信息可直接送达前台和后厨,极大地提升了服务员的工作效率,餐厅的档次也得到了提升。现如今,手机、平板电脑等移动客户端的普及,使得顾客可以直接在自己的手机、平板电脑上进行点餐,线上线下都可以实现智慧点餐。这一模式的普及极大地满足了消费者日益增长的饮食文化需求,同时企业也能够从容地面对互联网发展给行业所带来的挑战,获取更多的商业价值。因此,有一套完善的餐饮管理系统是十分必要的,如图5-4所示。

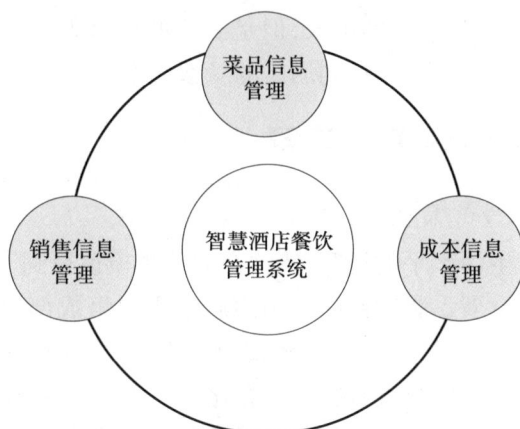

图 5-4 智慧酒店餐饮管理系统三要素

（1）菜品信息管理

菜品信息是餐饮部门所提供的产品信息,主要包括菜品基本信息、菜品改码信息、菜品部门/营业区、配方信息与套餐信息等,是酒店餐饮信息管理的基础。

菜品基本信息包括菜品的类别和菜品的原材料信息,是酒店给消费者提供的产品信息,有的酒店内还有不同的菜品部门,如中餐厅和西餐厅。套餐信息是酒店为了获取长期用户实现效益最大化一种方式,是多个产品的组合,便于提高酒店的收益。

（2）销售信息管理

餐饮销售信息系统存储和维护餐厅业务相关的数据,是将菜品信息与菜品销售进行关联。销售信息管理是以日结作为经营结束的标志,日志生成后,生成并打印日经营报表,包括日营业额、开桌数、用餐人数,统计和分析销售数据,包括消费时段(可以分为早餐、午餐、晚餐、夜宵等)。

某酒店餐饮部营业面积300平方米,大包厢和一个大餐厅,共计160个餐位。餐饮部的菜肴品种较少、口味欠佳,价格偏高,服务不太好,结果餐饮部生意越做越差。当年1—10月份除5月盈利2 793.12元、9月盈利7 719.22元外,其他各月均为亏损。其中,10月亏损919.93元,1—10月累计亏损40 455.25元。根据该酒店餐饮部的销售报表,需要对菜品进行价格调整和改良,餐饮部要扭亏为盈,就必须加强经营管理,增加花色品种,推出特色菜肴,要采取切实可行的措施,降低成本,增加企业利润。

(3)成本信息管理

成本信息管理是酒店餐饮管理中的核心内容。与酒店的客房不同,在餐饮成本中占主要部分的是可变成本,而餐饮原材料则是其中的核心内容。例如,后厨可以根据每道菜使用的原材料确定其标准用量,在菜谱中明确标明每道菜的标准用量,这样酒店的系统可以根据每天销售的菜品,对餐饮中使用的原材料进行登记。尽管这个标准用量可能与实际的消耗量有一定的出入,但是酒店的管理人员却可以以此为依据,来衡量和确定餐饮部门的工作,从而控制酒店的餐饮成本。

5.4.2　智慧酒店餐饮服务信息管理

(1)智能预订排叫号系统

近年来,随着人们生活水平的提升,餐饮企业的规模也得到了快速的发展,开始向连锁化、集团化的方向发展。餐饮部门作为酒店的重要组成部分,是酒店盈利的重要来源,在激烈的餐饮竞争下,科学化、营养化成为酒店餐饮的重要指向指标。在这种发展环境下,酒店的餐饮开始向高端、规模、信息化方向发展。信息技术在酒店餐饮中的应用,能够极大地提升餐饮部门的工作效率以及顾客的消费体验,因此,加强酒店的餐饮服务信息管理是酒店餐饮部门发展的关键。其中,排叫号系统是顾客在酒店餐饮消费的首要环节。

1)智能预订系统

生活水平的提升推动了餐饮行业的发展,具有广阔的市场规模,餐饮行业成为我国的黄金产业。酒店的集团化、连锁化发展趋势在某种程度上改变了以往酒店的餐饮管理,逐渐形成了标准化、科学化的管理,互联网的普及发展为酒店餐饮的发展提供了新的方向,形成了线上预订、线下交易的餐饮模式,将酒店的餐饮系统与顾客的移动客户端连接起来,不仅便于顾客的菜品预订,还简化了餐饮部门的工作,提升了工作效率。

酒店的餐饮预订主要是面对酒店的顾客,使酒店的消费者能够随时随地使用手机、平板电脑等移动客户端完成菜品预订。酒店餐饮具有广阔的发展前景,餐饮系统的智能化是如今酒店餐饮的主要发展趋势。如今酒店的智能化主要有移动 Web 应用、桌面 Web 应用、手机应用等多种形式。多种形式的实现都是建立在信息化基础上的,包括数据库、数据访问、预订业务逻辑等,如图 5-5 所示。

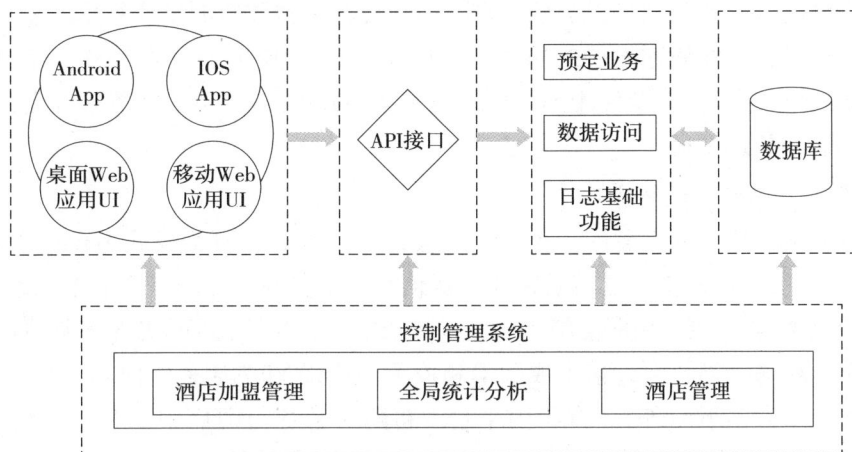

图 5-5 酒店信息化管理架构

面向酒店端的预订管理,提供两种方式实现:第一,平台提供酒店端预订管理 SaaS 应用,供酒店租用、定制面向自己酒店的虚拟化系统。第二,酒店仍然使用自己的餐饮管理系统,但需要做一些改造以便实现与消息中间件的通信,可使用平台提供的消息适配器组件来简化对餐饮管理系统的改造;对于某些预订服务平台需要但餐饮管理系统不具备的数据和功能(如酒店、房间及菜品图片管理),需要对餐饮管理系统做一些功能扩展。通过消息中间件,实现预订与点菜服务系统和酒店端预订管理的交互,包括预订信息交换、基础数据同步等。为了避免消息队列中消费消息的混乱,一个酒店只能选择一种方式,租用酒店端预订管理 SaaS 应用,或者使用适配组件改造酒店已有的餐饮管理系统。

2)智能排叫号系统

在互联网技术的支持下,餐饮中传统的点单方式发生了巨大的变化,开始向移动客户端方向发展,如美团、微信、支付宝等软件,将用户系统与酒店的餐饮联系起来,启用智能排号系统,使顾客明确看到自己的排号情况和等待时长,尽可能缓解顾客等待的焦急等不良情绪,提升顾客的消费体验和餐饮部门的盈利水平。

(2)自助点餐系统

1)基于 O2O 的餐饮模式

移动手机和网络技术的发展,给传统的餐饮模式带来了巨大的挑战,酒店餐饮要想获得长远的发展,只有顺应这一发展趋势,对以往传统的运营模式进行改革。例如,一些餐厅通过微信公众号建立餐饮服务平台,人们在微信平台中即可完成点单和支付的流程。该模式与顾客建立交互关系,降低传统收银模式中常见失误现象的频率。人们的点餐情况会直接记录在系统中,餐饮管理人员可进入系统数据库中查看该餐饮部门的详细情况,便于建立收支模型和核实账目,提升餐饮部门的工作效率。

在如今各行各业激烈发展的环境下,酒店应与社会中的各种发展趋势结合起来,注重互联网的使用,将普及使用的互联网技术运用其中,提升酒店的管理运营效率,从而实现酒店的长远发展。

2)酒店餐饮中的自助模式

自助模式是近年来兴起的一种新的运营模式。酒店的自助模式不仅可以通过自助终端来实现,还可以基于已普及使用的微信平台来实现。将酒店的点单二维码张贴在桌子或是顾客经常使用的地方,使顾客只需要扫描二维码即可实现下单,顾客可以随时加菜,点单完毕后,会直接生成账单和费用,为顾客和酒店提供便利。在餐饮中经常使用的除了微信平台外,还有美团平台。将购买系统与酒店中的其他系统结合起来,降低人力成本、提升工作效率是自助终端的优势,尤其是在新冠肺炎疫情下,自助终端的优势得到了充分的发挥,因其有效减少了人员的接触而得到了广泛使用。

(3)餐饮结算系统

1)餐饮结算的信息化历程

20世纪70年代,我国电子行业的发展初期,电子设备不仅产量较少,且价格极为昂贵,在民用建设中鲜有应用,因此当时服务业一直采用的是人工操作方式。直到20世纪末,电子设备开始广泛出现在人们的生活中,餐饮行业的结算方式也发生了极大的变化。总的来看,餐饮行业结算方式的发展历程主要包括以下几个阶段。

电脑收银阶段。电脑收银阶段实现了餐饮财务管理的电算化,实现了餐饮的信息化管理,于1986年出现在餐饮管理中。在该阶段,消费者就餐完后,收银台的工作人员将会直接把电脑上顾客的消费信息打印成小票,不仅省去了人工结算环节,还避免了人工结算可能带来的失误,提高了工作效率。

电脑收银、厨房打印阶段。在电脑收银、厨房打印阶段,实现了厨房与大厅服务的连接,提升了点菜系统的可操作性。首先,根据服务人员所提供的顾客的点餐信息,录单员将其录入电脑中,然后企业内的点餐系统将会直接将其数据传送至厨房,后厨直接根据打印出来的菜品信息进行烹饪。在该阶段中,减少了服务人员在大厅与后厨之间的奔波,加快了上菜速度。

手持点菜宝阶段。手持点菜宝伴随移动终端的出现而应用在餐饮行业中。顾客在点餐时,服务人员可以直接在点菜宝上实时输入,顾客的点餐信息会直接传送至收银和后厨,从而提升送餐速度,且服务人员无须在后厨与收银之间奔波,从而提升工作效率。手持点菜宝在使用初期主要应用于高档酒店餐厅中,但是随着互联网技术的普及,手持点菜宝的成本逐渐降低,也开始应用于中小型酒店餐厅中。

　　智能终端点餐系统阶段。科学技术的发展、社会的进步使得移动客户端开始与人们的日常生活紧密结合在一起,便捷的移动平板电脑作为电子点餐系统的智能终端出现在餐饮行业中。在基于平板电脑的点餐系统中,顾客不仅可以通过触屏了解菜品的价格和样式,还可以真实地查看菜品的原材料、烹饪方法以及图片信息等。这种点餐方式充分体现了以消费者为中心的理念,能够满足消费者的个性化点餐需求。该点餐系统通过直观、简单的点餐流程使消费者能够轻松完成点菜、加菜、结算、评价等,不仅提高了顾客的体验感受,也降低了餐饮部门的人力成本。

　　除酒店提供智能终端点菜外,利用顾客的手机来实现点餐也是智能终端点餐系统的另一种模式。顾客可以用自己的手机扫描餐厅桌子上的订餐二维码,然后通过酒店的点餐系统,直接在手机上完成点餐和结算。此外,当就餐人数较多时,顾客还可以扫描二维码查看排队情况,查看菜品的制作进度。

　　2)酒店餐饮的结算方式

　　在酒店的餐饮部门中,采用传统的结算方式主要有现金、银行卡、挂账、会员卡等。顾客就餐完后,收银员核算顾客的消费数据后,询问结算方式,如果顾客采用现金、银行卡的结算方式,直接进行结算。如果顾客采用挂账的结算方式,则需要查询顾客的住房押金,如果押金充足,则可直接挂账结算,然后将顾客的消费信息送至前台;如果顾客的押金不足,餐饮部门的收银员可先与酒店的总台联系,待授权后可挂账。如果顾客采用会员卡的结算方式,只需要确认顾客的会员卡余额充足即可。

　　由此可知,传统的餐饮结算流程需要花费大量的人力,且流程较为繁杂,所花费的时间也较多,繁杂的流程还增加了人工失误的风险。而信息技术以及互联网在餐饮中的使用,极大地改变了传统的餐饮系统,结算模式也发生了变化。互联网将酒店的各个部门联系起来,使酒店成为一个有机整体,不仅提升了酒店工作人员的工作效率,节约了成本,还提升了顾客的入住体验。

　　移动互联网技术的发展,部分酒店开始采用O2O模式,将线上和线下充分结合起来,很好地解决了顾客在点餐过程中出现的问题,具体表现为以下几点:

　　第一,降低酒店的人力成本。通过现代化的餐饮结算方式,顾客的点餐可以通过移动终端实现,服务人员并未参与其中,因此酒店的餐饮部门可以适当地减少服务人员的比例,从而降低酒店的人力成本。

　　第二,提高顾客的体验感受。传统的餐饮模式下,顾客只有通过纸质菜单了解菜品的详细信息,多数仅为菜品的价格和图片。而在移动终端中,顾客可以通过酒店所提供的电子菜谱,了解菜品的样式、原材料信息、烹饪方法等,使顾客获得人性化的消费体验。

第三,提升酒店餐厅的工作效率。在移动终端上,顾客可以查看酒店的特色菜品,根据自己的口味偏好点餐。待顾客完成点餐后,后厨可以根据直接接收到的信息进行制作。后厨也可以直接将原材料情况及时反馈给顾客,以便顾客进行退菜、加菜、换菜等操作,简化了点菜的流程,同时也便于餐厅及时更新菜单,提升了酒店餐厅的工作效率。

第四,自动结算。顾客在用餐结束后,可以直接在客户端上查看自己的消费清单和消费金额,然后在移动客户端进行结算。如果顾客需要开具发票,则可以直接在客户端上输入单位名称。如果采用其他支付方式,可以直接到收银处支付,极大地简化了结算流程。

第五,移动互联网支付。互联网技术的普及将移动设备带入我们的生活,极大地改变了人们的生活,人们的交易方式也发生了变化。O2O 模式的发展推动了移动支付和在线支付的发展,此外国家相关政策的出台也为移动支付和在线支付的发展创造了良好的环境,为行业的健康发展提供了保障。

互联网技术的普及发展改变了人们的支付方式,移动互联网支付成为支付的主流方式。移动互联网支付的便捷性使得人们在选择支付方式时更愿意选择微信钱包、支付宝之类的移动付款方式。因此,在酒店的运营过程中,应突破以往的支付方式,应用电子钱包的支付方式,与二维码的结合使用是电子钱包的显著优势,酒店可以在客房处张贴二维码,然后利用商家功能,将酒店的一些服务添加进去,顾客可以直接扫描二维码选择自己需要的服务,然后进行支付,不仅为顾客提供了便利,也简化了商家的收款方式,还便于酒店根据平台中用户的相关信息对用户进行分析,从而为顾客提供针对性较强的服务,提高顾客的消费体验。同时,酒店还可以通过互联网平台中的数据信息,快速建立收支模型,为智慧酒店的发展提供数据信息。随着互联网技术的发展,人们的支付方式也发生了巨大的变化,由以往的信用卡、储蓄卡开始向支付宝、微信等扫码方式倾斜。随着第三方支付机构以及国家政策的推动,移动支付将会成为人们支付的首要选择,给人们带来全新的消费体验。

【本章小结】

1. 智慧酒店与智能酒店不同,智能酒店更依赖于科技来实现酒店的集约化管理和员工的标准化服务。智慧酒店则是在智能酒店的基础上,从顾客自身出发,让顾客化被动为主动,自由组合酒店产品来定制个性化服务,在享受科技带来的便利之下,更能体现人的主观能动性。

2.智慧酒店运营的技术基础一般包括物联网、大数据与云计算、移动互联网与智能终端3种。

3.酒店智能化让烦琐的业务操作简单化,让前厅部门的工作人员省出大量机械服务的时间,使得前厅人员有更多的时间与住客交流,更好了解住客需求,不断提升酒店服务水平。

4.智慧客房是指酒店基于用户体验角度,智慧客房使用智能手机、iPad等作为控制器,通过物联网技术,实现对酒店客房设施设备的自动感知和智能化控制。通过智能设备可以随时要求酒店客房服务人员给顾客提供便捷、人性化的服务,获得满意的入住经历。

5.随着科学技术的发展、信息化程度的推进以及企业经营理念的变化,如今多数餐饮相关行业开始改变传统模式,注重提升用户体验,增强企业自身的竞争力。此外,还对餐厅的风格进行了调整,为顾客提供多样化的菜式,优化点餐方式,开始注重高科技技术在其中的应用。

【思考与练习】

1.试述创新智慧酒店运营模式的措施。

2.试述培养智慧酒店前厅部员工的途径。

3.试述智慧酒店客房服务的内容。

4.请结合实际案例,试述智慧酒店结算方式的优势。

【案例分析】

黄龙酒店位于杭州西湖边的曙光路120号,是我国首家具备全面高科技智能体系的商务会议型智慧酒店。这家具有28年历史的酒店由杭州旅游集团有限公司花费11亿元打造,共有602间豪华客房。黄龙酒店将射频识别、掌上电脑、无线通信及智能收费系统等技术应用于酒店运营管理中,共有20多个智能信息系统在酒店的智慧化运作中发挥作用。黄龙酒店打造智慧酒店的模式主要有以下3个方面。

1.提供智慧化的顾客服务体验

无线入住及退房系统。顾客只需通过酒店手机应用程序便可在室外远程完成入住登记、身份辨认及退房结算等手续,操作简单快捷。

客房智慧导航系统。黄龙酒店为每名顾客配备专属房卡,该房卡记录了顾客的基本资料,顾客只要手持房卡便能自由出入酒店。当顾客进入酒店后,走廊上的导航系统就会自动识别和读取房卡上的信息,通过通道的显示屏向顾客显示去往客房的具体路线。

智能电视门禁系统。当房门外有人敲门或按门铃时,客房内的智慧电视屏幕就会马上呈现门外的情况,顾客便能根据门外的情况决定是否需要开门。

智能餐饮管理系统。顾客在该系统上能清楚地了解酒店所有的菜品、食物营养成分及生产日期,便于顾客合理搭配食物,让顾客吃得更加健康,更加放心。

2. 采取智慧化的与客交互方式

以前,顾客需求需经过多次信息的转达才能得到满足,服务效率较低。黄龙酒店通过采用智慧化的与客交互方式解决了这一问题。这一智慧交互方式的实现要归功于酒店为每名员工所配备的智能手机。

减少信息传递环节。顾客只需在酒店的手机客户端上反映其所需要的服务,这一信息便会立即发送到每一位员工的智能手机上,而位于该楼层的员工就会及时地向顾客提供服务。

智能识别顾客身份。黄龙酒店的每位顾客都持有专属房卡,当顾客与酒店员工接近时,员工的智能手机便会自动识别顾客的房卡,手机屏幕立即显示该顾客的详细信息,此时员工便能面带微笑,亲切地用顾客姓氏来称呼顾客,并向顾客提供服务,这样便能拉近员工与顾客彼此之间的距离,使酒店和顾客之间建立起融洽的关系。

3. 执行智慧化的内部管理

智慧化的内部管理是智慧酒店的一个重要组成部分,它肩负着协助酒店管理者改进和完善酒店运营管理模式的重任,而黄龙酒店把内部管理的重点放在日常运营管理和会议管理两方面。

智能运营管理系统。该系统控制酒店所有的服务流程,包括对餐饮和客房等核心部门服务流程的监管。如果其中一个流程出现了问题,系统就会立即将问题情况转达给相关部门,员工便可在第一时间去跟进处理。此外,该系统可生成多维度的财务报表,并根据报表提出酒店运营的优化建议,让酒店管理者能及时掌握和改善酒店的经营状况。

智能会议管理系统。智能会议管理系统是黄龙酒店的核心产品,该系统具有统计与会人数和汇总整理与会人员信息等多种功能。例如,系统会为酒店准确计算出酒店各个展区顾客所逗留的时间以及进场人数,便于酒店管理者推出具有市场前景的酒店产品。

(资料来源:香嘉豪,张河清,王蕾蕾.我国智慧酒店建设研究——以杭州黄龙酒店为例[J].经济论坛,2017(6):121-123.)

思考:

杭州黄龙酒店如何实现创新业务运营管理模式?

第6章　智慧酒店客户体验管理

【内容导读】

随着时代的变迁,酒店行业从最初以追求效率为主导,注重以最低成本和低价批量提供标准化产品的模式,逐渐转向更加关注用户体验和人文关怀的方向。智慧酒店从场景到产品,不同于此前的智能酒店概念,作为实体产业,酒店智慧化的升级要通过人工智能、移动互联网、物联网、大数据、智能机器人等前沿技术,重塑产品和场景内容,带来新的增值服务,并在场景消费和场景服务中寻求突破,提升体验,最终赢得用户。本章将从客户体验管理概述、客户体验管理框架、服务流程再造与优化3个方面展开学习。客户体验管理的概念及特点、目标、影响因素、发展趋势构成了本章节学习的基础,回答了客户体验管理是什么的问题,本章重点回答了如何去构建客户体验管理框架,如何更好地设计适合数字化时代发展需要的服务流程,基于顾客让渡等理论,阐述服务流程再造与优化方法。

【教学目标】

1.了解客户体验管理的概念及特点。

2.熟悉客户体验的影响因素。

3.掌握客户体验管理框架。

4.了解服务流程的含义及特性。

5.熟悉服务流程设计的理论基础。

6.掌握服务流程再造与优化方法。

6.1 客户体验管理概述

6.1.1 客户体验管理概念及特点

以物联网、大数据、人工智能等高新技术为支撑的智慧酒店以其高效、智慧化的管理与服务,不仅满足了现今社会快节奏的工作和生活需求,而且实现了消费者对高科技的体验。据统计,全国智慧酒店每年以 10% ~ 15% 的速度快速增长,并迅速占领行业市场,给传统酒店带来巨大冲击,引领了现今酒店业发展的方向。展望未来,文旅消费活力加快恢复,以数字化、网络化、智能化为特征的智慧酒店正迎来新的发展机遇。新兴数字技术对客户体验产生了深远的影响,例如在传统场景下应用的人工智能技术、大数据分析技术、以及虚拟现实和增强现实技术等。客户体验是对特定刺激的非故意、自发的反应和回应,涉及认知、情感、身体、感觉和社会反应等不同维度。美国哥伦比亚大学的 Schmitt 教授在客户体验管理领域进行了最为广泛的研究,主要体现在如何开展体验式营销、实施体验管理的工具等多个方面。根据 Schmitt 在《客户体验管理》书中的定义,客户体验管理(Customer Experience Management,CEM)是"战略性地管理客户对产品或公司全面体验的过程"。这是一个真正注重客户的管理理念,认为客户关系的本质是由一系列个性化的情感交互所组成的,因此需要跟踪监测客户与企业交互过程中各个接触点的动态变化,从而对组织结构进行相应的调整。

客户体验管理的基本思想可以理解为:以提高客户整体体验为出发点,注重与客户的每一次接触,通过协调整合售前、售中和售后各个阶段及各种接触渠道,有目的、无缝隙地为客户传递良性信息,创造匹配品牌承诺的正面感觉,以实现良性互动,进而创造差异化的客户体验,强化客户感知价值,最终达到吸引客户并不断提高客户保持率,进而增加企业收入与资产价值的目的。不论是作为核心要素的"体验",还是客户体验管理模式本身,都具有不同以往的特征,并由此推动体验型企业竞争优势的确立。客户体验管理不但是体验经济范畴中一个非常重要的概念,也日益成为现代企业管理的基本战略选择与能力发展目标。即使某个企业或行业认定自己依然处在产品经济或服务经济阶段,其产品与服务也不可避免地日益成为"体验经济"的一部分。客户体验管理不可避免地在企业日常管理中越来越多地被涉及,在竞争中被用来区分成功者与失败者。

在构建客户体验管理时,需要从两方面进行。一是客观交互经历感知,通常反映的是客户客观的体验结果。二是主观心理层面感知,通常反映的是客户主观的体验感受。将这两种体验感知综合起来,就形成了客户对某一特定的产品、服务、品牌的体验。

CDP(Customer Data Platform,客户数据平台)作为数据支撑,可以提供交互经历感知的客观数据依据,同时也可以通过客户的行为数据、调查问卷等进行主观心理层面的感知预测和推理。

6.1.2　客户体验管理的目标

从当今的消费者行为来看,人们推崇以客户为中心的价值。这就要求要着重客户体验和感知价值培养。公司在实际的经营中,在全产业链上推体验营销,强化产品解决方案、产品交付以及客服销售三大功能系统的三角运行体系,把客户感知价值作为衡量经营工作的一个根本性质指标。希望在客户体验工作中不断优化,实现如下目标。

(1)优化客户体验方式

建立围绕客户的、整体的、全流程的体验方式,涵盖产品、技术、服务和市场活动多个方面,探索建设全价值链为客户创造最佳体验。

(2)提升客户体验价值,传递正向品牌效应

产品体验是基于目标市场,目标客户为中心,站在客户角度,了解客户行为地图,洞察客户需求,提供有价值的解决方案;需要对产品全流程接触点进行监听,通过体验模型、体验矩阵等工具和方法,改进关键体验,提升产品价值。客户体验团队应保持和客户的沟通参与,注重丰富、塑造品牌形象,传递正向品牌效应。

(3)完善运营架构,促进产品、技术、服务和市场的贯通

客户体验是一项需要分工协作的工作,需要结合市场需求和内部资源,设计和不断优化组织架构,运营策略,以及跨部门的产品和服务流程,打通产品、技术、服务、市场等各个连接客户之间的通道,进而形成对客户需求的及时响应和支持能力。

(4)以促进业绩持续增长为目标

增加客户体验应当通过不断提升客户体验来实现客户价值的持续提升,而非单纯的成本投入。一方面,是强调企业给予客户的价值;另一方面,也强调客户带给企业的价值,比如价格的提高,口碑效应等。客户体验不只是注重客户体验,更要注重通过体验管理促进业绩的持续成长。

6.1.3　客户体验的影响因素

酒店业被认为是一个高度基于体验的服务环境。顾客的体验包含了整个旅程,从

到达、入住到离开,其间与产品、服务、组织的一系列互动,接触到的各种因素都会影响顾客的感知和评价。创造令人难忘的顾客体验的挑战在于正确识别影响体验的特定特征,并更好地理解这些特征如何影响消费者的感知价值。20多年来,越来越多的研究人员致力于在不同酒店类型下(如度假酒店、精品住宿、品牌酒店、经济型酒店、民宿)验证顾客体验质量的前因变量。

影响酒店顾客体验质量的因素是复杂多样的,通过梳理国内外现有文献,结合上述对顾客体验质量概念的辨析,本书将酒店顾客体验质量的前因变量总结为三大类:物理环境因素、社会环境因素和个人价值因素。

（1）物理环境因素

物理环境是功能性的情境线索,由诸如视觉、嗅觉、味觉、声音和质地等因素产生的服务景观,如景观、味道、质地和大堂音乐。本书将影响酒店顾客体验质量的物理环境归纳为以下两项。

1）位置

酒店的地理位置是很多顾客选择的出发点,如周围有机场、商业区和购物中心等关键设施,它可以提供更好的体验。酒店位置被认为是顾客对酒店品牌整体评价的核心,因为顾客会被酒店周围的风景和自然美景所吸引。从战略上讲,地理位置对酒店业务至关重要。

2）氛围

住宿氛围是顾客体验评估的一个重要物理环境维度,它提供了顾客在酒店花费的时间价值的实现。顾客从"氛围"中获得的体验可以通过酒店的气味、声音和光线来触发。以往研究已经确定了一些线索,如室内温度、噪声水平、照明、音乐、布局功能、室内装饰、颜色组合,如果创造和管理得当,这些线索将在为顾客提供更好的体验方面表现出色。

（2）社会环境因素

社会环境是人文性的情境线索,是通过顾客所期望的人际互动来编排设计的。员工的态度、专业行为、主动性和外观,以及其他顾客的态度、行为、外观和社交等被认为是影响顾客体验质量的社会环境因素。本书将影响酒店顾客体验质量的社会环境归纳为以下4项。

1）与员工的互动

因为服务与员工的不可分离性,员工和顾客之间这种直接或间接的互动被认为是大多数服务体验的核心。顾客对酒店员工的态度、行为和专业能力非常敏感。顾客会注意到他们与员工发生的每一次互动,随之在他们的脑海中形成印象,成为对酒店整体体验评价的一部分。

2）与顾客的互动

这是对顾客之间互动优越性的感知判断。一些研究者指出，异常的顾客行为，如站得离别人很近、大声喊叫或打断与员工的对话，会破坏其他顾客的体验。另外，对其他顾客表现出适当的行为、尊重其他顾客的隐私和知识渊博的顾客，会对其他顾客的体验产生积极的影响。

3）价格

价格是顾客做出惠顾决定的一个线索，用来决定期待什么，并根据他们支付的价格来评估体验的质量。酒店通常将定价与定位和品牌战略相结合，施行各种各样的定价策略，如是否包含使用互联网、停车位和早餐，都会影响顾客入住体验。房间价格因地点、时间和预订渠道而异，使得顾客体验差异也很明显。

4）口碑

口碑是指顾客交换有关服务的信息，从而在市场上传播相关信息的一种方式。由于酒店服务的体验性质，口碑传播被认为是更可靠和更可信的。口口相传的内容是一个强有力的信息来源，对服务消费中的顾客体验有正向影响。

5）当地文化

深入体验当地文化的消费者更可能拥有愉快的旅游体验，并对当地人留下良好的印象。例如，在目的地使用独特的交通方式（如美国阿拉斯加的狗拉雪橇、沙漠里的骆驼等），住有传统风格的住宿（如蒙古包、贵州的吊脚楼等），逛能与当地人互动的地方（传统市场等），都将增强个人的当地文化体验。

（3）个人价值因素

个人价值是顾客在与物理环境和社会环境的直接和间接互动过程中生成的心理、象征和认知结果。本书将影响酒店顾客体验质量的个人价值因素归纳为以下5项。

1）享乐

享乐是大多数顾客入住酒店都想获得的精神满足感。顾客让自己完全沉溺享受在酒店所营造的新奇、美丽、兴奋的度假氛围中，从而进入一种愉悦放松的状态，并且事后乐于向别人分享此次体验。

2）逃避现实

这是一种高度强化的体验。顾客深度融入酒店的物理环境和社会环境，从现实的琐事中逃离出来，远离支配他们生活的规范和价值，享受和娱乐自己，寻找有意义的生活，忘却时间的流逝。

3）审美

在审美体验中,顾客重视酒店的美学效果或视觉吸引力,喜欢置身于酒店环境中,而不影响或改变呈现在他们面前环境的性质。顾客的惠顾在很大程度上受到企业物理环境和服务环境特征的影响,审美体验是酒店评估和整体体验的重要决定因素。

4）学习

顾客从参与服务的过程中获得知识。这种体验调动了顾客的头脑(智力教育)或身体(身体训练),并激起了他们学习新知识的欲望。顾客本人在他们的学习体验中扮演了重要的角色,这种体验被看作积极的参与。

5）安全保障

处于陌生环境中的顾客往往把酒店视为一个重要的避难所。大多数服务行业主要的安全问题,与产品和服务程序有关,酒店也是如此。酒店顾客对安全措施把控更严格,接受并乐意为其支付更高的附加费用。

6.1.4 客户体验管理发展趋势

为了实现广泛触达消费者、优化消费体验的目标,制定全渠道、多场景的体验策略逐渐成为各大企业的共识。基于此,企业更加重视体验管理的落地执行,体验管理逐渐"去虚向实",呈现出数据化、场景化和平台化的发展态势。

（1）数据化

数据在体验管理中的角色仍旧是帮助组织更好地了解客户,但同时,数据本身和体验管理对数据的需求也在不断改变,体验管理数据化的态势由此而来。

首先,数据本身在延展,交易数据在向交易前后延展,触点数据在向旅程两端延展,节点数据在向上下游延展。

其次,体验管理对数据体量的需求在改变,大数据对传统调研的影响和辅助并存。对于企业而言,数据量级只要能解决体验问题即可,并不追求不必要的大数据和大样本调研。此外,体验管理对数据指标也更加挑剔,除数据本身的敏感性、有效性、准确性外,还需要数据的关联性、代表性、可落地性,体验管理数据指标池的门槛也随之越来越高。

最后,数据融合愈发重要,体验数据(X-Data)与运营数据(O-Data)的融合已被提及多年,现阶段的核心重点在于厘清哪些"X"与哪些"O"融合对体验管理更加有效。更重要的是,O-Data 部分通常发展历史、成熟度均高于 X-Data,因此,X-Data 应主动向 O-Data 对齐并不断细化 O-Data。我们认为,这是当前比较有效的数据融合方式。

数据的多元化。在以体验为中心的管理运营中,数据本身的作用并没有发生变化——依然是帮助企业更好地了解客户。但随着科技发展,企业了解客户的维度和渠道更加丰富，与客户相关的数据信息也愈发多元，客户体验数据的来源早已不再局限于调研体系和客服系统中。大数据环境下，客户不经意间的行为都会留下数据痕迹，成为了解客户的重要线索。未来，要构建完善的客户体验管理体系，契机在于如何将千丝万缕的线索串联起来，据此真实还原客户心理、合理预测客户需求，形成以数据为基础的客户运营体系。同时，还要与体验管理的关键节点相关联，最终实现体验数据的价值。

数据的延展性。客户数据的持续发展和扩张给体验管理更多数据可能性，体验数据正在沿着客户旅程向两端不断延伸，并在延伸过程中持续优胜劣汰。虽然数据本身并无优劣之分，但数据对体验管理来说却有好坏之别，也正是这种差别，使数据在延伸过程中完成自我更新和迭代，比如体验改善需要更有抓手的数据、客户运营需要更有客户视角的数据、品牌营销需要更有结果导向的数据。这正如大浪淘沙，几番甄别，使体验数据变得更加充实。当前，体验数据具备很强的关联性和融合性，也就是说，体验数据不再局限于指标本身，而是涵盖了其背后一整套体验管理机制和运营逻辑。

客户核心行为数据。客户核心行为是区分场景的。在体验管理场景化的今天，不同场景的客户需求、体验触达、客户感知有所不同，这也是差异化体验、定制化服务等体验相关字眼不断被提及的原因。但是，体验管理需要在纷繁复杂的场景化趋势中找到客户的核心行为，这些行为要能与客户需求、客户感知相关联，决定了企业在场景中对客户体验的触达方式和渠道。

X-Data 与 O-Data 的融合。体验数据要赋能企业的决策和战术，需要兼顾客户感知和企业运营的特点，这也是 X-Data 与 O-Data 结合使用的重要原因之一。当前，行业对 X-Data 和 O-Data 的梳理已经相当成熟，两类数据所构成的指标池不断完善。对于任何企业来说，虽然可以从中挖掘信息，但也带来巨大的数据搭建成本等压力。因此，体验数据影响企业策略的关键并不在于两类指标的大小，而在于两类指标池的融合方式。同时，其中也蕴含了企业的经营逻辑选择，即运营导向还是体验导向。导向不同，则指标池融合时的主导指标和协同指标也有所不同。

数据的整理和使用。体验管理对于数据的应用可以说层出不穷，从数据清洗、整合、建模到数据分析、检验和展示，多样化的方法论、统计模型、咨询模型、用研模型不断涌现，这当然能使数据得到更好的整理和应用，但也容易让企业开展体验管理时忽略数据最原始也是最有效的作用——量化评判。事实上，体验管理初始目标之一就是评判体验的好坏，因此企业才引入量化指标。企业希望利用指标数字的大小和不同维度间的比较，来帮助企业判定当前体验水平的高低以及在行业内的位置，而这些可能需要的只是一把尺子或一个阈值，但这既是体验管理的本源，也是数据的本质。

（2）场景化

数字化时代，人机交互在越来越多场景中得以实现，这也使得客户体验管理需求呈现场景化、碎片化的发展趋势,并且这种趋势已融入体验交互的各个触点上。目前,除了要通过人机交互力求为消费者提供便利,同时还需要在此基础上进一步关注人际交互,准确地说,是通过人机交互来唤回人际交互的机会和设计场景。所以,我们更需要"人机"与"人际"融合的场景化体验。总而言之,场景化体验将成为客户旅程核心纽带并发挥重要的连接作用。未来,随着场景化客户触点逐渐增多,客户旅程将在宏观、中观、微观不同层级呈现集合式发展。其中,旅程的集合化将以场景为核心点,向上是宏观旅程的统筹和串联,向下是微观旅程的触点分析。整体上,宏观层面负责对场景的协同梳理,中观层面完成对场景的选择和体验设计,微观层面强调对场景的下拆分解。

随着数字化进程的持续加速,越来越多传统服务场景向线上转移,线上化触点也随之增多。过去,以产品为中心的商业模式使同质化趋势越来越明显,企业为了争夺更多与客户交互的时间,不得不从过去的单一触点外延到贯穿客户全生命周期的各个环节。发展到今天的移动互联网时代,客户与企业互动的旅程已经跨越整个生命周期。从客户最初对品牌产品认识、接触,到对产品持续关注、购买,再到使用、推荐、复购等等,每个环节都已设计出各种方式的场景和触点。单从品牌认知环节来看,就有朋友推荐、线下广告、线上内容营销等多种场景触达方式。所以,想要全面进行客户旅程梳理,不仅需要以全生命周期视角切入,还要兼顾不同场景颗粒度,对客户旅程层级也要有层次划分。以下是从宏观、中观、微观 3 个层面进对客户旅程的分类(图6-1)。

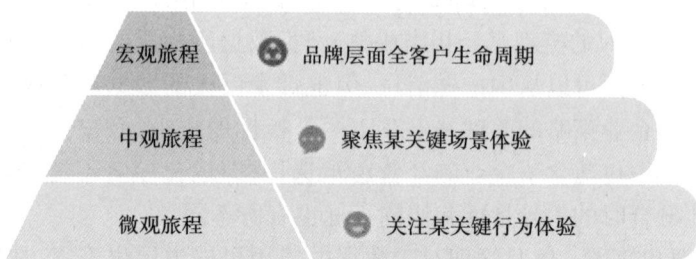

图 6-1 客户旅程层级

总体来说,宏观旅程主要是从品牌层面、全客户生命周期的视角来展开,中观旅程是在宏观旅程之下,聚焦某个具体重要场景或业务体验,微观旅程则是在中观旅程之下对某关键行为的体验洞察。

线上化的旅程地图为旅程下各关键触点的线上化改造和迁移提供了便利,比如零售业从传统的线下营销向线上抖音、快手、B 站、知乎、小红书等内容营销转移,同时还与私域客户经营、个性化服务体系无缝衔接,形成全生命周期、全链路的体验管理。此外,通过上述关键触点的线上化迁移,企业可以基于触点做卖点监测、调研问卷投放等洞悉客户体验动态,形成贯穿售前、售中、售后的数据化管理闭环。更进一步,通过将旅程地图与业务场景线上化结合,还可形成从场景服务、线上消费、交易与体验服务的生态闭环,将有效提升客户体验、为客户提供"不离场"的体验服务,从而提高客户黏性与综合价值。在对各触点上体验数据的动态监测中,对于那些触碰红线的低分体验和敏感信息,可自动触发预警机制,通过工单派发到对应部门,可快速推动红线问题的受理和整改。这将最大限度降低监测不到位、整改不及时等导致负面体验的概率。

（3）平台化

数字化催生了更多客户体验触点产生并呈现爆发式增长,企业对客户体验的"外求"趋势也越来越急迫,进一步促进企业从单一视角向全生命周期的体验观察转变,以便于更精细化的需求解析、策略制定等。客户体验管理平台可以集成来自不同客户触点上的客户体验数据,帮助企业实现多维、实时、可视的客户体验洞察。客户体验管理平台既可以洞察到客户的 NPS、CSAT 等结构化体验数据,也可以捕捉外部平台的社交反馈、评论等非结构化数据等,基于 AI、NLP、知识图谱等方式实现体验数据分析与呈现。进一步地,企业基于体验管理平台中 BI 仪表盘等模块,将清晰看到围绕客户旅程场景相关的客户态度、感受、行为等数据,如客户标签、客户名片、客户行为足迹等,助力实现对客户体验的整体把握、进而采取相应的体验提升行动与举措。随着客户"非接触式"的消费习惯持续,数字化趋势只增不减,企业基于平台化的客户体验管理体系实现端到端的体验洞察逐渐成为刚需。平台化的体验监测与管理,可以辅助企业形成具有深入洞见的强大实用性与商业价值的决策与战略,将成为企业数字化转型的重要抓手。

人工智能、大数据等智能化技术正在各行各业中加速渗透,这将有助于客户体验管理更精准地挖掘客户、描绘客户画像、促进与企业或品牌更契合的价值主张养成,以客户体验管理平台为核心的客户体验生态系统正在形成。客户体验管理平台正在与其他生态系统工具密切结合,这将成为更多企业提供解决方案的底层技术。在国外,在国外,以 Genesys 客户体验云平台为代表的客户体验管理平台,不仅提供自身产品,还集成了外部合作伙伴和开发者的各种应用及数据,例如 Adobe、Microsoft、AWS、Oracle 等,旨在构建一个全面的客户体验生态系统。客户体验生态系统正是为契合企业自身属性、适用战略发展需求而形成和壮大的,这恰恰体现了客户体验的个性化——企业即是客户体验管理领域的"客户"。当客户体验管理平台与其他应用链接合作时,企业所需要的定制化体验管理解决方案也将成为现实。

6.2 客户体验管理框架

6.2.1 客户体验管理实施路径

客户体验是基于客户的自身状况,由企业行为所激发的情绪和感受。因此,客户体验的产生与否首先源于客户的需求,不同的客户有不同的需求,经历相同的过程会有不同的体验;同时,客户体验的发生涵盖了购买前、购买中以及购买后等各个阶段。企业如何获知客户的需求和体验的实现状况,也即如何识别客户体验是对客户体验加以管理的先决条件;企业的努力如何奏效是客户体验管理的核心内容;而企业与客户牢固情感的建立则是客户体验管理的目标所在。由此可以规划出企业实施客户体验管理的路径,企业的换位思考—对客户需求的识别—针对客户需求创造并传递体验—通过客户的重复购买与否获得其行为反馈信息—提升与客户的情感联系。

具体来说,企业要能准确识别客户的需求,首先必须能站在客户的角度来看待问题。通过换位思考,站在客户的角度重新审视客户与企业交互过程中的所有接触点,在这些接触点上客户都期望能得到什么样的感受(企业实际能否满足这些期望);同时,客户与企业交互的时间越长,对企业的期望也会越高,越苛刻(企业能否及时识别处于客户生命周期不同阶段的客户特征及其期望并因人而异地给予满足)。企业还可以利用向客户直接询问的方式(如群组访谈和市场调查)来进一步证实自己的结论。所有获得的信息,都可用来指导下一步对客户接触点的整合管理,以及客户体验的创造与传递。企业的努力是否得到了预期的回报,这可以通过观察客户的重复购买行为及其他反馈信息来验证;当然结果有可能是令人失望的,这就表明需要重新来设计客户体验整合管理的策略措施。无论如何,最终目标是通过体验增强企业与客户之间的情感联系,进而获得更加忠诚的客户群体。

遵循上述路径,企业有望在长期经营战略的框架内实现对客户体验的管理,并使之为经营战略目标的实现服务。

图 6-2 客户体验管理的实施路径

6.2.2 客户体验管理框架的构建

作为一种旨在改善企业与客户之间关系的新型管理机制,客户体验管理不仅体现了"以客户为中心"的管理理念,而且体现了"以客户为中心"的品牌设计理念,服务营销理念等。在实际操作中,从战略定位到产品的设计开发与服务流程的制定,从客户接触点的布置到服务的提供,无不蕴含着提升客户体验的思想;企业要实施客户体验管理,必然要掌握与此相关的一整套策略,因此有必要构建实施客户体验管理的完整框架。

在已有研究的基础上,本书认为完整的客户体验管理框架主要包括客户体验需求的识别、客户体验的影响因素分析、客户体验的设计与传递以及客户体验管理实施绩效评价等核心内容。该框架既对应于实施客户体验管理的两个层面,即客户体验需求识别和客户体验设计,又强调了对实施过程和结果进行监测评估的重要性。

(1)分析客户的体验世界——客户体验需求的识别

客户体验需求识别是企业实施客户体验管理的首要步骤,目标在于促进企业对客户体验世界的洞察和了解。对客户缺乏洞察而导致企业失败的例子不胜枚举。企业如果不能及时认识客户体验需求的多样性与动态变化性,必然影响客户对于价值实现的认知。例如,在某些情况下,企业力求通过不断地降低价格来为客户提供"最好的交易",但很多客户并不只是对低价格感兴趣;相反,过低的价格反而有可能影响客户对企业所提供产品服务优良品质的体验以及对企业的忠诚。

客户体验需求的识别需要满足以下几点要求:首先,客户体验需求应尽量对应于客户的价值需求,这是不言而喻的;其次,客户体验需求应有相对明晰的概念区分度;最后,客户体验需求应能对应于企业的管理策略措施,确保实际的可操作性。

任何一个企业在为客户创造和传递体验时都不可能兼顾所有的市场,所有的客户,企业必须考虑其品牌定位,潜在客户市场的细分等因素,确定哪些客户细分市场对企业来说是最有价值的、最有价值的客户具有哪些特征、企业如何才能有针对性地为其传递有价值的体验等等。因此,对细分市场客户特征的分析以及客户需求的认知是对客户体验加以管理的先决条件。在此基础上,通过对所识别出的客户体验需求进行分析和归纳,可以提炼出一定的体验主题,如对便利性的体验、自主掌控、选择多样化的体验、享受服务的同时能获取知识的体验,彰显身份倍感荣耀的体验等等。这些主题将是企业在客户体验创造中努力的目标,是要向客户传达的明确信息和承诺,也是树立企业品牌形象的起点。只有使客户感受到这些体验主题,才有可能实现高层次的价值体验,如欣喜、新奇、震撼、沉浸其中、娱乐、享受等。

（2）客户体验的影响因素分析

每一个体验主题必须由一些关键的、客户驱动的能力所支撑，因此，落实客户体验可控性的关键方面是要把握影响客户体验创造的各种因素。而体验是客户在与企业进行交互的过程中产生的各种感受，因此，可以从客户和企业两个角度来分析体验的影响因素。从企业角度来讲，影响客户体验创造的因素可以归结为产品、服务、环境、品牌、员工等；从客户角度来讲则包括客户的需求动机、个性特征以及知识水平等。

为了创造尽可能完善的体验，客户体验管理要求企业不仅要了解客户的动机，更要了解他们的即时情境。基于这些信息，企业便可操控各种因素设计客户体验，并通过整合各种因素对客户的需求作出快速的响应，力求从各个接触点，从每个细节处为客户传递理想的体验。总之，客户体验管理注重产品和服务中所附加的体验，而非产品和服务本身；注重与客户交互的环境，而非单纯的销售与否，注重创造和传递体验的人，而非僵化的流程与管理制度。

（3）客户体验的设计与传递

客户体验的设计与传递是客户体验管理框架的核心内容，通过操控产品、服务、环境、品牌、员工等影响客户体验的因素，关注企业与客户交互的不同阶段，企业可以为客户设计和传递符合其需要和价值层次的特定体验。

对于产品、服务和环境等物理要素而言，应该主要考虑要素的各类属性对体验设计的作用和影响，如产品的功能属性和外观属性、服务流程的设置所体现出的效率和客户关怀、环境布置所营造的氛围等。发掘有助于提升客户情感体验的要素属性，控制不利于积极客户体验的属性，可以确保有效的客户体验设计与传递。

品牌、员工等要素虽然也拥有若干有形的物理属性，如品牌名称和标识、员工的仪表，但其所引发的各类关系（如企业与客户之间的交互关系以及在更广泛意义下客户之间的关系）则成为客户体验的重要来源，因此称之为关系性体验设计要素。一方面，通过为客户创造生动独特的品牌体验，可以有效降低客户对购买风险的认知，提升客户关系水平。另一方面，为了建立与客户的全面接触、实现企业与客户之间的良性互动、为客户创造差异化的独特体验，员工发挥着最为直接的作用，因此在员工招募、培训与考核中必须考虑客户体验传递工作的特殊要求。

（4）客户体验管理实施效果测评

对客户体验的测量源于对客户体验创造和传递结果的有效性进行验证的要求。客户体验是否得到切实的满足与提升，必须以测量结果作为佐证，如果不能进行测量，企业既无法确定自己以往旨在向客户传递及提升特定体验的措施是否得力，也不能发现影响客户体验创造的关键点所在。因此,客户体验的可测量性是客户体验管理框架中内含的要求,同时也为客户体验管理信息系统平台的开发奠定了基础。

对客户体验进行测量的研究目前还比较有限,但类似的案例如客户满意度测量、客户生命周期价值的计算等均可作为参考。客户体验的测量属于心理学测量的范畴,需要解决以下几个问题。第一,是否要像客户满意度测量那样设定一定的理论基准,如客户期望、竞争对手水平等,客户体验中有一些是客户事先可以预期的,这些预期即可设定为测量的对比标准;而另外一些则是出乎意料的,不存在对比标准。第二,如何设定测量的范围和内容,如果像客户满意度测量那样事先设定测量的范围,是否会先入为主,影响信息的获取?对于成形的体验主题可以直接设计问题来进行测量,而尚无定论的方面则需要以更为开放的方式来采集信息。第三,测量实施的方式是市场调查还是群组访谈?调查对象是实际客户群体还是另外包括潜在客户群体?对于成形的客户体验主题的测量可以进行大规模的市场调查,在最初划分主题维度时可以群组访谈来征集问题、判断形势;调查对象则根据要解决的问题来确定。第四,测量结果的利用方式,定量分析还是定性分析?客户体验应该以何种方式来体现?

对上述问题的回答可以为未来客户体验测量的实施提供指导,而实际的测量与客户体验管理实践是在相互促进过程中不断得以完善的。另外,在实施客户体验管理的过程中,企业还可以开发利用各种体验测量工具,如客户体验品牌化评估量表、客户体验记分卡以及企业绩效考核等手段,并考察客户的重复购买行为与相关反馈信息,对客户体验管理系统的奏效与否加以评估,并据此校正策略偏差,考虑是否重新设计客户体验管理流程。客户体验管理框架如图 6-3 所示。

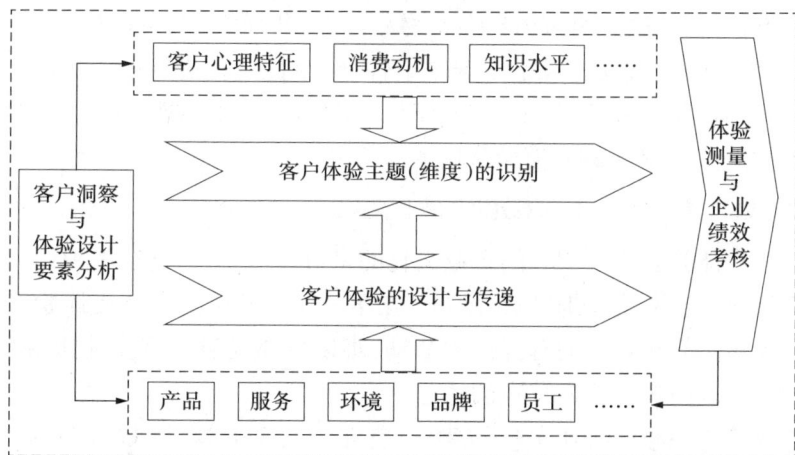

图 6-3 客户体验管理框架

6.2.3 客户体验优化策略

（1）实时个性化推荐

客户正在面对各个渠道的许多信息，在这个信息过载的时代，优秀的个性化推荐可以提升客户体验，更好地留住客户。同时，在产品品类和产品过多时，个性化推荐也能解决"热门的产品更热门，冷门的产品更冷门"的问题。这里列出3个场景可以使用个性化推荐。一是客户无需求，但需要提升客户黏性。可以设置猜你喜欢、个性推荐等模块，根据客户行为进行个性化推荐。二是客户有明确需求。帮助客户更快找到自己需要的产品。通过客户的浏览行为，包括搜索和浏览的记录，提炼客户的兴趣点，对搜索结果进行个性化推荐优化，提高客户搜索效率并缩短客户的搜索路径。三是上新产品。通过客户的最近浏览、最近关注、关注的品类特点等，对新品进行个性化消息推送。

数据和算法是个性化推荐的两个重点。CDP（客户数据平台）的客户浏览行为、交互行为、客户标签等可以作为个性化推荐的数据来源。个性化推荐常见的算法有以下几种。

基于内容推荐，分析用户看过的内容（历史内容等）再进行推荐。基于用户的协同过滤推荐（User CF），为用户推荐和他有相似兴趣的其他用户喜欢的物品。基于物品的协同过滤推荐（Item CF），为用户推荐和他之前喜欢的物品相似的物品。基于标签的推荐，通过用户行为为用户打上标签，通过给用户打标签或是用户给产品打标签为其推荐物品。隐语义模型推荐（LFM），通过隐含特征为用户推荐与兴趣匹配的物品。社会化推荐，通过社交圈为用户推荐物品。根据时间上下文推荐，利用用户访问产品的时间来优化推荐算法，或是根据季节性、时令性变化进行推荐（如春节推荐春节相关物品）。基于地理位置的推荐（LARS），根据用户的地理位置进行推荐。除此之外，协同过滤也是Look-alike模型常用的算法之一。

（2）建立以客户体验创造为核心的企业文化

建立以客户体验创造为核心的企业文化的宗旨，就是努力营造一种让员工充分发挥创意与潜能的企业文化氛围，以帮助员工更好地为客户创造和传递体验。客户体验的创造是一种富于创新意识的有弹性的活动，难以想象通过制定企业服务标准、按部就班地执行就可以向客户传递特定的体验。

以客户体验为核心的企业文化的建立，首先需要企业树立"以客户为核心"而不是"以产品为核心"的管理理念。在传统的客户关系管理中，尽管企业愿意奉行"以客户为导向"的原则，但在实际运作中大多数企业始终未能摆脱企业内部资源的束缚，最终导致他们并不是站在客户的立场，而是以企业所能提供的产品和服务为出发点来看待问题。酒店需建立完善的顾客意见收集机制,加强与顾客的深度沟通,鼓励员工多与顾客交流,以部门为单位,每日收集顾客意见,每周汇整和讨论,并每月进行酒店层面的会议讨论。同时,为保证可以在后续将反馈通知到顾客,还应在收集阶段请顾客提供他们方便的联系方式,如电话、微信或者邮箱。在之前进行的顾客和员工访谈中,双方普遍表示很多时候向酒店提出了建议或问题,但问题仍得不到解决,建议也没有被采纳,导致服务并没有改善。因此,建立酒店与顾客间的反馈机制,一方面对顾客而言,可给予顾客明确的答复,使顾客感到被重视,获取顾客的信任,赢得忠诚的客户;另一方面,对于酒店内部员工而言,当员工得知酒店在积极地解决顾客的问题和需求时,也可让员工感受到酒店对顾客的关怀,从而增强员工对酒店的信任感和忠诚度。

在雷达思维的基础上,建立酒店与顾客间的反馈机制。所谓雷达思维(RADAR),是下面几个单词的缩写:发现 Realize、评估 Assess、决策 Decide、行动 Act、检查 Review。发现问题,分析问题,找出导致问题的根本原因和问题的相关方;评估问题,找出问题的根源和相关方后,可以发动团队成员进行开放式的头脑风暴,共同探讨,发挥员工的主观能动性,让他们在过程中成为观点的主要提供者,汇整大家提出的方案;决策,统观所有可行性方案,找出最佳的可行性方案,并确定方案实施的相关部门和人员,明确职责,如果属于一次性的解决方案,还应明确完成方案实施的截止时间;行动,实施可行性方案,并通知顾客,邀请其在下回光临时可以再反馈体验感受。当然不排除问题可能在现阶段并没有很好的解决方案,这时候应考虑如何向顾客进行反馈,制订话术,取得顾客的理解;检查,监督方案的执行,如果方案没有达到预期,则可以随时进行调整。通过运用雷达思维,使顾客与酒店之间的沟通形成一个闭环,当顾客发现他们提出的问题有得到改善,他们则会对酒店产生信任感,当下次再发现问题时,他们不会置之不理或者投诉,他们还会通过建议的方式给到酒店员工,因为他们知道酒店会给予反馈。

酒店还应通过顾客参与的方式帮助酒店实现服务创新。de Larrea 等人(2021)提出顾客参与将为新服务发展和现有产品迭代提供关键的灵感来源。在先前进行的顾客访谈中,顾客普遍表示愿意参与到酒店的服务、产品的创新中来。顾客都想要得到被尊重的感觉,如果每位客人在酒店消费期间,都有酒店员工去关心顾客的体验和感受,客人大部分还是愿意说出他们的心声。也可借助 App,增设顾客与酒店的沟通窗口,如"总经理信箱"等方式,使顾客可与酒店管理层进行直接交流,酒店也可给予及时反馈,使酒店与顾客之间形成良性互动,增强顾客的参与度,帮助酒店进行服务的完善和创新。

酒店还可考虑采用服务共创的形式,邀请顾客一同进行服务、产品上的创新。例如,酒店可以定期举办服务共创活动邀请,定量招募一定人数的顾客,顾客在报名并通过后,在下次前往酒店体验后需要完成一份服务创新相关的问卷,就酒店服务的现状给予评价的基础上,提出自己的创意想法。对于完成问卷的顾客,酒店可以发放有吸引力的礼品、优惠券或 App 积分给予奖励。此外,也可举办专项课题的服务共创座谈会,邀请一些常客参与,在过程中,引导和启发顾客献计献策、提出创新观点,在内部沟通后进行创新服务和产品的转化,从顾客中来,到顾客中去。同时,可用视频、图片的形式记录座谈会过程,用于自媒体推广,对服务品牌的创建起到宣传作用。也可在推出新产品或新体验活动时,邀请本地熟客作为体验官,先行给予反馈。

（3）以传递体验为目标的产品和服务设计

关注智慧酒店体验多因素的协同效应和优先级,关注人工服务、智能服务和配套环境的核心条件作用,适当关注价值属性、保障服务、地理区位、自我动机和餐饮品质的辅助作用。如果智慧酒店资金配置充足,那么在推进智能化建设的同时,不应该弱化其他因素的配置作用。经营管理者应该洞察到,纵使其他因素没有智能属性的重要程度高,但此类因素的缺失或错位会导致顾客的期望无法达到满足,进而引发低质量的顾客体验,那么顾客的整体满意度和忠诚度也不会高。集成信息、资源、技术、设施、产品、服务等要素,并实现各要素充分联动,既为顾客提供全面服务,又助力酒店综合管理。整合智能服务、智能管理、智能运营和智能营销等多种功能,满足顾客体验和酒店发展的多重需求。

在体验活动的设计上应充分考虑客户画像,设计符合品牌调性的活动。体验活动的设计应深挖顾客需求,要考虑顾客在体验之后能获取什么,而不只是酒店能获得多少营收,要设计出有特色的体验项目,让顾客深度感受品牌精神与文化。有些体验活动无法做到免费,但活动的品质应与其价位相当,让顾客获得的体验物有所值,销售解决方案也能成为创造出色客户体验的途径之一。例如,酒店的建筑极具特色,一日之内不同时段皆有不同景色,因此可以考虑和摄影工作室合作,为入住的客人提供旅拍的预约活动,拍摄出在酒店独有的专属写真,让顾客留下美好的回忆,同时当顾客在朋友圈或小红书发布后,还可为酒店宣传。再比如,可以以酒店 SPA 温泉会所为主场,从一天的清晨开始,由私教和员工带领客人从环岛慢跑、海边瑜伽、特色素食、精油芳疗、手工皂制作、到冥想,完成一天的静心之旅。另外,也可帮顾客提供私属旅行路线定制服务或开发小众旅行路线,按照顾客的需求和兴趣点,从旅行路线设计到车辆安排,做全方位定制化设计,让顾客体验无忧。利用酒店资源和优势,也可举办酒店体验日活动,不仅对住客,也可开放给非住客,如摄影课堂、花艺课堂等,寓教于乐,一方面可感受酒店风光,另一方面让体验者有所收获。

在服务过程中,既需要考虑到顾客当下的各种需求,又需要结合酒店未来发展规划和自身优势,对个性化服务方式和种类进行拓展。找准个性化定位服务方式,不断提升其服务能力。比如北京的"大观园酒店"就是一个典型的成功案例。其在个性化服务研究过程中,有效结合了我国"四大名著"之一《红楼梦》中的相关内容,并将此作为其未来发展核心性条件所在。积极邀请一些文学家、研究学者对"红学"当代价值观念进行拓展,并将此融入酒店装潢和服务设计过程中。对于热爱"红学"和对《红楼梦》有所研究的顾客来讲,便可以让其产生一种身临其境之感。又比如,在很多地区已经出现了许多独具特色的"亲子文化酒店"。对于亲子家庭来讲,在短暂入住时间内即是一种开心的生活体验。这些酒店会在餐厅、客房及购物长廊都用动漫进行主题装饰,客房针对儿童顾客进行个性化设计,根据不同年龄层的喜好可设立多种主题房型。

（4）针对性提升酒店员工的个性化服务意识

若想有效提升酒店个性化服务水平,便需要充分考虑到酒店员工个性化服务意识对其产生的影响。对于一个酒店来讲,唯有高素质酒店员工才能够有效提升其经济效益、拓展服务方向。在当前阶段,酒店员工已经成为连接酒店和顾客的重要环节,是传递酒店发展理念、服务理念的重要阶段,更是会影响客户最终体验效果。在此招聘理念影响之下,能够帮助酒店员工更好地拓展其个性化服务意识,对酒店个性化服务理念进行不断拓展。如果酒店有条件的话,还可以定期对酒店员工进行"个性化服务能力"考察和培训,对其服务理念进行不断更新,让员工能够对最新服务理念有着较为正确的认识,从而帮助酒店更好地拓展其经济效益。鼓励员工为酒店发展提出相关意见,一经采纳,还可对其进行物质上、精神上的奖励、激发员工工作积极性。

（5）有效完善客史档案,深度挖掘顾客的个性化需求

在酒店提供个性化服务过程中,还需要考虑到顾客心理需求方面所产生的影响。唯有从顾客心理需求角度出发,才能够进一步提升其个性化服务质量。因此,便需要建立相对较为完善的顾客档案,对其进行"追踪性"信息调查和记录。具体来看,主要包括以下两个方面的内容。其一,把握服务时机。根据顾客兴趣爱好、性格、工作特点等多方面内容进行综合性考查,严格把控服务时机。什么时候该服务、什么时候不该服务,都是员工需要着重考虑的问题。其二,把握服务力度。在提供个性化服务过程中,如果力度不足,将会让顾客产生一种"被怠慢"的情绪,降低顾客体验效果。但如果力度过大,便会让顾客产生一种"被迫"情绪,压抑性和拘谨情绪便会急剧上涨。为此,在今后个性化服务过程中,便需要员工不断加强和顾客之间的主动沟通和交流。充分了解顾客需求,结合酒店服务方式,站在顾客角度,满足其服务需求。在传统的酒店服务中对于服务员而言,可能个人的服务仅限于为用户打扫卫生提供一定力所能及上的帮助。但是在智慧酒店的建设过程中,必须要结合用户的实际需求来为他们提出更加智能的服务,比如帮助他们去规划旅游路线,为他们利用智慧平台来订外卖、机

票、电影票、网约车等等,只有将这些服务,特别是时代的新服务和相关的信息平台相结合才可以使所建设系统的效率得到真正的激发,才可以使智慧酒店的智慧性得到实际的真正展示。

6.3　服务流程再造与优化

6.3.1　服务流程的含义及其特性

（1）流程的含义

流程（Process）,也可称为过程,简单而言是指企业为达到某种特定的管理目标而执行的一系列步骤和行动。从企业内部的工作流程标准到外部的市场营销交易流程,企业运行于流程中。企业众多的运营流程可以分为经营流程、管理流程和服务流程。其中,服务流程是指顾客享受到的、由企业在每个步骤和环节上为顾客所提供的一系列服务的总和。服务流程一经设计形成,就会成为企业员工对顾客服务的依据和规范标准,直接影响对顾客服务质量和顾客满意度。因此,不合理的服务流程在增加员工工作量和企业运营成本、降低效率的同时,会更容易导致服务失败、顾客的失望与流失,影响企业的效益。与其在遭遇服务失败后为挽救和保留不满意的顾客才开始重视服务设计与质量改进工作,不如从对服务质量的监督导向转向优秀服务质量的设计导向"第一次就把事情做好",这就要求企业具有良好的服务设计能力。

（2）服务流程的含义

服务流程属于企业业务流程的一部分,是指一组共同为顾客创造价值而又相互关联的活动。现代竞争战略之父——迈克尔·波特（Michael Porter）教授将企业的业务流程描绘为一个价值链。竞争不是发生在企业与企业之间,而是发生在企业各自的价值链之间,只有对价值链的各个环节——业务流程进行有效管理的企业,才有可能真正获得市场上的竞争优势。

具体而言,企业的运营流程一般是指企业把一定投入变换为一定产出的一系列任务,这些任务由物流、人流、信息流有机地连接在一起。对于制造业企业来说,产出主要是有形产品,投入的是原材料、设备、技术、熟练劳动力等资源,其中的一系列任务包括原材料加工、零件制作、产品组装等,不同的任务之间需要通过库存、搬运等物流活动有机地连接到一起;而对于服务业企业来说,产出的主要是服务,其中的一系列任务包括接待顾客、与顾客沟通、按照顾客的不同要求为顾客本身或顾客的物品提供服务,其服务流程主要由提供服务所经历的步骤、顺序、活动构成。因此,服务流程就是服务组织向顾客提供服务的整个过程和完成这个过程所需要素的组合方式,如服务行为、工作方式、服务程序和路线、设施布局、材料配送等。服务流程也是顾客的经历。高品质的服务产品是设计和管理出来的。如麦当劳的高品质快餐、令人愉悦的环境和优良的服务都源于严格的设计标准。而不合格的服务往往源于缺乏服务管理,特别是在服务程序和规范上缺乏科学的设计。通过服务设计可以尽量减少或避免服务失误和冲突。

从运作管理的角度出发,服务流程可视为服务组织对服务对象——顾客和必需的信息与材料进行"处理"过程的组成方式。服务的生产和传递过程是一个顾客和企业的互动过程,过程质量受到双方的影响。流程设计要充分考虑顾客的想法,形成完整、连贯、高效运作的流程。以物流企业为例,顾客通过电话、官网或微信等渠道发出寄件要求,随后快递员上门收取货物,然后货物在后台进行分拣、运输、配送到客户手中。在这一服务过程中,顾客的满意度与企业的配送速度、收取和配送员工的态度、快递的包装密切相关,因此,企业要想达到理想的"服务产出",就需要处理各种资源和对象,更新信息系统、合理安排人员分配、提高货物的运输速度、与顾客沟通并满足顾客个性需求等。

(3)服务流程的特性

由于服务在本质上具有无形性、生产与消费同时性、异质性、易逝性等特征,服务组织向顾客提供服务的整个过程和完成这个过程所需要素的组合方式与制造企业完全不同。概括而言,服务流程结构最主要的两个特征就是复杂性和差异性。

首先,复杂性是指服务流程结构中服务步骤的数量和复杂程度的指标。以零售业为例,葡萄酒专卖店和蛋糕店因为只卖固定的一类产品,就比大型购物中心的对客服务流程更简单。又比如,五星级酒店提供住宿、餐饮、康乐、购物等全面服务(Full-service),比仅提供住宿的经济型酒店的服务流程更复杂。

其次,差异性是指服务流程结构中服务人员与顾客的互动程度和服务人员自主判断空间的多少。许多服务的生产过程需要顾客参与并与服务人员互动,但不同的服务类型要求顾客的参与程度存在差异,比如培训课程就要求顾客认真投入,而观看演出只需被动地出席现场即可。同时,服务人员在提供服务的流程中也存在不同程度的自主判断决策权,这也使得在同一个服务行业内,服务流程呈现出较大的差异性。

6.3.2　服务流程设计的理论基础

(1)顾客让渡价值

顾客让渡价值是菲利普·科特勒在《营销管理》一书中提出来的,作为顾客价值理论的核心之一,顾客让渡价值是指顾客总价值(Total Customer Value)与顾客总成本(Total Customer Cost)之间的差额。顾客总价值是顾客从某一特定产品或服务中获得的一系列利益的总和,它包括产品价值、服务价值、品牌价值和形象价值等;顾客总成本则是指顾客在购买过程中所花费的金钱、耗费的时间、体力精力等,它包括货币成本、时间成本、精神成本和体力成本。理性的顾客总希望把货币、时间、精神和体力等成本降到最低,同时又能得到更多的利益,在购物时将得到的价值与付出的成本进行对比分析,以价值最高、成本最低,即以顾客让渡价值作为选择标准。

提高顾客的让渡价值形成竞争力,需从顾客的视角出发。企业为顾客所带来的潜在利益带有一定的客观性,但这种具有一定客观性的潜在利益的实现程度却取决于顾客的评价。基于此,罗伯特·劳特朋提出了有别于传统 4P 理论(Product,Price,Place,Promotion)的 4C 理论。4C 理论要求企业必须以客户(Consumer)为中心进行营销,应关注并满足客户在成本(Cost)、便利(Convenience)方面的需求,加强与客户的沟通(Communication)。劳特朋认为在营销时需持有的理念应是"请注意消费者"而不是传统的"消费者请注意"。具体内容包括以下 4 个方面。

第一,瞄准顾客(Customer)需求,即根据顾客的现实和潜在需求来生产和销售产品,而不是考虑企业能生产什么产品,需要明确两点,一是消费者的需求并不完全合理,二是满足消费者真正的需求来自品质和功能,外在只是附属。

第二,了解顾客的成本(Cost),即顾客为满足其需求和欲望,愿意付出多少钱,而不是企业从自身利益出发,先给产品定价,再向顾客收取多少费用;但企业不能因此过于被动,如果消费者认为产品价格过高,而企业又没有降低成本的途径,企业总不能因此停止生产。

第三,顾客的便利性(Convenience),即考虑如何方便顾客购买,顾客最愿意、最容易接近的渠道是什么。

第四,与顾客的沟通(Communication),即通过互动、沟通等方式,将企业内外营销不断进行整合,把顾客和企业双方的利益无形地整合在一起。

可见,4C 组合指出了顾客让渡价值实现的一条重要途径。顾客让渡价值理论对如何通过服务流程设计来提高顾客价值、树立竞争优势具有重要意义。它要求企业换位思考,站在顾客的角度来看待产品和服务的价值与成本。从本质上讲,顾客是优质服务和产品的定义者,为顾客提供超越竞争对手的价值,企业才能获取持久的竞争优势。

(2)价值共创

21 世纪初,普拉哈拉德(C. K. Prahalad)和拉马斯瓦米(Venkat Ramaswamy)两位学者提出了"价值共创"(Value Co-Creation)的概念。根据价值共创理论,生产者不再是唯一的价值创造者,消费者也不再是纯粹的价值消耗者,而是与生产者互动的价值共创者。20 世纪 60 年代出现的一个经济学理论分支——消费者生产理论。它认为厂商提供给消费者的任何产品,都不能直接满足消费者的需要,消费者的需要是通过消费者"生产"来得到满足的,即消费者利用生产者提供的产品或服务以及消费者自己的时间、知识和能力等"消费资本"来创造能够满足自己需要的价值。生产者在这一过程中的首要任务就是帮助消费者完成他们的"生产过程",生产者在消费者生产过程中所起作用的大小和独特性直接决定生产者的竞争优势和利润。

在服务流程设计中,价值共创要求企业充分协调和加强利益相关者的合作,将供应商、分销商、员工、顾客以及非政府组织和监管机构共同纳入产品和服务设计中,并让他们参与公司的业务设计与战略制定。对企业而言,共创价值的过程能充分发掘商品的使用价值,能产生新的商机,增强企业的创新能力,并有效提高市场份额,为企业带来新的收入来源。对利益相关者而言,通过加深对企业产品和服务的体验,一方面提高他们的经济价值,如分享知识和技能,通过提供专业技术服务提高收益,获得新的市场发展机遇;另一方面,也能收获精神价值,如提升顾客满意度、员工的工作满意度等。

拉马斯瓦米在《共同创造的力量》一书中提出了共同创造模式的4个步骤。第一步,确定从生产到销售整个链条中牵涉到的利益相关者;第二步,了解各利益群体之间的接触和互动情况;第三步,组织学习讨论小组,在小组中利益相关者可以相互分享体验,并且共同商讨提升体验的方法;第四步,组织与利益相关者持续对话,共同寻找解决问题的办法。

多样化的线下会员活动,让顾客提供创新建议。通过酒店的会员招募等方式,组织线下的会员活动,例如,利用酒店自有健身设备等资源,组织会员健身活动课程;利用酒店相关岗位员工技能优势等,组织鸡尾酒品鉴活动和轻食俱乐部等,充分挖掘酒店自身的软硬件优势,通过各种线下活动,寻找到共同话题,将具有共同爱好的顾客聚集到一起,将酒店通过自身建立的特色会员活动,变成为一个可以结识新朋友的平台,使顾客对该平台有不可割舍的依赖性,通过该平台搭建起来的顾客群体,对本酒店提出相关的价值共创建议才能更具有针对性,激发顾客与该五星级酒店实现价值共创,提升客户感知价值。

重视与顾客的有效互动,为顾客提供与众不同的感知体验。在互联网时代,酒店可以做到与顾客信息交换的及时性,通过微博、微信小程序和企业App等形式可以随时随地与顾客进行线上的互动,让沟通不再有障碍。酒店企业要充分利用新兴的沟通渠道,通过有效利用好各种沟通手段,保证实时地与顾客进行互动和交流。并向顾客及时发布酒店的剩余房型、价格和酒店提供的各种餐饮优惠等,帮助顾客解决顾虑和问题,为客户提供有效的咨询服务,如酒店所在城市天气情况、当地住宿防疫要求情况和旅游信息等相关事宜,吸引顾客关注并适时做好相关准备,为顾客提供与众不同的感知体验。

（3）体验经济

早在 2000 年，普拉哈拉德和拉马斯瓦米就通过研究企业与消费者共同创造价值的案例发现，共创价值本质上是共同创造消费者的体验价值。美国经济学家约瑟夫·派恩和詹姆斯·吉尔摩在 1999 年出版了《体验经济》（*The Experience Economy*）一书，认为人们正迈向体验经济时代，体验经济将取代服务经济。作者认为：企业以服务为舞台，以商品为道具，以消费者为中心，创造能够使消费者参与、值得消费者回忆的活动。体验经济是从生活与情境出发，塑造感官体验及思维认同，以此抓住顾客的注意力，改变消费行为，并为商品找到新的生存价值与空间。

由于服务经济在逐步商业化，人们的个性化消费欲望难以得到彻底的满足，人们开始把注意力和金钱的支出方向转移到能够为其提供价值的经济形态，那就是体验经济。在消费者参与的过程中，记忆长久地留住了对过程的体验。如果体验美好、非我莫属、不可复制、不可转让，消费者就愿意为体验付费。这是因为在体验经济中，消费者对体验享受的评价最高，也愿意付出更高的价格。同一种商品，在农业经济中只值5 元，在工业经济时值 10 元，在服务经济中值 20 元，在体验经济中就可能值 30 元。

可见，所谓体验就是指人们用一种从本质上说很个人化的方式来度过一段时间，并获得过程中呈现出的一系列可记忆事件的体验。而服务只是指由市场需求决定的一般性大批量生产。正如服务经济的地位高于产品经济一样，体验经济高于服务经济。由于一项服务被赋予个性化之后，会变得值得记忆，所以一项服务的顾客定制化，就使它成为一种体验。如果顾客愿意为这类体验付费，那么体验本身也就可以看成某种经济上的给予。它创造的价值来自个人内在的反应。其实，体验一直存在于我们的周围，只是直到现在我们才刚刚开始将它以一种独特的经济提供物的方式来对待。

体验与商品和服务一样，需要经过一段设计过程，需要经过发掘、设计、编导，才能呈现出来。一些学者根据进入体验经济企业的做法，归纳出设计体验的 5 个基本原则。

一是体验主题化。顾客看到星际好莱坞、硬石餐厅、雨林咖啡厅这些主题餐厅的名字，就会联想到进入餐厅的感受。因为它们都点出了明确的主题。制定明确的主题可以说是经营体验的第一步。如果缺乏明确的主题，消费者就抓不到主轴，不能整合所有感觉到的体验，也就无法留下长久的记忆。

二是以正面线索（提示或暗示）塑造印象。主题是体验的基础，但要塑造令人难忘的印象，就必须制造强调体验的线索。线索构成印象，在消费者心中创造体验。而且每个线索都必须支持主题，与主题相一致。当餐厅的接待人员说"我为您带位"，就不是特别的线索。但是，雨林咖啡厅的接待人员带位时说"您的冒险即将开始"，就成为开启特殊体验的线索。

三是消除负面线索(提示或暗示)的消极影响。要塑造完整的体验,不仅需要设计一层一层的正面线索,还必须减除削弱、违反、转移主题的负面线索。破坏顾客隐私的"过度服务",也是破坏体验的负面线索。例如,飞行中机长用扩音器宣布和介绍一些非必要信息时(如城市介绍),会打断乘客看书、聊天或打盹,就不如用耳机传送,这样就能消除负面线索,创造更愉悦的体验。

四是提供一些让人记忆或令人回味的东西(纪念品、纪念物)。度假的明信片使人想起美丽的景色,绣着标志的运动帽让人回忆起某一场球赛,印着时间和地点的热门演唱会运动衫,让人回味演唱会的盛况。

五是调动顾客的多种感觉。体验中的感官刺激应该支持、增强主题,而且体验所涉及的感官越多,就越容易成功、越令人难忘。例如,咖啡的香味与新书油墨的气味非常匹配,可用于书店的设计。

6.3.3 服务流程再造与优化方法

(1)服务流程再造

1)服务流程再造的定义

流程再造这一概念源于制造业,指突破传统思维,以顾客需求为着力点,通过重新审视与改造原有的操作及管理流程,达到提高企业服务质量和管理水平的目的。流程再造具有明显的革新性,在服务行业的不断探索与实践的过程中,"流程再造"这一理念逐步拓宽了它原有的适用范围,成为服务行业的重要特征。

2)服务流程再造的优势

流程再造的一个重要特征是突破传统的刻板思维。如果管理者能将这一特点牢牢把握并成功运用,就有可能创造出更高效的运营思路和方法。这种根本性的转变使原有的运营流程变得不再那么权威,管理者的思维方式和处理问题的办法也由"我该如何做下去",转变为"为什么非得以这种方法做下去"。例如,在传统的客房服务模式中,管理者优先考虑的往往是如何在整体运营模式不变的前提下,通过采取各种措施提高服务质量与效率,降低服务成本。在这种思维方式下,管理者的关注重点往往是在某一范围内被支配要素的改变,例如改善技术、提高相关人员的服务水平、加强对基层人员的督导等,这种改变有一定的上限,不具有较强的可持续性。而管理者一旦接受了流程再造的理念,便能突破这个较为狭窄的思考范围:"相关人员的服务水平和技能水平真的那么重要吗?""如果没有那么重要,是不是可以通过数字技术来替代他们呢?"在这种思维影响下,管理者做出的改变和决策往往能使酒店在行业竞争中取得领先地位。

客房服务中心模式的运用便是流程再造这种新型思维指导下实现的成功案例。该模式通过既定台班部门的反复观察，发现不合理的组织形式造成了人员的浪费，而且并没有达到预期的服务效果。面对这种资源大量冗余且效率低下的情况，基于现代通信可监控技术的客房服务中心模式应运而生。

（2）服务蓝图

服务蓝图（Service Blueprinting/ Service Blueprint），也称为服务流程图，是站在顾客的角度详细描绘服务系统的图片或地图，它包括服务实施的过程、与顾客接待的点、服务中的可见因素等。可以说，服务蓝图是一种以简洁明确的方式将服务理念和设计思路转化为服务传递系统的图示方法。

服务蓝图的基本构成要素：顾客行为、前台员工行为、后台员工行为、支持系统。顾客与员工互动时的接触点，服务所依赖的服务环境、设施设备等可见要素，以及三条分割线：互动分界线、可视分界线、内部互动分界线。需要说明的是不同的服务流程对应的服务蓝图具体构成内容也会不同，但服务蓝图作为一个工具，其基本构成要素是一样的。

在服务蓝图中，顾客行为是指顾客在选择、购买、享受和评价一项服务时的一系列步骤和行为。比如，在网上商城购物时，顾客行为包括登录网站、检索商品、阅读产品信息和评价及选择商品、提交订单、付款、收货、试用、评价等。与顾客行为平行的是两类员工的行为：一类是向顾客直接提供服务并能被顾客看到的前台员工行为，比如为顾客送货上门的快递员；另一类是为更好的前台服务提供支持的后台员工，比如负责货物包装、分拣的员工。无论是前台还是后台的员工都需要组织的支持系统来更高效便捷地向顾客提供服务，比如网上商城的仓储管理系统、网上商城网站的设计建设等活动。

在服务蓝图中，界分顾客的行为、员工的行为和支持系统的是三条水平线：第一条线是互动分界线，与该线直接相交的每一个点都代表顾客与组织的直接互动接触，每一个交点都是一个服务接触点（Service Encounter），对于服务组织而言，都是一个让顾客满意或失望的机会。第二条线是可视分界线，该线将顾客能看到和不能看到的接触行为进行了划分，该线以上是顾客能看到的，该线以下则是顾客不能看到的员工行为。第三条线是内部互动线，以下是组织提供的系统支持。服务蓝图的绘制主要有以下几个步骤（图6-4）。

第一步，识别需要制定蓝图的服务过程。服务蓝图有不同的类型，如上文提到的概念性服务蓝图和细节性服务蓝图。因此，服务蓝图开发的第一步是识别和制定要绘制的主题，一般来说，可以是针对服务全过程或全过程中的某一问题或瓶颈环节开发详细的过程蓝图。比如，是酒店客人入住酒店一晚的蓝图，还是客人在前台登记入住

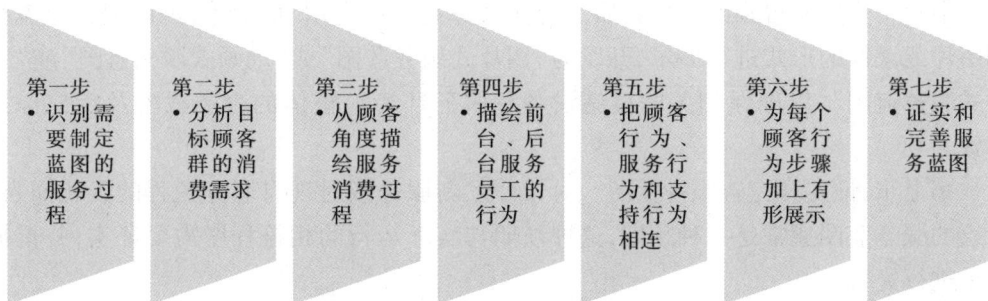

第一步	第二步	第三步	第四步	第五步	第六步	第七步
• 识别需要制定蓝图的服务过程	• 分析目标顾客群的消费需求	• 从顾客角度描绘服务消费过程	• 描绘前台、后台服务员工的行为	• 把顾客行为、服务行为和支持行为相连	• 为每个顾客行为步骤加上有形展示	• 证实和完善服务蓝图

图 6-4　服务蓝图绘制步骤

的服务蓝图;是病人在医院就诊的完整服务蓝图,还是挂号这一环节的服务蓝图。清晰地界定要绘制的具体服务过程和详细程度是服务蓝图绘制的第一步。

第二步,分析目标顾客群的消费需求。市场细分理论认为不同的细分市场具有不同的消费习惯,需要不同的服务产品。因此,服务蓝图绘制的第二步是明确谁是企业的目标顾客,这类顾客在购买和消费本企业的服务时有什么特征。比如,在选择快递公司时,年轻人可能会用微信来下单,而中老年顾客可能更习惯通过电话下单。

第三步,从顾客角度描绘服务消费过程。这要求企业从顾客的视角来构建完整的服务消费过程,企业可以通过观察、调研等方式了解自己的顾客,或者换位思考,利用步行穿越调查法(Walk-Trough-Audit)让顾客、员工、经理等都以顾客的身份想象或体验整个服务过程,并进行比较来绘制准确的顾客行为流程。从顾客角度描绘服务过程会让服务提供者重新认识服务的流程。比如,顾客认为服务的开始是从预约医生开始,而医生很少把预约看成服务内容。

第四步,描绘前台、后台服务员工的行为。从客户和服务人员的视角出发,首先绘制出互动线和可视线,辨别出前台服务和后台服务,并斟酌思考哪些行为让顾客看到是比较好的,而哪些行为最好放到后台来执行。比如餐厅的厨房一般都放到顾客看不到的后台,但近些年有些餐厅将厨房开放,让顾客看到食物烹制的过程,使顾客更放心,也更受欢迎。在互联网时代,有些服务通过科技远程提供,在这种情况下,顾客所能接触到的网络界面就是前台的行为,企业就需要让界面更友好、更便捷、更美观。

第五步,把顾客行为、服务行为和支持行为相连。画出内部互动线,识别出前后台服务人员行为与内部支持职能部门的联系。这一过程充分展示了企业的内部行为对顾客感知的直接或间接影响。企业的支持行为属于幕后的支持力量,比如酒店后台的信息系统能够记录客人的预订信息、保存客人在店的消费账单、丰富客人的偏好等信息,这有利于提高前台工作效率、提供更个性化的服务。反之,如果内部的某些流程对客人的体验没有积极的促进意义,可以考虑将其精简。

第六步,为每个顾客行为步骤加上有形展示。有形展示是客人看到的东西以及其经历中每个步骤所得到的有形物质。为使服务蓝图更有用、更形象，可以把整个流程用图片或录像的形式进行展示，开发为"图片式服务蓝图"或"动画式服务蓝图"或"影像式服务蓝图"，以确保相关的设施设备和服务环境与整体的服务战略及定位保持一致。

第七步，证实和完善服务蓝图。对于开发新服务或对现有服务流程的优化而言，所绘的服务蓝图通常是一种预期，这种预期与实际运行的相符程度需要证实，并根据结果进行完善。

只有不断完善和更新，服务蓝图在客观展示服务等方面的价值才能真正地发挥出来。服务蓝图可以进行多种分析，最常见的是进行服务流程顺序的分析，分析梳理流程的逻辑性，检查有无多余的、不顺畅的步骤。此外，也可以进行时间分析，包括顾客所用时间的分析，如总消费时间、等待时间（包括实际等待时间和心理等待时间），以及服务员工在各流程环节的时间、服务效率、流程瓶颈等，这种分析可以把时间标在服务蓝图上。

此外，服务蓝图还可以用于关键点分析，通过寻找以下关键点从不同侧面帮助企业提高服务水平。比如，识别服务失败点，即容易引起顾客不满的地方，尽可能避免服务失误；顾客等待点，容易造成顾客长时间等待的地方，设法提高服务效率；员工决策点，需要员工进行判断和决策的地方，给员工授权；顾客体验点，最有可能增加或强化顾客的体验；企业促销点，最适合做促销的地方，提高企业的销售额。

（3）业务流程再造框架

1）建立以流程为核心的协同工作平台

服务型本身所具有的特点决定了酒店的机构部门、服务项目、工作人员多且繁杂，各部门之间的信息交流较为广泛，而且需要达到较强的协作性。酒店在进行流程再造和数字化建设的同时，要通过协同统筹将以上特点转化为优势。协同工作台是酒店内部各部门、工作人员、资源实现共享的重要手段，可以保证信息的时效性和服务的灵活性，有效提高工作效率。

在酒店行业飞速发展的今天，传统的信息管理方式会使酒店面临诸多问题。例如，酒店注重实体服务，忽视了信息技术的应用，业务和办公流程烦琐；纸质文件传递导致人力和财力的双重浪费，且效率低下，不能保证信息的时效性；文件格式缺乏统一的标准，信息共享利用率低；工作人员缺少共享的信息资源进行交流和学习等。因此，建立一个集多媒体技术、数字技术、通信技术为一体的协同工作平台尤为必要。一方面是酒店要建设一个以人力资源系统和财务系统为代表的内部信息平台，以餐厅管理系统、客房管理系统、前台管理系统、顾客关系管理系统为代表的外部商务系统。另一方面是酒店要将平台打通，促使酒店的内外部信息实现共享与流通，以此达到提高服务效率、节约资源、降低成本的目的,使酒店的运作效率、服务质量、管理水平等得到更好的提高。

2) 建立以顾客为中心的酒店外部商务平台

第一,电子商务平台。电子商务已经逐渐渗透到越来越多的实体经济领域,助力实体经济打破自身局限向外扩张。电子商务具有方便、快捷、成本低的优点,酒店行业也是电子商务的获益者之一。随着线下渠道开发触顶,吸引顾客越来越难,越来越多的酒店开始构建电子商务平台,丰富获取外部资源的方式,同时借助线上平台在更广阔的市场提高自己的知名度,这对增加酒店盈利产生了直接的推动作用。酒店电子商务的主要流程包括在线预订系统、酒店门户网站、电子支付结算。

第二,采购管理平台。传统的酒店采购管理存在以下 3 个问题,一是采购活动没有按需进行,出现了一定程度的资源闲置和浪费;二是采购流程缺少严格的监督和管理,信息不对等、不透明;三是采购组与供应商、使用部门没有建立有效的联络机制和反馈机制。基于上述问题,酒店构建采购管理平台可以从以下两个方面入手。一是从酒店外部入手。对酒店物资供应商进行信息化管理,建立供应商数据库,明确质量评定方法;引入市场竞争机制,督促供应商提供高质量的资源并及时了解市场行情;加强对供应商的前期调研工作,积极评价售后服务水平。从酒店内部入手。二是建立酒店采购管理系统,统筹采购部门、供应商和使用部门三者之间的关系,将及时有效的沟通活动贯穿于整个采购流程,在此基础上实现采购定位更明确、非增值部分识别、采购流程全程监督。酒店采购管理平台建设完成后,内部采购流程可以这样设计,使用部门通过采购管理平台提交采购申请,采购部门的审批人员按照既定的规范与流程对采购申请进行审批,与此同时,使用部门可以实时追踪审批过程,并且在后续的采购活动中协同审批部门一起参与监督,随时了解采购情况。

第三,营销服务平台。酒店根据自身的特点建立独具特色的营销服务平台,开发特色营销方式,在复杂的市场环境中保持亮点,这对树立和维护酒店形象、提高顾客回头率具有重要意义。以信息技术为基础的酒店营销服务平台建设主要包括以下内容。酒店需要建立完备且高效的服务体系,为顾客提供更加便捷的咨询、反馈和投诉支持;重点开展网络营销,建立独具特色的酒店官方网站,并辅以中间代理商的酒店互联网营销手段的加持;将传统的外部营销方式与根据酒店实际情况实行的全员营销的内部营销方式相结合,拓展更广阔的市场空间。

第四,顾客关系管理平台。以顾客为中心,满足顾客的需求,是服务业共同的宗旨。酒店行业最直接的收入来源就是顾客,在留住老顾客的基础上争取更多的新顾客,始终是酒店行业的追求。

以上业务流程再造的两个管理平台构架,是现代信息技术与现代管理学思想相结合的产物。通过信息技术手段整合相关信息供服务人员使用,提高服务效率;与此同时还伴随着信息技术本身的特点——经济原则,即去除服务流程中不必要的环节和内容,简化整个服务流程。这些举措无疑会对顾客满意度提升产生直接的促进作用,进而帮助酒店降低成本,提高服务质量和服务速度,获得更大规模的经济效益。

（4）业务流程再造六大原则

酒店的最终目标是满足顾客复杂多变的需求,并且会受到内部环境和外部环境的双重制约,因此业务流程再造的准则和基本方法存在着一些共性。酒店的业务流程再造需要根据环境和资源的变化而变化,以业务流程为重点,以顾客满意为核心,在一定范围内实现符合实际情况的弹性变化,以实现流程处理的高效率与高收益。这种特点在不同的服务业中都有所体现,因此具有普遍性。酒店行业的业务流程再造主要是对业务流程进行优化。通过对整个业务流程中的各个环节进行细致分析,摒弃一些没有增值意义的工作流程,从而起到简化业务流程的作用。然后将简化后的流程重新组合优化,实现流程处理的低成本和高效率。

1）以顾客满意为核心

酒店业务流程再造以资源投入和顾客需求为起点,以创造有价值的产品和服务、满足顾客需求为终点。满足顾客需求是酒店企业的价值与目标实现的重要指标,因此,业务流程再造要以顾客需求为导向。一方面,不同顾客的需求不尽相同、提出需求的方式也不同,对酒店提供给他们的产品和服务的数量和质量的要求也不同。另一方面,顾客需求不同会进一步导致服务流程不同。但无论如何,一切流程再造的最终评价标准都是顾客的满意度,如果没有实现这一目标,酒店业务流程再造也就失去了意义。如果实现了这一目标,酒店就可以在保证顾客评价向好趋势不变的情况下,尽可能地追求较低的成本与较高的服务质量。

2）以流程而非职能为中心

一直以来,传统酒店各部门之间相对独立的关系始终制约着酒店的高效运作。各部门职能划分非常严格和仔细,以至于它们之间很少产生交集,不利于整体业务流程的顺利实现,甚至还会影响各自职能的独立发挥。酒店的各部门之间相互推卸责任、在顾客投诉时"踢皮球",都是影响酒店良好运转的典型表现。为了改变上述情况,酒店需要建立以流程为中心的管理模式,将各部门的职能在一定程度上整合起来,寻找职能交叉点,使组织体系灵活交互,轻松应对环境的变化和顾客的多元化需求。如果通过整个服务流程的执行情况来考核流程中涉及的所有部门和员工个人,这种"命运共同体"的牵扯关系便会要求他们达成一致目标。需要注意的是,酒店管理者要把关注点放在整个服务流程中各职能部门的交叉点上,通过这个交叉点,管理者可以衡量各部门在流程中起到的作用,从而促进工作的有效转变。

3）遵循环境及资源的约束

酒店的任何经营活动都需要遵守一个基本的底线，那就是要在国家法律法规允许的范围内进行。除了这个基本要求之外，酒店的业务流程再造还必须考虑到人员、组织制度、社会文化环境和企业文化环境、设备、技术等因素。这些都是酒店发展无法避开的基本问题，如果流程再造与这些方面脱离，那么成功的概率就会变得微乎其微。在上述因素中，人员这一要素至关重要。以酒店销售人员每月填报市场信息统计表的流程为例，市场信息统计表具有很强的时效性与准确性，这是酒店进行决策的重要参考。如果销售人员责任心不强，出现一些失误，或者缺乏有效的信息搜集手段，那么获取的信息极有可能与实际情况出现较大的偏差。如果酒店管理者用这些不符合实际的数据信息进行决策，就会不可避免地出现问题，甚至影响整个酒店的发展。因此，流程再造在遵循环境及资源约束的基础上，需要重点关注人员的素质以及他们所利用的技术手段。

4）在明确规定下充分授权

传统的酒店管理模式往往将决策、执行和监督3个环节分开，实行"三权分立"。执行是传统酒店经营活动的中间环节，执行者不具备也不愿具备决策者和监督者的职能。这种有限的职能严重影响了酒店经营活动的顺利开展，导致流程办理步骤多、流程实施的时间成本和金钱成本提高、员工耐心降低、自主创新积极性不足、顾客满意度降低等问题相继出现。但如果完全抛弃这种"限制"也是不可行的，因为绝对的权力和自由会导致工作失控，让酒店向另一个极端发展。因此，酒店需要在"绝对的限制"和"绝对的放权"之间找到一个平衡点。这个平衡点就是明确规定下的充分授权。首先，酒店必须划定相关部门的职能界限，这个界限要在确保不影响整体布局的情况下尽可能地扩大。然后，下放权力，以界限为标准明确责任和义务。授权者仅负责流程监督与结果验收，被授权者才是整个流程的执行者，他们拥有限定界限之内的权力和自由，也能按照这个要求高效地运作服务流程并严格规范自身行为，接受授权者的监督和上下流程环节的考验。

5）将分散资源视为集中资源

因为传统酒店各部门的职能不同，酒店各类资源在纳入之初就具有相对的独立性。但对于需要流程再造的酒店来说，这种资源相对独立的关系无法满足各部门之间模糊界限的要求。这就需要在部门组织流程再造的同时，跟进分散资源的流程再造，即将它们视为集中资源，逐步消解它们的相对独立性。这样，集中的资源可以给管理者和流程服务人员带来便利，资源闲置浪费问题也能得到一定的改善。酒店可以通过各种手段将资源整合起来，例如建立科学的资源数据库系统、实行规范化的业务流程处理方式，在充分利用各类资源的前提下提高服务质量。

6）公平和效率兼顾

效率和公平是一对常见的矛盾,根据马克思主义辩证法原理,把握好这两者之间的辩证统一关系是获得良好结果的关键。高效率表现为在相同的劳动时间内取得更多的收益;公平性表现为实现机会均等前提下的结果平衡。酒店的业务流程再造要兼顾高效率与公平性的原则,不能为了提高效率牺牲公平,也不可以为了追求绝对的公平而忽视效率的提高。以物资采购流程为例,酒店在采购物资时往往会采用一套固定的采购标准。例如,30万元以内的项目采用询价订购、可靠的单一来源采购、竞争性谈判等采购方式进行;超过30万元的项目采用招标方式。前者因为项目数额小,可侧重于效率;后者因为涉及数额巨大,需要严格把握公平性。需要注意的是,上述例子中的两种办法虽然各有侧重点,但需要两者兼顾,这也是酒店业务流程再造过程中需要注意的地方,切忌在侧重某一方面时逐渐忽视了另一方面。

【本章小结】

1. 客户体验管理的基本思想可以理解为,以提高客户整体体验为出发点,注重与客户的每一次接触,通过协调整合售前、售中和售后各个阶段及各种接触渠道,有目的、无缝隙地为客户传递良性信息,创造匹配品牌承诺的正面感觉,以实现良性互动,进而创造差异化的客户体验,强化客户感知价值,最终达到吸引客户并不断提高客户保持率,进而增加企业收入与资产价值的目的。

2. 客户体验管理的目标:优化客户体验方式、提升客户体验价值,传递正向品牌效应、完善运营架构,促进产品、技术、服务和市场的贯通,以促进业绩持续增长为目标。

3. 客户体验的影响因素:物理环境因素、社会环境因素和个人价值因素。

4. 客户体验管理发展趋势:数据化、场景化、平台化。

5. 服务流程设计的理论基础:顾客让渡价值、价值共创、体验经济。

6. 业务流程再造框架:建立以流程为核心的协同工作平台、建立以顾客为中心的酒店外部商务平台。

7. 业务流程再造六大原则:以顾客满意为核心、以流程而非职能为中心、遵循环境及资源的约束、在明确规定下充分授权、将分散资源视为集中资源、公平和效率兼顾。

【思考与练习】

1. 阐述客户体验管理的特点及目标。

2. 阐述客户体验管理的实施路径。

3. 阐述客户体验管理的优化策略。

4. 阐述服务流程再造的优化方法。

【案例分析】

未来的智慧酒店如何颠覆想象？

数据显示，全国智慧酒店每年以 10% ~ 15% 的速度快速增长，全国主要城市酒店客房智能化改造市场超过 1 000 亿元。日前，由山东省文化和旅游厅主办、青岛市文化和旅游局承办的全省智慧化酒店建设现场推进会议在青岛召开，会议以推进智慧酒店建设为主题，部署全省旅游住宿业智慧化建设重点工作任务，加快推动全省旅游住宿业高质量发展，聚力打造文旅领域新质生产力。

数智化深刻改变旅宿体验

前沿创新科技以竭尽所能的场景形态，让渴望新生的传统酒店看到了新未来。

全球知名酒店网站调查显示，超过 80% 的酒店经营者正在广泛地使用智能技术。借力"数智化的翅膀"，越来越多的酒店不仅实现了降本增效，更为入住客人带来了有温度的特色体验。在这场实力角逐中，青岛企业逐步走出了一些"特色实践"，并在这次会议上集中呈现。

太空舱酒店是尚美旗下度假酒店的一种形态，主要应用在景区或临时用地上，舱内按照 3 星级客房标准装修。太空舱酒店使用尚美研发的心里美智慧酒店系统，可以完全实现客人自主入住、自主退房。太空舱采用一室一厅一卫一露台的空间布局，占地 36.3 平方米，高 3.2 米。既可以体验到置身大自然的放松，也不必担心天气、温度等对入住体验的影响。这样的一间太空舱客房，在旺季可以卖到每天 800 元到 1 500 元不等。

如今，通过智能客控系统控制房间内的空调、窗帘、灯光、电视、电话呼叫系统，以及机器人送餐、送快递等，已经不算"新鲜"。尚美数智的智慧酒店方案中，集无感入住、智慧服务、智慧客房于一体的无人值守智能酒店引起广泛讨论。无人值守可让一家中档酒店减少一到两名夜间值班人员，一年可以节省 8 万 ~ 10 万元的人工费用，日间前台人员也可减少机械性重复工作，甚至可以解放服务人员，从前台"走出来"担当茶艺师为住客提供奉茶服务，让旅宿更有温度。在平均房价为 150 元到 200 元之间的经济型酒店，智慧化服务有哪些？配置无感入住功能后，零售、夜宵、智能存物柜、洗衣房、健身房等丰富的配套都可以通过刷脸来体验，客房内也无须插卡取电。

智慧酒店在度假板块同样前景广阔。现场展出的蜂巢木屋，设计上采用堆叠空间的手法，占地 20 平方米的面积，被划分为 3 个房间，形成 3 个独立区域。作为民宿经营时，使用更为灵活。尤其是通过智能预订系统，可以短时灵活预订作为休息、娱乐空间使用。

全省来看,智慧酒店场景正加速生长。济南华美达饭店、蓝海御华大饭店等多家饭店推出自助入住、智能机器人服务;银座泉城大饭店推进企业向数字化转型,引入AI管家、速核通、e住通等数字移动技术应用,推动数字化管理服务升级,行业呈现快速发展的良好势头。

"大模型与数字人"将提供服务

扎实推进数实融合,推进运营模式数智化,是文旅企业的着力重点。目前,大型的OTA平台、酒店集团等都着手建设了智慧平台,积累宝贵的数字资产,这在全球范围内成为一种趋势。在此次现场会议环节中,微软中国、山东文旅酒店集团、青岛尚美数智集团代表作了旅游住宿业智慧化建设经验分享介绍。

"微软作为科技行业的龙头企业,深刻认识到数字化和智能化对于酒店行业的巨大影响。这些技术不但能够提升酒店的运营效率和质量,而且能够帮助酒店更好地满足每一个客人的需求,塑造品牌形象。"微软中国区首席运营官陶然认为,今年将是AI真正商业化、真正能够为每个文旅行业企业产生真实商业价值的元年。

尚美数智将智慧酒店系统定义为4个阶段。在第一阶段"信息化辅助人工经营"和第二阶段"大数据驱动无感入住"发布并应用的基础上,尚美数智即将发布第三阶段"大模型驱动智能经营"和第四阶段"人工智能全时自主经营"。在即将发布的下一代新模式中,房间内的智能客服机器人无须唤醒就可以随时回答各式提问,甚至可以帮助商务人士代写PPT,还将持续引进"大模型与数字人"实现高度智能化的酒店场景。

这种智慧化驱动引起了众多参会文旅企业的共鸣。"数字化转型是问题,更是答案。"山东文旅酒店集团董事长表示,传统酒店的发展正在遭受严峻考验,以信息化的手段解决传统酒店的难点、痛点,是每个酒店都要思考的问题,酒店行业的数字化转型成为确定性。

山东文旅酒店集团董事长介绍,面对用户新需求,山东文旅酒店集团将数字化转型作为长期战略布局,发挥"山东数字化及智能化产业联盟""AI数字化酒店实验室"能力,持续开展数据挖掘,发挥数据要素的生产力作用。同时,加大对可持续发展的关注,通过数字技术、绿色技术、节能减排来减少对环境的负面影响,将可持续发展融入酒店设计、运营和管理。

激活产业链赋能现代服务业

旅游住宿与旅行社、旅行交通并称为旅游业的"三大支柱"。在线旅游平台的用户画像分析显示,18至35岁的用户是在线旅游类平台的使用偏好群体,同时也是未来带动酒店和旅游行业发展的消费中坚力量。以智慧化的技术服务更好地满足年轻游客个性化、科技化、多元化的消费需求,成为市场焦点。

2024年2月,青岛市服务业高质量发展大会明确提出聚力做强做优文化旅游业,强调坚持把创新作为服务业发展的根本动力,积极培育发展服务业新业态、新模式,持续增强服务业发展动力活力。《关于推动青岛市旅游住宿业高质量发展若干措施》将支持智慧酒店发展作为重要任务,支持本地酒店集团出台智慧酒店相关标准。2025年年底前,至少打造1至2家智慧化酒店样板,引领行业智慧化、智能化发展方向,旅游住宿业发展迎来又一轮政策红利。

青岛市文化和旅游局领导表示,智慧酒店是文旅领域新质生产力发展的具体体现。智慧化酒店市场容量巨大、前景广阔,促进智慧化酒店建设是文旅新质生产力发展的应有之义,也是大势所趋,更是行业发展的新赛道、新机遇。文旅部门将抓住"互联网+旅游"融合发展机遇,进一步丰富产品供给,扩大应用场景,提升服务质量,推动旅游住宿酒店数字化、网络化、智能化转型升级,带动文旅融合高质量发展。

放眼各地酒店智慧化建设发展,已是"千帆竞发":上海出台了专项工作方案,已建成数字酒店超过700余家;杭州推出"30秒酒店入住应用场景",已覆盖酒店、民宿共600多家;南京在酒店应用人工智能数字人技术,为顾客提供专业旅游服务解决方案……

全省智慧化酒店建设现场推进会议的召开,无疑将成为山东"文旅经济数字化"的一个重要节点。"青岛市形成了以尚美数智为代表的酒店智慧化建设样板,形成了相关信息化技术、信息化管理、信息化服务等一系列经验做法,将为全省提供很好的经验和支撑。下一步,将通过树立样板、出台标准等举措,推动全省旅游住宿企业智慧化建设发展。"山东省文化和旅游厅市场管理处处长透露,省文化和旅游厅将结合全省旅游住宿业高质量发展推进会、《旅游住宿业高质量发展三年行动方案》及今年省旅发大会即将出台的《全省旅游服务质量提升三年行动实施方案》,对旅游住宿业智慧化建设情况调度推进,积极为广大游客提供高品质旅游消费产品,以高质量发展来满足人民群众日益增长的消费需求。

(资料来源:青岛日报,2024-3-18.)

思考:

(1)阅读材料,分析如何为顾客打造更好的消费体验?

(2)根据本章内容,结合案例,分析影响顾客体验的因素。

第7章　酒店数字营销

【内容导读】

　　用数字营销赋能酒店智慧运营、用数字化引领酒店行业的效能革命将是未来不可逆转的新趋势。数字技术驱动数字营销平台的产生,数字营销平台的产生使传统营销逐渐被边缘化,催生出数字化营销。数字技术的升级推动营销方式的变革,数字化营销成为数字经济时代最重要的营销手段。本章将介绍酒店数字营销的概念,对酒店数字营销的多个方式进行详细阐述,包括微信营销、短视频营销、微博营销、OTA 营销和直播营销。重点学习不同平台营销的应用与技巧,丰富酒店数字营销的知识,构建酒店数字化营销的认知和实用基础。

【学习目标】

　　1.了解酒店数字营销的概念。

　　2.熟悉酒店数字营销的内容及特征。

　　3.熟悉微信营销、短视频营销、微博营销、OTA 营销、直播营销的区别与联系。

　　4.掌握各类数字营销渠道的技巧及策略。

7.1　酒店数字营销概述

　　在数字经济时代,数字营销的战略价值和应用前景日益明显,已成为理论和实践探索的前沿与焦点。随着 Web 4.0、物联网(IOT)、区块链、人工智能(AI)、大数据分析的推广和应用,企业的营销模式、消费者的消费和生活方式都在发生重要变化,数字营销日益得到管理者和研究者的重视。数字营销提供接触、告知和吸引客户以及向他们提供和销售产品和服务的新方法。随着智能手机的普及和移动互联网渗透率的增长,人们能够随时随地进行线上活动,微信、微博、电子商务、移动支付等逐渐成为人们生活中不可或缺的部分。数字技术正在深刻改变人们的生活方式和业务能力。在数字环境下,市场营销的重心已经从"供应商视角"转换到"消费者视角",消费者开始主导交换过程。只有能够快速调整供应满足消费者需求的公司和品牌才能够获得成功,为适应数字环境和消费者的变化,企业必须快速调整自己。在数字技术环境下,营销理念、营销传播方式、方法和平台选择也都要随之发生改变。数字营销方法也被纳入公司和品牌的营销策略中,以实现销售和消费者认可。如今,企业已经在各大数字平台上展开了各式各样的数字营销实践,社交和移动媒体的数字营销方式已经成为消费者社会生活中的一部分,甚至催生了新型的客户关系管理方式。

（1）酒店数字营销的概念

根据美国市场营销协会的定义,所谓数字营销就是由数字相关技术促进的营销活动、机制和过程,旨在为顾客和其他利益相关者创造、传播和交付价值;类似地,Kannan 和 Li（2017）将数字营销定义为"企业与顾客及合作伙伴协作,共同为利益相关者创造、沟通、交付和维持价值的适应性技术赋能过程"。由此可见,数字营销实际上就是基于数字相关技术展开的营销活动、过程或机制,它能够产生并传递价值,进而在数字技术赋能中创造、维持和发展关系。

本书所探讨的数字营销将从其多重优势出发,例如提高线上消费者的覆盖度、精准定位消费者从而提高转化率、更加灵活地调整营销策略以适配不同场景等,制订能够有效触达受众的数字营销计划,同时能够帮助酒店业市场营销人员完备数字营销策略或调整数字营销方向。例如,借力大数据了解客户画像,追踪不同类型受众所活跃的媒体平台或团购平台上所喜好的内容,并且在相应平台适时地提供个性化、定制化的内容、产品及服务。再通过媒体购买或大数据推送等方式将生产的内容推送至目标客群,直接触达客户,使其感知、了解广告主能够为其提供符合他们预期的产品或服务,帮助市场营销人员可以更好地了解哪些策略能够真正推动增长。

本书认为酒店数字化营销是以国际互联网为基础,利用数字化信息和网络媒体的相互性来达成酒店营销目标的一种酒店新型营销方式。简单地说,酒店数字化营销是以互联网平台为核心,以网络用户为中心,以市场需求认知为导向,整合各种网络资源,从而实现酒店营销目的的一种行为。

（2）酒店数字营销的内容

随着数字时代互联网的飞速发展,仅仅"以客户为中心"已远远不够,还需要打造"以客户为中心的场景",与客户之间建立一条"快速通道"。酒店需要转变思维,进行数字化营销,积累用户数据,搭建企业私域流量池,利用技术手段实现精准营销,打造以客户为中心的场景,与客户建立更直接、更有温度的连接,从而降低营销成本,提升营销效果。

数字化营销落地需要用对方法,在开展数字化营销的初期,即使产生的成果和效果很微弱,也要让全体工作人员看到和感受到数字化营销带来的变化。只有眼见为实,才能促进思考和理解,进而产生认同。可视化和讲故事可以更有效地提升酒店员工对数字化营销的认知。此外,没有人比员工更了解自己的酒店,酒店在发布营销内容之前一定要咨询一下酒店各主要职能部门主管和主要员工的意见。酒店应该利用好真正接触到酒店产品的这 10%～15% 的员工,将他们的行业知识转化为内容。

进行酒店数字化营销,流量是关键,流量主要分为公域流量和私域流量。公域流量是指如百度、今日头条、微博、OTA 等,通过广告投入或活动方式吸引新用户,只要酒店不断投入,就可以持续不断地获取流量。私域流量是相对公域流量而言的概念,是指酒店自有、低成本、可反复利用、直接触达用户的流量,如酒店的自媒体、微信群、营销小程序等。在私域管理中,酒店可通过小程序提供多种场景、多种玩法,如小程序邀请新用户礼赏、任务/超额积分奖励、客房服务、电子早餐券、分销及裂变等,通过酒店在微信/小程序及各类营销形式的组合,建立不同场景吸引用户,并直接成为酒店的私域流量。

（3）酒店数字营销的特征

作为数字时代一种独特的营销方式,数字营销拥有深度互动性、目标精准性、平台多样性、服务个性化与定制化等特点。

1）深度互动性

互动性是数字营销的本质特征。从本质上看,互动即一种与他人发生的关联性,这也是数字营销传播的本质特征体现。在数字技术的进步和发展下,绝大部分数字媒体都具有互动的功能,信息在其中沟通交互,消费者能够拥有双向或多向的信息传播渠道。"互动"相较于传统传播模式中的"反馈"有一定差别,它是存在于信息传播之间的一种信息传播特性,在两者之间通过媒介完成信息的传达后,受众不仅用信息反馈的方式做出回应,更是在这之上,完成与传播者之间的信息交流。

数字营销的传播模式由直线模式转变为循环互动模式,创意、营销与传播协同一体化。消费者在拥有更多权利的情况下,可以完成从信息的搜集、参与互动到购买及反馈的一系列行为。武汉大学新闻与传播学院姚曦教授将数字营销的互动形式分为三种:人际互动(数字媒介作为界面两端人与人之间的交流中介);人机互动(消费者与日益智能化的电脑、手机等媒介进行信息交换);人与信息互动(消费者与数字终端的内容进行互动,进行信息的生产与传播活动)。

在体验经济的大背景下,参与品牌的信息传播体验,已逐渐成为吸引受众的关键诉求点。由于建立在经济发展基础上的消费者素养提高,消费者对于不同品牌之间的分析比较能力相应增强。商品的基本功能性诉求此时已经无法满足消费者对于商品价值的完整性感知,从广告信息传播的角度来说,图文设计的单向传播,也逐渐变成通过给予消费者"互动"体验来完成传受之间交流的模式。

2)目标精准性

数字营销背景下的互联网个性化传播特征明显。在大数据的背景下,我们经常能听到"数据分析"这个词,那么,究竟什么是数据分析呢?通俗地讲,数据分析就是数据加分析,即对收集来的大量第一手资料和第二手资料进行技术分析,以求最大化地开发数据资料的功能,发挥数据的作用。不同营销目的需要挖掘与分析的数据不同,因此需要根据不同的营销目的进行不同的营销数据组合设计,便于精准推送。通过对客户数据的分析,可以了解客户的购买习惯,进行客户细分,以此来提高客户满意度,从而提升企业竞争力,还可以更好地打造产品定位,调整店铺的营销策略,满足不同客户的个性化需求,提高客户忠诚度和保有率,以此来获得客户价值的持续贡献,从而全面提升企业的盈利能力。

目前国内众多营销平台借助专业大数据分析技术,通过对渠道的投入产出比进行数据分析,再依据不同品牌推广的需求对渠道进行再评估及整合优化,实现最大程度的精准营销。精准营销包含DSP(数字信号处理)、用户画像、程序化购买、智能推荐等概念。而精准数字营销可分为两个阶段,第一个阶段是通过精准推广获取更多数量的新客户;第二个阶段是通过精准运营,实现新用户的成功转化,并在达成交易的同时,实现消费者对企业品牌忠诚度的提升。

在收集和分析消费者信息方面,数字技术提供了无限可能。应用数字技术,消费者的消费习惯、媒介接触规律以及基本的人口统计学信息都能得到全方位收集,加上对消费者的短期行为和长期行为进行比对分析,即可描绘出"用户画像",在此基础上,用户的实际需求和客户的传播要求可以被有效结合,从而告别广撒网的粗放式传播,实现精准营销。通过技术平台和营销平台的有效对接,将匹配目标用户需求的产品信息准确推送,向其投放相应的定制广告,虽说在某种程度上存在机械化、精而不准的局限性,但目前来看,这也平衡了用户的实际需求和客户的产品诉求,有利于营建双赢局面。

3)平台多样性

数字时代,数字营销的渠道和平台逐渐多样化,除了传统的网站、App、微博、微信等社交媒体,还有迅速走红的移动直播平台、短视频等。在媒介融合的生态环境下,数字化信息的承载与表达呈现多样化特征,话语权的下放推动"人人都是自媒体、麦克风"的时代来临,传受之间的身份边界模糊,消费者在自有的营销传播渠道中分享、传播信息。

在这种大背景下,数字营销在丰富企业营销触角的同时,也会带来很多新问题,如多入口、多平台的管理与整合问题,以及各种渠道沉淀下来的数据分析与利用问题等。企业在营销传播的过程中需要关注到每一类营销传播的主体和接触点,积极构建全方位的营销传播平台,从而打造品牌独有的信息传播生态系统。

4)服务个性化与定制化

在数字营销时代的消费者洞察中,企业和品牌需要不断创新来保证产品的"新鲜度",但产品本身的创新,虽能提升产品自身的竞争力,却无法支撑品牌的全面发展。只有从消费者的角度出发,对产品从生产模式到终端平台全方位营销传播创新,才能驱动品牌长远而持续发展,而这种创新的源头,正是对市场与消费者的洞察和研究。

服务个性化、定制化是伴随着网络、电子商务、信息技术等现代数字技术的发展而兴起的数字营销特征。随着市场环境与消费者需求的变化,个性化消费、品牌体验式消费已成为消费升级的趋势、企业与产品营销需要与消费者进行更为深入的沟通与交流,打造"千人千面"的营销体验。服务个性化、定制化,是在大数据分析的基础上,从策略层面精准定位网络时代的消费者,从而确定适合消费者的最佳传播方式,以服务于品牌本身。数字时代,用户不仅是信息的接收者,更是信息的传播载体,而不同用户发出的需求,正是数字技术在精准"用户画像"之后,企业制定营销传播策略的本源。

7.2 微信营销

7.2.1 微信营销概述

(1)微信营销的概念

2011 年 1 月 21 日,腾讯推出即时通信应用"微信",支持发送语音短信、视频、图片和文字,可以群聊。2019 年年初公布的 2018 年微信数据报告中活跃用户达 10.82 亿,包括各个年龄层。腾讯公布的 2022 年 Q3 财报显示,微信月活跃用户达到 13.09 亿,小程序日活跃用户突破 6 亿,日均使用次数同比增长超 50%。微信营销是伴随着微信的发展而兴起的一种网络营销方式,是网络经济时代企业或个人营销模式的一种。用户注册微信后可以按照自己的需求关注不同的公众号,商家经营公众号提供给用户需要的信息,从而推广自己的产品,实现点对点的营销。微信营销主要体现在针对移动客户端进行的区域定位营销,商家通过微信公众平台,展示商家微官网、微会员、微推送、微支付、微活动,形成了一种线上线下微信互动营销方式。

（2）微信营销的特点

1）低廉的营销成本

传统的营销方式（如电视广告、报纸广告、宣传海报等）通常要耗费大量的人力、物力和财力，微信营销是基于微信这个平台进行的，微信的各项功能都可供用户免费使用，使用过程中仅产生少量的流量费。与传统营销方式相比，微信营销的成本极为低廉，几乎接近于零。

2）强大的支撑后台

微信依托的是强大的"腾讯帝国"，腾讯拥有新闻、游戏、QQ等多种产品形式，其多年的发展积累了广泛的用户基础。在互联网行业中，用户的使用带来流量，进而流量带来红利，微信与腾讯固有用户关联是微信用户数量如此庞大的一个重要原因。

3）精准的营销定位

在微信公众平台中通过一对一的关注和推送，企业不仅可以向粉丝推送相关产品及活动信息，而且可以建立自己的客户数据库，使微信成为有效的客户关系管理平台，通过用户分组和地域控制，针对用户特点，将信息推送至目标用户。此外，在朋友圈信息流广告中，企业可以借助微信后台掌握的标签化用户数据，使目标用户的触达更加精准。

4）信息交流的互动性

微信的载体是智能手机，这意味着只要拥有智能手机，无论何时何地企业都可以与客户进行互动，了解客户的需求，进而满足客户的需求。微博营销虽然也可以与粉丝互动，但及时性远远比不上微信营销，而且与微博的开放性不同，微信在进行信息交流时具有私密性，更能够体现社会化媒体的强关系。营销方式更人性化。微信营销是一种非常亲民的营销方式，以朋友的口碑宣传为载体，使得用户的接受意愿与能力得以显著提升。微信公众账号的内容推送既可以主动推送，也可以把接收信息的权利交给客户，让用户自己接收感兴趣的内容，比如回复某个关键词就可以看到相关的内容。

5）信息传播的有效性

企业利用微信公众平台向客户推送信息，这能保证客户100%接收到企业推送的信息。另外，客户是因为对产品或企业感兴趣而自愿扫描企业二维码或输入账号添加官方微信的，因此，当接收到来自企业官方微信的信息时，他们能有效地关注所接收的信息。

6）多元化的营销模式

微信营销拥有位置签名、二维码、开放平台、朋友圈信息流广告、微信公众平台、微信小程序、LBS竞价广告等多种营销模式，这些模式各有特点，企业可以针对不同的营销目的选择不同的模式组合。另外,微信支持多种类型的信息,不仅支持文字、图片的传达,而且可以发送语音信息,这使得企业可以利用微信完成与客户的全方位交流和互动。形式灵活多样。微信平台除了基本的聊天功能外,还有朋友圈、语音提醒、公众平台、二维码、摇一摇等功能。

①位置签名。微信结合了LBS功能,在微信的"朋友们"选项卡中,有个"查看附近的人"的插件,用户可以查找自己所在地理位置附近的微信用户。系统除了显示附近用户的姓名等基本信息外,还会显示用户签名档的内容。商家可以利用这个免费的广告位为自己做宣传,甚至打广告。

②二维码。用户可以通过扫描识别二维码身份来添加朋友、关注企业账号等;企业则可以通过设定自己品牌的二维码,用折扣、优惠、小礼品以及发红包来吸引用户关注,开拓O2O的营销模式。

③开放平台。利用微信开放平台,应用开发者可通过微信开放接口接入第三方应用,还可以将应用的Logo放入微信附件栏中,使用户可以方便地在会话中调用第三方应用进行内容选择与分享。

④公众平台。在微信公众平台上,每个人都可以用一个QQ号码,打造自己的微信公众账号,并在微信平台上实现和特定群体的文字、图片、语音的全方位沟通和互动。

⑤小程序。小程序是一种不需要下载安装即可使用的应用,它实现了应用"触手可及"的梦想,用户扫一扫或者搜一下即可打开应用。也体现了"用完即走"的理念,用户不用关心是否安装太多应用的问题。

7.2.2　微信公众号营销

(1)微信公众号类别

根据微信公众平台官方网站的信息,到2016年6月,微信公众号的类型分为订阅号、服务号、企业号三类。订阅号主要偏向于为用户传达资讯(类似报纸、杂志),认证前后都是每天只可以群发一条消息。如果想简单地发送消息,达到宣传效果,建议可选择订阅号。服务号主要偏向于服务交互(提供服务查询),认证前后都是每个月可群发4条消息。如果想进行商品销售,建议可申请服务号。企业号主要用于公司内部通信使用,需要先有成员的信息验证才可以成功关注企业号。如果想用来管理内部企业员工、团队,对内使用,可申请企业号。

(2)微信公众号的设计

企业微信公众号的设计主要包括头像、名称、微信号、二维码、功能介绍和功能管理6个部分。

1）头像

微信公众号的头像是企业品牌识别和整体形象的延伸。头像的设计要尽量体现企业的个性化。对于已经拥有品牌知名度的企业,可以使用品牌标识作为头像;而对于目前缺乏品牌知名度的企业,在设计头像时,要尽量使用户在第一印象中获取有效信息。目前,企业微信公众号的头像的类型主要有 Logo 型、文字型、卡通图像型和角色形象型,企业可以根据自身经营的特点选择合适的类型。

2）名称

微信公众号的名称是企业品牌的第一标签和第一印象。微信公众账号名称在命名时,要尽量做到利用专业化、个性化、关联化的词汇锁定目标用户,促进推广。

3）微信号

企业微信公众号需要由 6~20 个以内的字母,数字、下划线、减号组成,并且以字母开头。企业微信号与头像、名称相关,要尽量与企业文化、品牌具有统一性,简短易记,避免和减少使用特殊符号。

4）二维码

微信平台赋予个人和企业账号唯一的可供识别的二维码,有多种尺寸可供选择,每种边长的二维码都可以通过微信公众平台进行下载,可以根据自身的需要选择。

5）功能介绍

功能介绍是企业对微信公众号的功能描述。每个自然月允许修改功能介绍 5 次,字数控制在 4~120 以内。企业用最简洁的词语表达"你是谁、你能做什么",要尽可能简单好记,容易理解。

6）功能设计

企业微信公众号主要有群发、自动回复、自定义菜单和投票管理 4 种功能。其中自定义菜单是其主要功能。群发它是企业向客户推送产品和服务的重要窗口,群发功能目前支持文字、图片、语音、视频等信息的发送。自动回复,企业通过简单易懂的语言、图文、语音等作为自动回复信息,达到用户认知,双向互动和宣传引流的目的。按关键字自动回复是当下的主要类型,该类型自动回复的上限为 200 条规则,每条规则最多 10 个关键字、5 条回复。利用自定义回复,可以带来更好的用户体验。例如,企业可以为自己的公众账号设置感谢关注和订阅的自动回复"非常感谢您的关注和支持……"随后可以向用户展示关键词导航"回复 1 中餐,回复 2 酒店会员办理……"

7）自定义菜单

每个微信公众号最多创建 3 个一级菜单,每个一级菜单最多可以创建 5 个二级菜单。菜单名称支持中英文,一级菜单名称不多于 8 个字符,二级菜单名称不多于 16 个字符。公众号的功能需要清晰地表现在菜单栏上,分类精确且不冗杂。通过菜单设计,帮助用户实现收取信息、跳转网页等功能。例如,南方航空微信平台的主页分为航班服务、自助服务、粉丝专享3个部分。第一部分包括机票预订、旅游度假、航班动态、订单查询等;第二部分包括人工客服、会员制度等;第三部分包括抽奖促销、服务保障等。

（3）微信公众号的管理

1）消息管理

用户与企业之间可以通过公众号进行信息互动。企业可以在48小时内对用户的信息进行回复,超时则需要等到用户重新发起对话。系统一般会保留最近5天的文本信息和最近3天的图片及语音信息,星标信息则可以永久保留。

2）用户管理

微信公众账号的用户管理支持企业对用户的搜索、备注和分组。企业可以通过昵称和微信号快速搜索到关注公众号的"粉丝"。企业也可以对"粉丝"进行名称或相关信息备注,备注要求在60个字符以内,支持特殊符号,并且没有修改次数限制。用户分组的名称要求1~6个字符以内,分组最多不超过100个。被移入黑名单分组的用户则无法发送消息和接收群发信息,只支持查看10条历史信息。

3）素材管理

微信公众号的素材主要有图文消息、图片、语音、视频4种格式。每种素材的上传都有具体要求。其中,使用最多、操作相对复杂的是图文消息。图文消息包括标题、作者和正文等部分。通过编辑和排版,向用户推送企业产品和服务等资讯。图片素材要求大小低于2 MB,支持jpg、jpeg、bmp、gif格式;语音素材要求大小低于5 MB,支持mp3、wma、wav、amr格式;视频素材要求大小低于20 MB,支持rm、rmvb、avi、mpg、mpeg、mp4、wmv格式。

4）移动端管理

微信公众号的基本操作大多都在PC端完成。企业运营者可以通过"公众号安全助手"在移动设备端登录公众号,更加便捷地进行信息查收、评论、赞赏、群发和查看历史消息等操作。

（4）微信公众号营销策略

在酒店营销过程中,应当以微信公众号为基础不断扩大品牌的营销力,从而吸引更多客户。虽然在当前的酒店微信公众号营运过程中依然存在多种问题,但是酒店想要通过公众号获得更多用户,则应当采取必要的对策。

1）进行品牌式营销

酒店可借助多种方式确保微信用户对酒店微信公众平台予以认可和关注,进而提升公众对于微信公众平台的认知和认同感,确保将网络的关注转化为现实购买。不断拓展公众平台的推广渠道,通过朋友圈关注、微信文章扫描二维码关注以及物件关注等多种方式进一步增加微信公众平台的关注数量。

选择更加简单和容易查找的公众号名称、图像以及位置签名等,从而确保其能够和酒店名称相符合,确保其具有较强的识别性,更需要保证微信公众号的独特性和不可复制性。进一步提升公众平台界面的友好性和美学效果,保证广大用户在实际使用过程中能够更加便捷地获取相关资讯。对潜在性客户群体进行主动定位,借助位置服务技术,对潜在性受众进行搜索和定位、通过主动定位等方式将产品和促销的相关信息精确推送到周围用户,最终实现酒店的营销。

2）推动体验式营销

体验式营销在充分满足广大用户信息获取和产品消费的同时,应当进一步提升体验服务的基本层次。

在全面了解客户基本特征的同时,应当对客户和酒店的接触界面进行全面化的设计,从而充分借助微信公众平台为客户创造最美好的消费体验。在确定接触界面的同时,应当形成微信公众平台的业务实现情景,确保平台相关功能的实现。

在营销推广阶段,应当借助优惠卡和特定优惠产品以及特色餐饮品尝等多种方式促使广大受众关注微信,并在微信官网多媒体上完成公司产品服务的展示,与此同时更要设置微信抽奖环节,促使大家完成购买。

在实际购买支付阶段,以公众平台为基础对酒店的实际位置进行实际购买支付查询和导航,并提供实景看房功能,以确保受众能够更加真实清楚地了解酒店的相关信息。

在完成购买之后,酒店应当以订单信息为基础,提供服务交付之前的信息通知。对于全新顾客则应当通过微信了解其实际爱好,从而提供个性化的服务套餐。而对于老客户应当通过微信向其制订科学的服务方案,并获得客户的认可和确认,在客户确认之后,应当获得个性化和针对性的服务。

在酒店入住、住店期间与离店时。顾客进入酒店应当通过扫描二维码或者信息推送的方式,使客户在极短的时间内了解入住的基本流程。客人在进入酒店房间之后,如果存在需要投诉的内容,则应当通过微信平台将编辑好的文字和图片发送到前台,以完成问题的快速处理。在酒店住宿阶段,针对酒店服务的相关内容也可以通过微信完成。当前,在多个知名酒店中已经形成了以微信商城为基础的床上、卫浴以及家具等多种体验式家具消费电商平台,在顾客产生购买意愿之后,便可以通过二维码扫描的方式完成下单,并快递送货上门。在客户离开酒店的过程中,顾客可以通过微信公众平台完成结账。在离开酒店阶段,离店手续以及发票领取等多种手续办理,而查房的相关情况也可以通过微信告知顾客。

3）借助红包式营销

作为微信于 2014 年推出的一种重要功能——微信红包实现了货币的电子发放和查收以及提现，而微信红包因为其实际操作简单，金额由个人进行设定，具有较强的趣味性和吸引性，符合用户的心理需求，能够在网络上快速发展，并获得广大受众的认可。因此，酒店可借助于红包做好公众号的营销。在营销过程中，倘若关注数量达到一定数量，则可以给予红包奖励。在实际购买阶段，酒店可通过微信红包的方式吸引客户完成酒店产品的购买。在完成购买之后，可将微信红包作为折扣直接返还给客户。在客人入住之后，酒店可在公众平台通过抽奖和有奖竞猜等多种方式，提升客户在酒店中住宿的基本趣味性。在客人离开之后，酒店可在节假日向客户发放红包，从而提升客户对于酒店的好感，确保客户再次进入酒店入住。

4）微信公众号图文推送

做好公众号营销的一个关键点就在于我们所推送的内容，除了要与酒店特点紧密结合外，更应该从客人的角度去着想，而不是一味地推送乏味的酒店内容。因为我们所使用的公众号不是为酒店服务的，而是为客人服务的，只有从你的信息当中获得想要的东西，客人才会更加忠实于你，接下来的销售才会变得理所当然。

推送原则。酒店在利用微信公众号向客人推送图文信息时，对推送时间及内容。一是要对酒店准确定位，根据酒店主题特色和客群制定文章风格（幽默、文艺等）。二是根据客人休闲时间，确定微信文章推送时间，及时互动可提高用户。三是定期进行图文分析、用户分析，为后续文章内容的制定和客群关系的维护做参考。

推送的注意事项。向粉丝频繁地推送消息可以提高企业的曝光率，也可能会招致粉丝的反感，让粉丝取消关注。所以在推送内容上需要经过仔细选择，及时分析微信数据，根据数据调整微信推送的内容。

7.2.3 微信小程序营销

小程序的兴起，对于酒店行业来说又增加了一个推广渠道。微信小程序，简称小程序，英文名 Mini Program，是一种不需要下载安装即可使用的应用。

小程序实现了应用"触手可及"的梦想，用户扫一扫或搜一下即可打开应用。也体现了"用完即走"的理念，用户不用关心是否安装太多应用的问题。应用将无处不在，随时可用，但又无须安装卸载。

（1）酒店小程序的优势

1）凸显酒店的主题或特色

以一键连 Wi-Fi 接入服务界面，增加酒店关注度、美誉度，最终达成客人增加停留时间,增加收益。少量广告费投入,大收益。异业联盟手段更完善、高效、简便,随时可以调用适合酒店当下场景的合作伙伴,提升酒店收益手段更灵活。

2)增加在店客人平均消费

酒店可将餐饮、SPA、零食、饮料、生活用品、枕头菜单等服务,及酒店周边美食、活动、娱乐、特产等,在小程序通过精美的图文、促销、点评、捆绑打包、免费试用等方式提升曝光度及转化率,提高客房平均消费。

3)满足客人个性化需求

如酒店微服务提供枕头菜单、睡眠测试、灯光、音乐等个性化服务,客人可根据自身的喜好选择合适自己的枕头、美容美发、按摩、小电器、智能硬件等,销售客房时可作为卖点,打造特制房型,提升客户满意度及产品价值。

4)实现设备资源共享,降低采购成本

如枕头菜单、空气净化器、干衣机、电暖机、耳机、加湿器等非标配设备,实现资源共享,用户通过服务软件通知服务员即可,避免大量采购增加客房成本。

5)体验式购物额外增加收入

供应商提供样品给到客人免费体验,客人体验好可购买回家,厂家负责发货,酒店得到分成。

6)客人服务请求迅速响应

客人无须拨打电话,酒店无须接听电话,特别是在入住高峰服务时段,通过楼层、物品、时间匹配,服务员能用手机及时接收客人服务请求并安排处理,提升运营效率。

7)更环保、更及时实现酒店O2O

电子化菜单可根据市场需求随时修改促销政策,每年节省大量纸质宣传册损耗,让客人在线上下单、店内得到服务。

8)记录客人喜好,收集客户反馈

后台自动记录客人消费记录及喜好,以便客人下次到店前做好个性服务准备,提升客人对酒店服务的认同感。

(2)酒店小程序营销策略

在小程序功能极大开放、市场普遍认可以及乐意接受的环境下。酒店、住宿行业的小程序应用场景主要有酒店介绍、品牌介绍、建议反馈、在线咨询、位置导航、预约入住等方面。

1)酒店介绍方面

展示了酒店相关文化、场景布置的照片、酒店发展历程等,全方位地展示酒店文化,获取客户的进一步认可,树立良好的行业形象,有利于活动的更好推动。

2）品牌介绍方面

介绍酒店的品牌历程以及酒店的相关特色,给消费者清晰展示品牌故事,加深印象,更好地宣传企业品牌,增强用户黏性。

3）建议反馈方面

对于酒店提供的产品或者服务进行意见反馈,并留下用户的联系方式,听取用户的意见,改进相关的运营方案,与用户形成良好的互动关系,尊重用户意见,提高用户体验。

4）在线咨询方面

直接在小程序页面展示酒店的微信以及客服电话,客户直接进行联系,一触即达,及时捕捉客户需求,快速解决客户疑惑,展现高度专业与优质服务,提高用户体验。

5）位置导航方面

展示酒店的位置信息,包括门店的分布点、位置详细布局等,客户直接点击即可实现导航。客户可以根据展现的地址信息选择有利位置,可便捷客户选择迅速到达的地方,聚焦客户。

6）预约入住方面

客户可以预约入住时间段,可以自由设定,还可以预约所选的房间套餐等,为客户提供了灵活的时间准备以及日程的有效安排,提高用户体验。

7.2.4 微信视频号营销

"微信的短内容一直是我们要发力的方向,毕竟,表达是每个人天然的需求。"上面这句话是张小龙 2020 年 1 月 9 日在微信公开课 PRO 演讲中提到的。值得注意的是,他在描述中使用的是"短内容",而不是"短视频"。这里透露出两个关键词,一个是"短内容",一个是"表达"。这说明了一个重要的问题,视频号其实是展现短内容的一个窗口。换句话说,视频号是短内容的一个载体。

视频号是一个让你可以记录生活和创作作品的平台,也是一个了解他人、了解世界的窗口。值得一提的是,英文版微信中视频号叫 Channels(频道),顾名思义,频道面向的是广场流量。或许,我们可以换个更加简单而贴切的说法来认识视频号。所谓的视频号,就是你拥有一个属于自己的电视频道,你可以随心所欲地在属于你的电视频道中表演节目、展示你的才华、发表你的观点。视频号的出现,意味着大家再一次迎来了一个巨大的短视频流量红利期。

（1）视频号的作用

想要更好地了解视频号,我们必须在微信生态下去解读视频号,因为视频号并不是孤立存在的。随着公众号打开率的降低,公众号的有效触达开始减弱,视频号无疑成为一个新的流量宣发渠道。同时,朋友圈里的优质内容被不断稀释(占比减少),视频号的出现能从短内容层面对此进行补充。

总之,视频号会丰富微信体系内的内容生态,提升社交的能量和价值,从而进一步提升微信用户的活跃度。与此同时,微信的强社交属性也会将优质的短内容发掘出来并放大。继微信公众号带来自媒体红利之后,视频号将为微信生态里的内容创作者带来另一波机会。

1)视频号的补充与分发属性

微信做短视频产品,无论是视频动态(即时视频)还是视频号,对外宣称的想法都是:为每个用户创造展示自己的平台,人人都能创作。这在理论上能丰富微信生态内的内容。视频号的全面开放,必将提高微信小程序、微信小游戏及其他合作产品的转化能力,也将为个人创作者及中小企业主带来红利。而且借助微信生态,我们可以直接将用户沉淀为私域流量,从而大大减少引流折损率并提高交易转化率。视频号既可以作为公众号的补充,也可以作为独立的内容分发平台,并且可以和公众号之间相互引流,这是其他任何生态都不具备的优势,也是其他平台无法与之匹敌的原因所在。

2)视频号是闭环私域流量

私域流量闭环,视频号属于微信生态,可以通过个人微信、微信群、朋友圈、公众号来推广,从而建立微信+微信群+公众号+视频号的私域流量生态。社交闭环,视频号自带社交属性,可以通过联合公众号(扩展链接仅支持公众号)、朋友圈、小程序和微信支付、视频号形成一个完整的生态,以便获取更多的商业流量,并实现公域流量向私域流量的转化。营销生态闭环,视频号可以作为桥梁,联通微信其他独立的产品,比如公众号、小程序、微信圈子、微信商城等,实现其他短视频平台无法做到的营销生态闭环。

(2)视频号营销策略

视频号营销需要结合具体的目标和受众需求,制定相应的策略和方法,通过优质内容、互动、推广等手段,提高视频号的影响力和营销效果。

1)制作优质内容

制作有趣、有价值的视频内容是视频号营销的基础。内容可以是产品介绍、教程、案例分享等,要符合目标受众的需求。

2)提高曝光率

通过优化视频标题、封面、标签等,提高视频在平台上的曝光率。可以借助搜索引擎优化(SEO)技巧,提高视频在搜索结果中的排名。

3）持续互动

与观众保持互动,回复评论、私信等。可以通过抽奖、问答等方式增加观众参与度,提高粉丝黏性。

4）跨平台推广

将视频号内容推广到其他社交媒体平台,如微博、微信等。可以通过分享链接、引导用户扫码等方式,增加视频的曝光和观看量。

5）合作推广

与其他视频号创作者、KOL、品牌等进行合作推广。可以通过合作制作视频、互相推荐等方式,扩大影响力和观众群体。

6）数据分析和优化

定期分析视频号的数据,了解观众喜好、观看行为等,根据数据优化内容和营销策略,提高视频号的效果和转化率。

7）品牌整合营销

将视频号纳入品牌的整体营销策略中,与其他渠道和活动相结合,形成品牌的一体化传播效果。

【知识链接】

万豪旅享家在微信的板块内容有微信朋友圈广告、搜一搜官方区、官方公众号、自媒体视频号等。主要板块内容如下:第一,官方公众号。万豪旅享家公众号的关注人数在 130 万左右,平均推送活动的阅览量在 1 万左右。从每月点击量来看,微信渠道在 2 月份点击量达到了 41 007,而在 12 月却仅有 12 702,有的月份点击量很高,有的月份很低。微信公众号底部菜单栏的功能包括预订及服务、双倍积分、更多惊喜 3 个板块。第二,搜一搜官方区。微信搜一搜品牌产品主要包括品牌官方区和活动打卡两个板块,帮助品牌更好地展示账号和服务。用户通过搜索万豪、万豪旅享家、Marriott等关键词,会跳转到官方预设的页面。该页面设置客房预订、餐饮预订、会员注册等模块,也有公众号、视频号、小程序的跳转链接。第三,朋友圈广告。它根据人群用户画像,最终完成公众号关注、卡圈发放、客资收集等推广目的。

(资料来源:王博海,邹光勇.酒店新媒体 4R 营销——以万豪酒店集团为例[EB/OL].腾讯网,2022-04-19.)

7.3　短视频营销

7.3.1　短视频营销概述

（1）短视频营销的定义

我国短视频行业自 2011 年起,在 4G 技术、智能手机及移动互联网的发展推动下,行业呈现爆发式增长。姜丽将网络视频营销定义为由 UGC（User Generated Content）按照广告内容由企业和用户上传的网络视频,认为网络视频是一种新兴的营销方式,以网络传播为载体的广告形式。王军、赵雪薇在短视频传播的过程中,用户可以更全面生动地了解整个旅游目的地的风土人情,透过视频就可以有"代入感"和直观的体验。刘胜枝将短视频定义为时长在 5 分钟以内,以新媒体为传播渠道的视频内容;短视频本身具有的多样化、多元化、交互性、社交性等特征能够满足人们的社交需求和娱乐需求。郭戈将短视频定义为基本时长在 15 秒到 5 分钟,产品视频内容经过用户制作上传、大数据推送、点赞、转发、收藏、滑动手机屏幕查看下一条的软件产品形态。刘慧悦、阎敏君将移动短视频定义为"去中心化"的社交媒体传播方式。

本书将短视频营销定义为时长范围在 15 秒至 5 分钟,以宣传推广为目的而制作,具有多样性、趣味性、社交性,通过新媒体方式传播的视频;使消费者通过观看短视频,对消费者选择酒店产品和服务产生态度的影响,以达到宣传目的的营销方式。

具有营销意义的短视频一般要求:①长度保持在 10 分钟以内;②整个视频内容的节奏比较快;③视频内容一般较充实、紧凑;④适用于碎片化的消费方式。

与电视视频相比,短视频主要通过网络平台进行传播,其文件格式主要包括以下 4 种:①MOV（苹果公司研发的音频、视频格式）;②WMV（微软公司推出的视频编解码格式）;③RMVB（多媒体数字容器格式）;④AVI（音频、视频组合格式）。

（2）短视频营销的特点

短视频的出现丰富了新媒体原生广告的形式,短视频需要清晰明了地为消费者展示产品的质量、特性、款式等内容。不同于微电影,短视频制作不需要特定的表达形式和团队配置要求,它在制作的过程中只选择其中一个要点说出来即可,内容要么有趣,要么有指导意义,要么能产生互动,要么能引发情感共鸣。只要短视频有一个吸引人的点,就会有人观看。

1）性价比更高

短视频具有推广价格低廉和受众群体精准等优势。与传统的广告营销少则几百万元,多则几千万元的资金投入相比,短视频营销的成本算是比较低的,这也是短视频营销的优势之一。成本低主要表现在 3 大方面,即制作的成本低,传播的成本低及维护的成本低。短视频营销还拥有传播速度快,难以复制的优势,因为短视频营销本身就属于网络营销,所以短视频能够迅速地在网络上传播开来,再加上其时间短,适合现在快节奏的生活,因此更能赢得广大受众的青睐和欢迎。

2)营销效果更好

与文字和图片相比,短视频的真实性更高,再加上都是连续的片段,不会造成视觉上的太大偏差。对于消费者来说,短视频交代的信息量更大、更连贯,真实性也更强。营销效果好体现在消费者可以边看短视频,边对产品进行购买,这是传统的电视广告所不能拥有的优势。因为一般消费者在观看了电视广告之后,不能实现快捷购物,一般都是通过电话购买、实体店购买及网上购买等方式来满足购物欲望。在这些方式中,消费者都不可避免地会遇到一些问题,如在电话中无法很好地描述自己想购买的商品的特征、不想出门逛街购物等。而短视频可以将产品的购买链接放置在展示产品画面的四周或短视频播放窗口的周围,这样一来,就可以实现"一键购买"了。

短视频营销的效果得益于"边看边买",虽然图片、文字也可以传递信息,但不如短视频来得直接和富有画面感,更加容易激发消费者的购买欲望。同时,在短视频营销目前的变现模式中,电商这部分内容还是很值得挖掘的,因为电商发展得比较好,能够为短视频营销大展身手提供良好的平台。

短视频营销还具有指向性强这一优势。一是短视频平台通常都会设置搜索框,对搜索引擎进行优化,受众一般会在网站上对关键词进行搜索,漫无目的地闲逛的概率不大,这一行为使得短视频营销更加精准。二是短视频平台会发起活动和比赛,聚集用户。

3)社交媒体属性更强

一方面,用户通过参与短视频话题,突破了时间、空间、人群的限制,参与线上活动变得简单有趣,也更有参与感;另一方面,社交媒体为用户的创造及分享欲提供了一个便捷的传播渠道。

用户在与短视频进行互动的过程中,不仅可以点赞、评论,还可以转发。一条包含精彩内容的短视频,如果能够引发广大用户的兴趣并被他们积极转发,那么就很有可能达到病毒式传播的效果。例如,美拍、梨视频等平台上的火爆视频都可以通过转发来增加热度,实现短视频的营销。短视频平台除了自己转发和传播,还积极与新浪微博这样的社交平台达成合作,将内容精彩丰富的短视频通过流量庞大的微博发布出来,进而吸引更多的流量,推动短视频的传播。

7.3.2　短视频主流平台

（1）抖音

抖音是由今日头条旗下研发的一款短视频应用软件,其开发者是北京微播视界科技有限公司。抖音于2016年9月上线,是一个专注年轻人的音乐短视频社区。用户可以选择歌曲,配以短视频,形成自己的作品。抖音用户可以通过视频拍摄快慢、视频编辑、特效(反复、闪一下、慢镜头)等技术让视频更具创造性,而不是简单的对嘴型。抖音平台一般都是年轻用户,配乐以电音、舞曲为主,视频分为舞蹈派与创意派,共同的特点是都很有节奏感。

抖音的崛起,一是跟智能手机的普及有着重大的关系,二是抖音团队通过各种辅助的方式和手段,降低了拍摄短视频的难度。用户可以选择歌曲,通过视频拍摄快慢、视频编辑、视频特效等技术,让视频更具创造性,形成自己的作品。

（2）快手

同样作为短视频平台,快手与其他应用的不同之处在于它可以把录制的视频按照帧数进行精细剪辑。在快手中,用户可自定义的内容包括滤镜、相框、场景、配乐等。

"高级"编辑是快手与众不同的地方。通过"高级"编辑,用户可以把录制的视频转化为连续的若干帧图片,并对每一帧图片进行"文字""贴纸""画笔""删图"处理。使用"高级"编辑功能,用户可以更方便地制作与编辑视频内容。

快手的用户定位是"社会平均人"。快手大部分用户分布在二三线城市。把所有的快手用户抽象成一个人来看,他相当于一个"社会平均人"。中国人口中只有7%在一线城市,更多的则是在二三线城市,所以这个"社会平均人"就落在了二三线城市。

（3）西瓜视频

西瓜视频是字节跳动有限公司旗下的个性化推荐视频平台,由今日头条孵化。西瓜视频通过人工智能帮助每个人发现自己喜欢的视频,并帮助视频创作人轻松地向全世界分享自己的视频作品。西瓜视频主打个性化短视频推荐,集合了互联网流行的搞笑、体育、纪录片,经典动画、探秘未知等视频,播放清晰、流畅。个性化智能精准分发是西瓜视频作为短视频聚合平台的核心优势,方便用户看到自己喜欢的短视频内容。

边看边买是西瓜视频上线的一项服务于创作者,并为创作者带来收益的功能。在视频中插入与视频内容相关的商品卡片,用户观看视频时点击商品卡片完成交易,创作者即可获得佣金分成收益。

（4）美拍

美拍是一款来自美图秀秀旗下的短视频拍摄应用。美拍可以将整段的视频拍摄成 MV 特效,美拍有自动配乐、智能剪辑、顶级滤镜功能,使得普通用户可以拍摄出精美的 MV。

(5)秒拍

秒拍是炫一下公司推出的产品,是目前新浪微博官方短视频应用,拥有大量内容创作者以及丰富的内容分发渠道。秒拍主要面向发布视频的人,媒体属性十分突出,请了众多明星为秒拍代言和做推广。秒拍是一个集观看、拍摄、剪辑、分享于一体的超强短视频工具。其特点是支持手动缓存自己喜欢的视频,想看就看,不费流量。拍摄视频可识别多种手势及表情,也是一个好玩的短视频社区。

7.3.3　短视频内容策划

(1)短小精悍

明确短视频内容的核心主题。视频越短、内容越集中,可以让用户在短时间内收获更多信息,所以越能吸引到更多粉丝。一个视频要在极短时间内表现出所有的内容是一件极不容易的事,既考验创作者的创意能力,又考验创作者的剪辑水平和对整个视频的把控能力。

(2)逻辑简练

现在的年轻人对消费需求越来越高,很多人喜欢短视频,也是因为短视频制作的品质越来越高了。短短几秒的时间,就能表现一个有意义的内容,这符合了很多人的阅读习惯。即使只是拍几秒的短视频,也要下很多功夫。因此在短视频的创意上须不断推陈出新,不断提升叙事能力,内部逻辑简练,把一个很短的故事讲好。

(3)内涵丰富

现在很多人有一个习惯,喜欢在业余时间打开短视频软件来刷一下。而那些轻松娱乐的视频,则是繁忙工作的调味剂,让生活充满乐趣。内涵丰富、风格独特的短视频非常受欢迎。

(4)节奏感强

音乐是影视作品中一个重要的元素,起着不可代替的作用。很多短视频突然火起来,其中的音乐也起着非常重要的作用。制作短视频的时候,可以使用现在比较火的音乐,也可以选择一些还没有火起来的音乐,这就需要对短视频音乐有很强的敏锐度。如果音乐火了起来,那也会把相关视频带火。

(5)画面精致

越来越多的品牌和视频制作商将加入到短视频制作的行列中来,短视频的精品化是必然的趋势。短视频朝着向大众输出有价值、能够打动人心的内容的方向发展,用娱乐互动的新方式,融合新场景,帮助企业更好地传播品牌。随着短视频门槛越来越高,就需要我们不断提升自己的能力,拍摄和制作精良的短视频。

7.3.4 短视频营销策略

企业想要把握住短视频平台的巨大流量,做好短视频营销,需要建立科学的运营模式,借助合适的营销策略,保持持续且优质的内容输出,将创新、深化的想法通过富有创意的形式表达出来,激发用户的价值认同,实现社交裂变。具体的营销策略如下。

（1）进行精准定位,提高内容质量

企业只有保障短视频内容制作的质量,明确其精准、清晰的定位,才可以激发目标群体的共鸣,提升营销推广的效果与质量。在注意力经济时代,想要吸引用户的注意力就需要整合海量的信息,提升内容输出的质量,保障内容的创意性、个性化。千篇一律的内容不会快速传递信息,影响了信息传递的有效性,严重降低了短视频营销的效果与质量。因此,企业在进行短视频营销中要保障内容定位的新颖性,在制作精良的同时要彰显其个性化的创意,融合创新性的思想。首先,在进行短视频的拍摄之前要做到精准定位,明确宣传推广的重点内容,将热门话题与宣传推广有效融合。其次,在短视频的制作过程中要充分整合短视频的标题、背景、音乐、封面等多种因素,对其进行精心策划分析,在保障短视频内容质量的同时提升营销推广的效果,这样才可以切实凸显短视频营销的优势与价值。

（2）构建营销矩阵,整合流量入口

短视频营销中最为关键的就是要保障一定的流量支撑、精准的内容定位、优质的内容质量,并在此基础上做好引流工作,保证短视频营销的有效性。现阶段多数的短视频营销缺乏对流量引入的重视,在营销中仅仅将短视频作为重点,却忽略了多渠道的辐射,这样就会导致营销渠道过于单一的问题。因此,为了提升营销效果,企业需要构建一个完善的营销矩阵。将短视频营销与微信、微博以及线下等多种营销渠道进行有效整合,利用社交媒体打通传播渠道,通过对不同营销渠道之间的内在关联性进行用户流量的整合,构建一个完善的营销体系,拓展用户信息接触的范围,实现营销效果的最大化目标。

企业在营销矩阵的构建中要综合各个平台之间的互相引流性,根据实际状况选择合理有效的引流方式与手段。在实践中可以通过构建短视频号矩阵,用几个"小号"为"大号"积攒流量;借助其他新媒体进行导流,充分挖掘用户需求,迎合不同用户群体的个性化需求,增强大众黏性;此外,也可以通过不同平台之间的有效互动以及推动联合发起话题挑战,进而达到提升营销效果的目的。

（3）选择目标圈层，植入品牌广告

短视频形式的限制，让视频内容更为简洁单一，易于标签化，基于这一特征，短视频平台负责帮助用户对自我表达的内容进行分类归纳，形成不同的主题单元。用户则可以在平台中找到感兴趣的内容，进而形成具有共同爱好或品味属性的圈层。这种由用户自主创作、选择内容而形成的圈层满足了用户个性化的需求，并且不同的圈层会逐步形成各自的氛围，为不同品牌营销活动的开展提供切入点。企业可以通过对平台的选择以及平台中不同主题单元的选择来精确定位目标群体，选择合适的圈层，围绕用户个性开展营销活动，将信息精准传递出去。

企业植入品牌广告的方式除了目前最常用的节目冠名、品牌露出、口播植入，也包含在短视频中植入公司历史、价值观和使命等，塑造良好的品牌形象，使人们更愿意与真诚、具有人格魅力的品牌互动，挖掘企业和品牌背后的有趣故事，捕捉企业内部亲切的、充满活力的销售团队等。短视频在内容植入上具有天然的优势，是对目标消费者无意识地放置，伴随着营销广告内容策划的日益精良，从可观性到趣味性都得到了大幅度提升，用户对广告的包容度也随之提高。对此，品牌商一方面要加强对目标用户心理的分析以及对广告视频文案的策划，另一方面也要做真正质优价廉的商品来维持消费者对品牌的信任和好感度。

（4）注重心理互动，增加用户黏性

短视频营销要增强与用户的心理交互。在移动互联网时代，人们都以互动为主要方式活跃在不同的社交媒体中，短视频营销需要融入生活情境才能缩短与消费者的交互时间，提高互动性。也就是说，与短视频用户心理互动就是在信息传递过程中，需要在情感方面唤醒人们的意识，这样既满足了用户社交心理的需求，也使用户得到了社会认同与自我认同感。

（5）定制品牌活动，激发用户参与热情

人们普遍具有好奇心理，年轻人大多喜爱追求刺激、陌生、新鲜感，敢于尝试和接受新的事物。因此企业在短视频营销中要善于抓住用户的这一心理，开展营销推广时要尽量以新奇独特的方式呈现出来，将创新和产品相结合，凸显产品卖点，以新颖的方式让用户参与其中，借助用户之间的社交互动来完成对产品的完美宣传和推广。例如，可口可乐曾发布过一个以粉丝生产的内容制作而成的视频广告，视频时长 30 秒，内容是粉丝们分享喝可乐的各种快乐时刻，优秀的短片将会被剪辑进可口可乐的广告中，这一独具创意的品牌活动收到了来自世界各地的超过 400 份视频短片，创意公司从中挑选出 40 份剪辑成短片，并以"This is Ahh"进行推广宣传。

【知识链接】

相关数据显示,2022年春节期间,短视频平台抖音DAU(日活跃用户数量)首次突破7亿人次,微信视频号DAU也接近5亿人次。极光大数据发布的《2021年第四季度移动互联网行业数据研究报告》显示,2018年至2021年,手机网民每天观看短视频的时长占比从10.8%攀升至32.3%。当消费者开始步入短视频的世界,短视频也为酒店带来了新的获客渠道。

两年前,锦江酒店便开通了在短视频全平台的多领域账号,布局短视频线上营销,探索私域流量运营,目前,已有了自己的品牌流量"蓄水池"。杭州临安湍口众安氡温泉酒店和临安湍口温泉星泉谷度假村仅通过抖音团购这一个渠道,月销售额就分别超过了100万元和50万元。随着酒店纷纷通过短视频开辟线上营销新市场,一些"先下手"的酒店尝到了甜头。

短视频在为酒店带来新流量的同时,酒店线上营销也变得更加生动、多元,正好迎合了年轻一代的消费心理。有业者认为,做短视频营销其实就是抓住未来10年的消费主力,也就是"90后"、"00后"消费者。这一代年轻人对一些业界公认的老牌酒店认知度并不高,他们对酒店的了解更多是从小红书、抖音、B站这些短视频媒体中获取的。因此,即便是已有知名度的酒店也不能固守现有的营销阵地,而是需要在年轻人喜欢的渠道中"刷存在感",让酒店营销触达年轻圈层。

(资料来源:酒店如何开辟线上营销新阵地? 中国旅游报,2022-03-18.)

7.4 微博营销

随着微博的出现与蓬勃发展,微博营销越来越受到酒店业的青睐。微博不仅是一个交流平台,更是营销和传播的电子商务平台。

7.4.1 微博营销概述

(1)微博营销的概念

根据微博的产生及功能,微博可以被定义为一个基于使用者关系的信息分享、传播以及获取的平台。微博带来最大的变化就是使用者可以通过PC、手持设备等各种网络客户端组件进入其页面,以少而精的文字量更新信息,并实现即时分享。

微博一经问世,精明的企业家们便开发了其除聊天之外最商业化的用途,即微博营销。现在几乎人人都可以在所谓门户网站注册一个微博,然后利用微博更新自己的信息,并且可以就每天更新的信息和指定的人甚至陌生人进行互动,如此就符合了营销的潜在意义。

微博营销指的是一种以微博为主、整合了多种媒体资源而进行的营销活动,例如手机市场信息、跟消费者之间进行深入的互动、宣传公司的文化理念、产品促销、产品服务、突发事件的处理等,以实现进一步提高企业品牌影响力,达到尽可能低成本的预期效果。

（2）微博营销的特点

1）立体化

从产品的角度来说,当今社会不仅产品同质化严重,而且新产品令消费者目不暇接,人们对商品的深入了解往往需要多种途径,在传递产品信息时,谁能做到将信息具象呈现,谁就可能激发消费者的购买欲望,进而使消费者坚定购买信心并采取购买行动。从品牌的角度来说,要提高品牌的"三度",即知名度、誉度、忠诚度,都离不开对品牌定位、品牌形象,品牌文化等的宣传,渠道的选择更是宣传工作的重中之重。微博营销可以借助先进的多媒体技术手段（如文字、图片、视频等）对产品进行描述,具有视觉上的直观性和冲击力,使消费者能够全面地了解有关产品和品牌的信息,这就是微博营销的立体化特征。

2）低成本

营销策划中资金预算是非常重要的,与传统的广告相比微博营销不需要繁杂的行政审批程序,也省去了企业支付给广告刊播平台的费用,这样不仅帮助企业节省了推广费用,而且大大节约了人力和时间成本。在微博上,企业可以发布任何与企业相关的文稿、图片、视频或者网站链接,免费进行企业宣传。

3）便捷性

微博操作简单,信息发布便捷。只需要简单的构思,就可以完成一条信息的发布。这比发布博客要方便得多,毕竟构思一篇好博文要花费很多的时间与精力。

4）互动性强

首先,微博营销的互动性体现在给消费者提供发言的机会;其次,微博可以直接为特定的潜在目标消费者量身定制个性化的信息,使得企业的网络营销活动更富有针对性和人情味。微博具有社交网络的开放性,用户可以对企业微博进行评论、转发等,企业则可以针对特定的潜在消费者进行互动,通过对用户的回复,让用户感受到企业的人情味和趣味性,增强营销效果。

7.4.2 微博营销策略

实践证明,酒店通过微博不仅可以有效地去感知顾客需求,提升酒店知名度,还可以较低的成本维系顾客关系,扩展客户资源,让酒店产品和服务信息传递出去。因此,酒店应当注重开发微博营销的商务价值,采取正确的营销策略,使微博在营销中发挥更大的作用。

(1)得到粉丝认同,强化体验功能

酒店微博不能仅满足于介绍产品功能、价格以及服务,更要注重让消费者建立起对产品的感官体验和思维认同。要利用微博平台开展体验活动,让消费者通过参与深入理解和体验品牌内涵,进而认同品牌并逐渐酝酿起购买冲动。

1)扣人心弦的体验主题

微博体验主题要在强调用户体验的同时融入酒店品牌基因。比如,香格里拉酒店集团携手新浪微博开展的"我的香格里拉"摄影大赛活动,邀请微博粉丝透过镜头捕捉"香格里拉"优雅、自然、宁静、迷人和关爱的精神气质,粉丝踊跃参与,共收到3 000多幅照片,他们用镜头捕捉和诠释了自己心中的"香格里拉",所有照片于2011年12月至2012年6月在北京国贸大酒店、上海浦东香格里拉大酒店、广州香格里拉大酒店和成都香格里拉大酒店巡回展出,吸引了更多人成为香格里拉的粉丝。

2)多样化的体验形式

微博体验包括多种体验形式。

①主题讨论。博友们可针对特定主题进行充分的讨论和沟通,阐述并分享各自观点,不断加深对主题的理解和体会。

②图片欣赏与作品创作。图片极具视觉冲击效果,与体验主题相关的图片分享,有助于深化旅游酒店粉丝们的品牌体验。

比如,香格里拉酒店集团开展的"美图与美文",同大家分享曼谷之旅的美食、美景,极受粉丝欢迎。对酒店而言,满足粉丝需求是其微博营销的目标和动力。

(2)注重内心情感和娱乐功能

微博内容要集中关注粉丝真正关心的事情,单一的产品促销和广告会让粉丝们敬而远之。因此,微博内容应体现情感风格,多采用粉丝喜欢的网络语言如"亲""给力"等,并用口语化的啊、呀、耶、哦之类的词及笑脸表情来表达情感。在语言风格上,酒店可以创造富有特色的语言风格,类似于"凡客体"、华为的"I Wanna CU",轻松有趣的语言风格,容易引发粉丝的转发仿效。

酒店微博还可用社会名人、高管、员工或是自创虚拟形象来为酒店代言,比如布丁酒店微博自创的"阿布"品牌卡通图案,形象生动可爱,让粉丝们备感亲切。

酒店可在微博中塑造粉丝感兴趣的酒店典型人物形象,如大堂经理、大厨、调酒师、服务生等角色,用他们的眼光和口气来阐述现实中发生的种种生动有趣的故事,汇聚成粉丝竞相追看的"酒店微博剧"。

（3）为粉丝提供多样化的服务

研究发现，有相当多的微博粉丝根据从微博上看到的信息选择酒店订房、订餐。酒店要完善信息服务和咨询建议，为微博粉丝提供多样化的信息服务和消费选择。一是酒店可在旅游旺季，把客房每周预订信息及时对外进行预报，包括酒店星级、房间数量、预订率和预订电话等信息；二是酒店可借助某些微博平台拥有的电子商务、电子支付等功能实现预订、支付、点评一体化的在线体验流程；三是酒店可通过超链接、图片和视频来展示酒店的软硬件设施、服务过程、环境氛围等，让粉丝们"眼见为实"。

（4）发挥意见领袖的作用

酒店应充分发挥微博中意见领袖的号召力，让尽可能多的目标顾客主动并且乐意接受酒店所要传达的信息，以提升微博营销的效果。

比如，香格里拉酒店集团举办的第二届"我的香格里拉"摄影大赛邀请著名电影导演、知名学者、媒体人等担任评委，引发粉丝们对该活动的大量留言和转发，用极小的成本，吸引了上万微博粉丝的高度注意，成功实现了宣传推广酒店品牌的目的。

【知识链接】

"全季式"营销：320万微博阅读背后的营销秘密

国庆黄金周，微博出现了一个百万级讨论量的热门话题叫#全季空中酒店#，如全季官方解释，希望通过"空中酒店"的概念，打造一个"轻"的生活理念和方式。从全季微博和微信的传播中路线中不难发现，全季将"空中酒店"的开幕式放在29日是有一定深意的。在黄金周开始前两天，邀请媒体、明星和红人前来体验，隔日甚至当日就能迅速多点引爆话题，为黄金周的三天体验日"蓄势"，赚足了网友的"期待"。

"天时"价值的核心体现是在"十一黄金周"，稍微用心再观察一下就不难发现，这个时间点，也正是上海旅游节、上海大师赛、十一黄金周的进行时段，也是上海时装周的预热阶段。在这个阶段中，上海淮海路的人流将达到一个新的高峰，客观上形成了口碑在微博微信的自然产生与传播。

因此，在传播引爆过程中，时间点至关重要，所谓 timing is everything，错过了好的时段，请再多的明星嘉宾，也很难引发网友的集体关注。

全季空中酒店是全季将连接上海香港广场南北两座、横跨淮海路的大型封闭式天桥改造成了一个悬空于淮海路上的酒店，内设有全季酒店的标准门头、前台接待区、客房、住客休息互动区等区域。

全季选址上海香港广场，其目的不言而喻。香港广场位于上海淮海路商圈的核心地段,离新天地仅一步之遥,更毗邻人流量最大的地铁一号线的黄陂南路出站口,具有得天独厚的人流优势。全季选择上海香港广场南座搭建大型的艺术装置"云灯",将人流引至南座,从活动流程来看,实际上可以发现全季也在进行自己的策略规划:香港广场南座拥有 Cartier、Tiffany 珠宝等一线大牌,全季的艺术装置"云灯"坐落于两大品牌之前,与北座的 Apple Store 遥遥相望,无形中体现了"全季"品牌的"档次"。

常刷微博以及朋友圈的人不难发现,为什么一个事件会引起大家广泛关注?其实很简单——抓住年轻人。年轻人的微博与微信基本上都是分享有趣、新奇的事件和段子,以体现自己独特的审美情趣和眼界。比如来上海旅游的人一定要去一趟淮海路,而在淮海路的香港广场前看到了一个艺术装置,当然要分享到朋友圈里,让小伙伴们纷纷发来"赞",然后可以"统一回复"一下:"我在上海香港广场门口参加活动"。

全季找准了容易产生共鸣并迅速助力传播的年轻受众,一方面能借助年轻群体在社交媒体上迅速引爆话题,另一方面,通过在年轻人心中建立独特的"轻生活"的品牌印象,无异于一石二鸟,赚得眼球的同时又在消费者群体中树立了良好的口碑。年轻群体纷纷前往空中酒店参观,从某种程度上而言,全季的一位位新会员就顺势诞生了。

更值得一提的是,从全季在社交媒体传播中不难发现,为了扩大影响力,全季是"全方位动员,合力推动":全季邀请了各类媒体以及时尚界、旅行界、街拍界、摄影界、生活艺术界等知名社交媒体红人参与活动。全季品牌的母公司,华住酒店集团董事长季琦,沪上知名主持人袁鸣,知名设计师、爱马仕 Shang Xia 品牌负责人蒋琼耳到现场的助阵,迅速将这个事件炒作上升到一次大规模的传播战役。这样一个级别的"全方位动员,合力推动",创造了线上和线下的空前曝光。

[资料来源:"全季式"营销:320 万微博阅读背后的营销秘密(TravelDaily)]

7.4.3 微博营销技巧

随着信息科技的不断发展和进步,酒店微博营销终将获得更多的发展空间,酒店也将从中获得更大的利益。在这一趋势下,酒店只有正确分析自身的特点与实力,合理市场定位,选准微博平台,把握营销技巧,才能在激烈的市场竞争中占有优势。

(1)精心展示酒店个性

酒店微博的独特设计十分重要,要精心设计酒店的头像、文字简介、标签等基本展示元素。酒店头像多采用 Logo,也有采用建筑外观、酒店客房图片等,这能提高潜在客人对酒店品牌的识别度。而酒店简介则追求简洁,争取在第一时间夺人眼球。标签设置也非常重要,它是潜在粉丝通过微博内部搜索引擎搜索到酒店的重要途径。

（2）选择优秀的微博平台

选择一个有影响力、集中目标用户群体的微博平台无疑能使营销效果事半功倍。

比如,新浪以其"名人战术"这一柄利器吸引了大量用户的眼球,一举成为微博大战的领先者。据有关资料统计,新浪微博的用户率达到 64.26%,而腾讯微博则集中了较多的大学生和一些自由职业者。

因而,酒店要针对自己的特色和定位,找寻对应的微博平台来集中展示自己的风采,让别人看到酒店微博就能想到酒店品牌,也就是让你的微博成为品牌的标签。

（3）重视对微博的管理

微博作为酒店的营销工具、客户服务工具、媒体工具,维护人员必须有市场营销和客户服务背景,对消费习惯和消费心理比较了解,能够及时迅速地察觉消费者潜在的需求,同时酒店微博的管理员必须经过系统而专业的培训,不单只停留在技术操作层面上,更需要进行商业公关技巧的培训。酒店领导必须掌握用人之道,真正使微博用之有效。

（4）掌握微博发布技巧

发布微博是一项持久的连续的工作,要把它当作日常生活来抓,酒店应对自身品牌个性进行诠释。而微博内容的写作和选择至关重要,虽然是个人操作,但表现方式应以酒店为主,展示酒店的形象,应尽可能避免个人情绪化的表达方式。同时,要避免因为更新速度太快导致粉丝反感。因而,酒店要掌握正确的时间,向正确的目标粉丝发布正确的内容,提高收效。

（5）推广放大传播效应

获得尽可能多的被关注,是酒店微博营销的基础。酒店应尽可能地在微博平台互动,包括关注酒店业内其他同行及人物,关注与酒店业相关的行业动态,关注那些关注自己的人,转发评论他人微博等方式,以此获得他人关注。同时酒店应在营销方式上下功夫,发布的微博内容要重视原创,可以制作精品内容、赠送入住客房机会或者酒店消费折扣券、巧妙借助热点事件拉近与粉丝的距离、发起公益活动吸引粉丝参与互动等,从而提升酒店关注度。

（6）利用并发掘微博用途

微博是收集民意的最佳场所,酒店指派专人维护官方微博,在第一时间回答粉丝疑问,解决他们的实际问题,让他们体验到与酒店零距离交互的价值,从而产生信任感。另外也要对前台、预订、销售等所有客人接触的部门进行微博知识培训,并利用各种与客人接触的机会进行微博推广,宣传微博也用微博宣传。

（7）重视微博的服务质量管理

酒店微博的一个重要作用是借此来传达自身专业而周到的服务质量,以吸引更多的顾客。酒店服务具有无形性特征,顾客对服务质量的评价也难以衡量,当发生顾客在微博上抱怨事件时,酒店微博管理人员应引起足够重视,否则将迅速和大面积地影响酒店的形象。

7.5　OTA 营销

7.5.1　OTA 营销的概念

OTA,全称为 Online Travel Agency,中文译为"在线旅行社",是旅游电子商务行业的专业词语,指旅游消费者通过网络向旅游服务提供商预订旅游产品或服务,并通过网上支付或者线下付费,即各旅游主体可以通过网络进行产品营销或产品销售。

OTA 的出现深刻地改变了酒店的经营、管理和运作模式。目前我国主流 OTA 平台包括携程系(携程、去哪儿网、同程艺龙)、美团系(美团、大众点评)、阿里系(飞猪旅行)。

7.5.2　OTA 营销方式

（1）提升内容供给质量

1）酒店位置等信息的展示

顾客在 OTA 平台预订时,主要关注位置、点评、床型、早餐、面积等因素。酒店可以通过在 OTA 平台上生产内容,进而吸引客流关注预订详情页,从而完成流量变现。顾客首先考虑的是位置因素,酒店 OTA 运营人员要在 OTA 平台的商家后台如实填写酒店位置信息,并提供具体的路名、门牌号等,为顾客主动发送乘车路线或提供专车接送服务,确保预订酒店的顾客可以快速到达酒店。在 OTA 平台详情页,酒店 OTA 运营人员可以将酒店周边环境、停车场、周边设施、注意事项等信息告知顾客,在增加顾客对酒店了解程度的同时,给顾客留下良好印象。

2）酒店顾客评论展示

目前,OTA 平台普遍不显示酒店产品销量,在这种情况下,评论量便成为顾客判断是否购买酒店产品的重要因素。在酒店客房价格、硬件设施相近的情况下,顾客会更加偏向于选择评论多且积极的酒店。因此作为酒店 OTA 运营人员,不仅要重视引导顾客积极评论,给出高质量的好评,更要重视及时处理差评,尽可能提高酒店的单项评分与综合评分。

3)酒店客房及特点展示

让顾客得到良好的休息是酒店的责任与义务,客房的细节实拍图片,借助 VR/AR 向顾客全方位展示床的数量、宽度、长度、材质、床上用品、入住人数等床型信息,在酒店 OTA 详情页上传客房正面、侧面、内部硬件设施细节图,以及特色物品特写图(如客房欢迎果盘、伴手礼等)展现酒店的整体风格、装修设计等,能够增加顾客下单预订的概率。

(2)优化活动推广渠道

1)参与平台活动

不同的 OTA 平台推出的活动类型、主题、时间、目标客户群体等存在一定的区别。活动位置越好,曝光优势越明显。好位置是客人不用刻意找就能够出现的位置。通过活动,获取额外曝光,提升转化,获取一个可观销量。首先酒店 OTA 运营人员需要分析活动主题是什么,针对哪种客源,展示渠道有哪些,推广资源有哪些,跟自己的酒店是否匹配。只有适合自己的活动才能有一个好效果。其次,要看区域内已经参与活动商家的数量有多少,如果参与商家太多,就失去稀缺性优势,参与意义就不大。最后,要分析参与活动的竞争商家,其中最主要的是价格方面的分析。当客人点击进入活动专题页面后,商家怎样才能在众多竞争者中吸引到客户呢?除去部分专题活动外,大部分的活动都是利用优惠价格吸引用户,所以价格是活动吸引用户的重点。

2)自建活动

除去参加的活动外,一些平台也给予了店家自建活动的权限。比如在携程上,商家可以通过组织创建各种活动来吸引潜在客人。操作方法如下,在后台点击"信息维护"板块,进入后点击左侧的"酒店活动管理",就可以添加相应活动。

(3)引导顾客积极在线评价

酒店 OTA 平台中的顾客点评可划分为好评、中评、差评。针对不同类型的评价,酒店 OTA 运营人员要及时予以回复和处理。

1)好评回复

OTA 平台上的顾客好评有助于酒店的口碑与品牌建设,通过回复这类评论,能够提高顾客好评的积极性,在吸引新顾客下单的同时,刺激老顾客二次消费。好评回复技巧主要有以下 3 个方面:首先,委婉地接受顾客赞美,并邀请顾客再次入住;其次,挑选部分好评顾客给予奖励,吸引其他顾客留下好评;最后,发现顾客多次下单时,要向顾客的长期支持表示感谢,并告知顾客酒店未来改善产品与服务的计划,邀请顾客进行新产品体验,提高顾客忠诚度。

2)中评回复

中评回复对酒店的负面影响相对较低,给出中评的顾客通常认为酒店在某些方面还存在需要完善之处。中评回复技巧主要有以下3个方面:首先,向顾客表示感谢,并向顾客承诺酒店将继续努力,争取做到让顾客满意;其次,用幽默的语言予以回应,如果顾客评论"还可以"等类似文字,酒店 OTA 运营人员可以回复"感谢您选择我们酒店,下次争取让您说很棒";最后,在回复顾客时,简单介绍酒店的最新活动。

3)差评回复

移动互联网的强大传播功能使 OTA 平台上的每一条评论都有可能演变成为酒店的危机公关。为有效安抚顾客,避免事态扩大,酒店 OTA 运营人员必须及时回复差评,差评回复技巧主要有以下3个方面:首先,酒店 OTA 人员回复差评时,要先对提出差评的顾客表示感谢,顾客愿意评论说明对酒店有一定的期待;其次,理清楚差评评论的来由,如果问题确实出在酒店方,酒店 OTA 运营人员应立即向顾客承认错误,并提出相应的解决方案,若问题出现在酒店顾客方,酒店 OTA 运营人员应该向顾客耐心解释,让顾客感受到酒店的尊重;最后,针对出现的问题,酒店方应迅速反应,给出切实可行的解决对策,若无法满足顾客的需求,应及时向顾客说明原因,争取得到顾客的谅解。

7.5.3　OTA 营销存在的弊端

酒店与 OTA 的关系,可谓是爱恨纠缠。双方既存在互利互惠的关系,又存在不可避免的利益冲突。一方面,OTA 能为酒店提供大量的订单;另一方面,酒店又不甘心支付给 OTA 数目不小的佣金。因此,双方之间产生矛盾也就在所难免。目前来看,OTA 模式下,酒店营销出现的问题主要有以下4个方面。

(1)营销渠道单一

在 OTA 模式下,大多数酒店都开展了网络营销。但是,由于酒店网络营销起步较晚,酒店企业的专业网络营销人才不足,酒店的网络营销只能采取与网络中间商合作的方式进行。比如,大多数网站都入驻了订房网站,并在知名订房网站上发布广告,进行广告营销。在这种情况下,酒店的官方营销网站还不够健全,甚至很多酒店企业都没有开设自己的官方网站,营销渠道单一。

(2)营销能力有限

酒店企业的人力资源管理十分重视技术人才、销售人才和管理人才的培养,缺乏对网络营销人才的重视,没有引入充足的网络营销专业人员。并且,大多数酒店网络营销人员只了解市场营销的相关知识和技能,缺乏对网络营销知识的了解,网络营销能力有限。

（3）网络支付不完善

在 OTA 模式下,酒店营销需要通过网络支付或现金支付的方式,并且,网络支付手段还不够成熟,网络安全无法保证。消费者在网络支付的过程中容易受到恶意攻击,导致信用卡信息或个人信息泄露。

（4）线上线下营销脱节

在 OTA 模式下,很多酒店会单独处理线上营销业务和线下营销业务,导致线上和线下相脱节。比如,有些顾客在订房之后没有及时与酒店联系,而酒店也没有及时处理网络上的订房,顾客在到达酒店之后酒店没有为其留房,加剧了消费者与酒店之间的矛盾。

7.6 直播营销

7.6.1 直播营销概述

（1）直播营销的定义

直播营销是指在现场随着事件的发生,发展进程,同时制作和播出节目的营销方式,该营销活动以直播平台为载体,达到企业品牌的提升或是销量的增长的目的。在传统的市场营销活动中,企业呈现产品价值主要依靠户外广告,新闻报道、线下活动等形式,企业实现价值交换则是借助推销员销售、自动售货机贩卖,电话下单与发货等方式。

互联网直播的出现,给企业带来了新的营销机会。借助直播,企业可以在上述呈现产品价值环节支付更低的营销成本,收获更快捷的营销覆盖;在上述实现价值交换环节获得更直接的营销效果,收到更有效的营销反馈。

直播平台的出现,可以让许多实时发生的事件呈现"第一现场",改变媒介传播的形态,直播也因此成为目前许多新媒体以及移动互联网媒体转型的方向。不仅仅是大家所看到的映客、花椒、斗鱼这些热门的直播平台,网易新闻、今日头条等移动端媒体也都在向直播转型或者渗透,还有许多微信端的自媒体也开始加入直播的行列中,很多明星在做 IP 的同时也在尝试直播这种形态,直播成了新的媒介变革风口。

（2）直播营销的特点

直播营销的核心价值在于它聚集注意力的能力,其特点和优势使其成为企业品牌提升或产品营销推广的标配。

网络视频直播是指利用互联网和流媒体技术进行直播。它融合了图像、声音、文字等多种元素,通过真实生动的实时传播和强烈的现场感,能达到使远程客户端用户印象深刻、记忆持久的传播效果,逐渐成为互联网的主流表达方式。

1)直播营销是即时事件

由于直播完全与事件的发生,发展进程同步,因此可以第一时间反映现场状态。无论是晚会节目的最新投票,体育比赛的最新比分,还是新闻资讯的最新进展,都可以直接呈现。

2)直播用大众化媒介

收听或观看直播通常无须专门购买昂贵的设备,使用电视机、计算机、收音机等常用设备即可了解事件的最新进展。也正是由于这一特点,受众之间的相互推荐变得更加方便,更有利于直播的传播。

3)内容直达受众

与录播节目相比,直播节目不会做过多的剪辑与后期加工,所有现场情况直接传达给观众。因此,直播节目的制作方或主办方需要花费更多的精力去策划直播流程并筹备软硬件,否则一旦出现失误,将直接呈现在受众面前,从而影响制作方或主办方的品牌形象。

(3)直播平台

酒店开展直播主要依赖4类直播平台。

第一类是主流电商平台,如淘宝、京东、拼多多等,酒店一般在这类平台有旗舰店或品牌店。主流电商平台注册用户多,浏览量大,直播各类功能都很完善。

第二类是以抖音和快手为代表的短视频平台,这类平台销售属性不强,用户更关注内容。酒店在这类平台直播需要先生产优质内容,获得流量后再开展销售。

第三类是微信等基于社交媒体的平台,如腾讯直播、微信小程序等,酒店通过官方微信公众号、小程序直播,可分享直播链接到好友或群聊,进而引导用户转化为社群、公众号用户,增加用户黏性,累积私域流量。

第四类是旅游中间商或自有平台,如连锁酒店官网、携程途牛等。国内主要的旅游OTA早在2016年就开始尝试"旅游+直播"模式,疫情后直播业务快速发展。

(4)直播场景

酒店可以根据经营特色设定直播场景,目前在酒店直播中常见的场景有"直播+餐饮""直播+实物"等。"直播+餐饮"适合餐饮产品有知名度和优势的酒店,2020年年初,因为疫情损失惨重的酒店餐饮部门就开始尝试大厨直播做菜,顺势推出外卖服务。万豪、洲际、希尔顿、香格里拉等国际知名连锁酒店集团,纷纷在抖音、淘宝和微信公众号上推出五星大厨烹饪教学直播,观众可以在直播活动中参与秒杀自助餐、点心、年卡等多种餐饮产品。一些酒店的宴会部通过云端直播展现宴会厅主题布置场景,方便客户对婚宴、会议产品进行选择预订。"直播+休闲"模式适合酒店客房、健身房、游泳池、酒吧等休闲类产品的销售。酒店利用健身房、酒吧等资源,推出各类"云生活"直播,如云健身、云派对、云调酒等。上海外滩 W 酒店推出"云端派对",有 100 万派对爱好者们上线参与互动。"直播+实物"适合酒店用品和当地特产的销售。一些位于景区、度假区的酒店可根据自身特色推出景区门票和酒店的套餐产品。

7.6.2　直播营销策略

（1）将"眼球经济"转化为"内容经济",吸引有效流量

酒店直播仅仅依靠低价吸引眼球,不能持续发展。酒店直播需要"内容"作为保障,满足受众对信息的需求。直播内容不能只是品牌宣传和产品广告,要产出与品牌对接的创意内容,以内容来吸引流量。直播内容分为 3 类:PGC（Professionally Generated Content,专业生产内容）、BGC（Brand Generated Content,品牌生产内容）、UGC（User Generated Content,用户生产内容）。PGC 可以通过话题人物来制作直播内容,邀请网红、明星、企业高管等名人直播,例如阿里未来酒店直播由某影视明星和公司 CEO 担任主播推广"无接触"智慧酒店科技服务。在目前国内直播营销中,几乎一半以上的品牌曝光量和销售转化量都是由 PGC 贡献的。BGC 模式是品牌产生内容,采用"品牌+创意"的直播方式,必须在直播的过程中将酒店品牌和创新内容相结合,制作新颖有趣的内容,让流量效应最大化。BGC 未来将成为酒店行业的重要直播营销战略。UGC 是直播中的用户互动内容,如弹幕、用户评论等等。直播要将 PGC、UGC、BGC 这三大内容营销综合运用,从内容上提高直播营销的整体质量。

（2）加强互动,提升酒店产品直播体验

酒店直播必须满足受众的互动需求,互动体验关系到受众忠诚度和直播效果。直播互动可以根据直播内容来与受众互动,通过对直播内容的讲解,引起受众互动兴趣。也可以在直播的时候插入当下热门的话题,引起受众兴趣,增加互动效果。要根据观众和粉丝的兴趣爱好来提话题,选择流行热点。在直播中注意看弹幕,在弹幕中寻找互动话题,也可以围绕某个粉丝的留言、提的问题进行讨论和回应。抖音等平台的连麦功能是加强直播互动效果的好工具,直播连线互动可以提升直播间人气,增加粉丝。在直播介绍酒店产品的过程中粉丝会就产品提问或发表看法,主播要积极回应,以提升用户参与感。在用户比较多的黄金时段可以开展抽奖活动,以增强粉丝转化,引导用户行为,增加用户停留时长。另外,在直播间与粉丝玩一些小游戏也能起到加强互

动的效果。

（3）降低直播成本，拓展直播市场

直播要严控成本，在酒店营销推广费用预算内运作。尽量选用酒店自有直播平台以节省渠道费用。选择直播产品要先进行财务测算和销售预测，计算各项成本，确保目标利润。针对预售的酒店产品事先设计好预售期和兑换条件，使集中兑换期和酒店旺季不冲突，确保酒店旺季利润。在客户兑换预售产品时，抓住时机进行二次销售，将产品增值，提升客户满意度。明确酒店产品直播的目的，重点关注私域流量和公域流量的提升。酒店直播对象除了消费者，也可以拓展到供应商和投资人。疫情暴发后，各大酒店集团筹开酒店进度减缓，新酒店签约数下降，酒店经营业绩明显下滑，一些酒店集团开始尝试线上直播招商方式。例如，2020年上半年，首旅如家酒店集团的CEO就通过直播开了线上云招商会。洲际假日酒店也推出了智选假日酒店投资分享会。直播成为酒店吸引加盟商投资的新方式，直播内容也从针对消费者转向针对投资人。

（4）培养和引进人才，高效组建直播团队

随着直播经济的不断发展，酒店产品的直播营销也不断深入，对新媒体业务人员专业化的素质要求也相应提高，因此，需要着力培养一批专业的酒店产品直播营销人员。2020年5月，人力资源和社会保障部发布的《关于对拟发布新职业信息进行公示的公告》中，在"互联网营销师"职业下增设了"直播销售员"工种。酒店直播营销团队不仅需要具备互联网营销技能，同时还要有一定的酒店专业知识储备。团队能深入研究数字化信息平台的用户定位和运营方式，进而搭建数字化营销场景；选定相关酒店产品，设计策划营销方案，通过直播或短视频等形式对产品进行多平台营销推广。可以着力培养一些酒店从业人员如销售部、市场部工作人员等，使其具备网络直播技能和互联网营销技巧，也可以通过直播平台等挖掘现有的网红主播，经过酒店专业知识培训后上岗，或者大力支持对酒店产品直播、旅游文化感兴趣的人士进行直播，为他们提供内容平台和直播机会。通过多样化方式，培育优秀的互联网营销直播人才，打造专业化核心能力，提高酒店产品直播营销持续运营能力。

7.6.3　直播营销操作流程

（1）精确市场调研

直播是向大众或者个人推销产品，推销的前提是推销人员深刻地了解到用户需要什么，自己能够提供什么，同时还要避免同质化的竞争。因此，只有精确地做好市场调研，才能做出真正让大众喜欢的营销方案。

（2）项目自身优缺点分析

做直播营销，营销经费充足，人脉资源丰富，可以有效地实施任何计算。但对大多数公司和企业来说,没有足够充足的资金和人脉储备,这时就需要充分地发挥自身的优势来弥补,一个好的项目不仅仅是人脉、财力的堆积就可以达到预期的效果,更需要充分地发挥自身的优势,才能达到意想不到的效果。

（3）市场受众定位

营销能够产生结果才是一个有价值的营销,我们的受众是谁,他们能够接受什么等等,都需要做恰当的市场调研,找到合适的市场受众是做好整个直播营销的关键。

（4）选择直播平台

直播平台种类多样,根据属性可以划分为不同的几个领域。如做电子类的辅助产品,直播推销衣服、化妆品等,都将会带来意想不到的流量。所以,选择合适的直播平台也是一个关键环节。

（5）设计良好的直播方案

做完上述工作之后,成功的关键就在于最后呈现给受众的方案。在整个方案设计中需要销售策划及广告策划的共同参与,让产品在营销和视觉效果之间恰到好处。在直播过程中,过分的营销往往会引起用户的反感,所以在设计直播方案时,如何把握视觉效果和营销方式,还需要反复不断地商讨、斟酌。

（6）后期有效反馈

营销最终是要落实在转化率上,实时的及后期的反馈要跟上,同时通过数据反馈需要不断地调整方案,将营销方案可实施性不断提高,以求达到最优效果。

【本章小结】

1. 酒店数字化营销是以国际互联网为基础,利用数字化信息和网络媒体的相互性来达成酒店营销目标的一种酒店新型营销方式。

2. 微信营销是伴随着微信的发展而兴起的一种网络营销方式,是网络经济时代企业或个人营销模式的一种。

3. 短视频营销是指时长范围在15秒至5分钟之间,以宣传推广为目的而制作,具有多样性、趣味性、社交性,通过新媒体方式传播的视频;使消费者通过观看短视频,对消费者选择酒店产品和服务产生态度的影响,以达到宣传目的的营销方式。

4. 微博营销指的是一种以微博为主、整合了多种媒体资源而进行的营销活动。

5. OTA营销指旅游消费者通过网络向旅游服务提供商预订旅游产品或服务,并通过网上支付或者线下付费,即各旅游主体可以通过网络进行产品营销或产品销售。

6. 直播营销是指在现场随着事件的发生、发展进程,同时制作和播出节目的营销方式,该营销活动以直播平台为载体,达到企业品牌的提升或是销量的增长的目的。

【思考与练习】

1. 阐述微信营销的策略和技巧。
2. 阐述短视频营销的内容策划要求。
3. 阐述微博营销策略。
4. 阐述 OTA 营销的方式。
5. 阐述直播营销的操作流程。

【案例分析】

数据的力量，帮助酒店品牌找到真正的 Mr. Right

"用直销抗衡 OTA。"在越来越高的渠道佣金面前，这几乎是各大酒店集团的统一战略。近年来，微信、小红书、抖音等互联网平台都开通了直销渠道，让酒店品牌拥有更多触达用户的途径。只不过，酒店品牌进行广告营销的终点不是触达用户，而是把用户引导到酒店品牌的私域场景，即会员体系中，进行精细化运营。从公域流量到私域资产，精准是旅游营销的第一要义。

"旅游品牌应该重视品牌可持续性，持续提供有价值的内容，才能让消费者自愿追随品牌，有效将消费者转化为品牌资产。"力恒信息科技（广州）有限公司（以下简称"EternityX 力恒"）创始人吕香凝如是说。

在数字营销的层面，酒店品牌越来越重视建立自己的数据体系，希望借助数据的留存、分析、激活来提高酒店品牌的直销能力，摆脱对第三方平台的依赖。

QuestMobile《2020 圈层经济洞察报告》指出，互联网的发展改变了人们的聚合形态，用户基于兴趣、爱好、行为构成不同的价值，形成独特的圈层经济。截至 2020 年 6 月，娱乐类及购物类圈层用户规模均突破 10 亿。所以，酒店品牌想要实现增量，首先就要物色到原有会员的"同类人"，帮助酒店品牌划定用户的潜在圈层。相比探索平台公域流量中的用户属性、被动地顺应平台规则，仔细分析酒店品牌自有数据可以获得更具体的用户画像，从而掌握自己的营销主动权。

吕香凝特别强调，"旅游业的本质就是服务与体验。从旅游用户在网上第一次接触酒店相关信息起，每一个触达点就已经开启了他对这个酒店或旅游产品的体验，如何应用酒店品牌的第一方数据和供应商的第二方及第三方数据，针对旅游用户旅程的每一个信息触达点，提升服务质量，优化用户体验旅程，逐步占领消费者心智至关重要。"

住客从预订到入住，再到离店的过程中，酒店品牌都能直接获得住客的具体信息，比如入住偏好、出行频率、消费水平等等。酒店品牌对住客了解得越深入，就越有利于提供个性化服务，也越容易找到同类人，吸引其成为会员的可能性就越高。

早前，EternityX 力恒在希尔顿酒店品牌的会员推广项目中为希尔顿锁定了三类人群：曾经入住过希尔顿或旗下品牌酒店，但没有成为会员的人；曾搜索过希尔顿或旗下品牌酒店的人；到访目的地有希尔顿旗下品牌酒店的人。

显然，这 3 类客群都有一个共性：已经与希尔顿发生或交互，或者具备发生交互的条件。选择这类客群来拓展会员体系，比向从未关注过希尔顿酒店品牌的消费者投放广告关注度更高，教育成本更低。据了解，在项目推广过程中，希尔顿 App 的下载量比预期高出 180%。

而要锁定这些客群，首先就要从酒店品牌的自有数据入手，比如官网的点击情况、住客的入住情况等等。先从原始数据入手，分析出会员的共性是精准识别用户的第一步。通过营销技术手段——数据丰富（Data Enrichment），利用酒店品牌第一方数据的特征去匹配独立机构的数据标签，从而找到对应的目标用户。EternityX 力恒平台独有算法，有 3 种处理数据的专业能力（数据感知力、数据理解力及数据行动力），并透过 5 种不同维度（瞬间/时间、消费者用户周期的不同阶段、兴趣/行为偏好、人群属性、环境/O2O 场景）了解消费者决策，以实现全域精准旅游营销。据悉，平台所有数据全部合法合规，并采用脱敏处理，保护用户隐私。

据了解，EternityX 力恒会将自身营销数据，与酒店第一方数据以及第三方旅游相关数据（包括旅游产品偏好、出行意向等）进行精准匹配。同时，酒店品牌亦可覆盖用户旅行全链路需求周期，根据用户实时需求，实施不同的营销策略。比如针对亲子游的用户开展营销活动时，假如该用户曾经浏览过酒店官网或落地页的亲子套票，EternityX 力恒就可以利用自身营销数据和第三方数据锁定用户，通过动态商品广告的形式，让用户在其他平台浏览时继续发现亲子游套票相关的各类创意广告或信息，最终激发用户下单。

总而言之，酒店品牌想要找到那个 Mr. Right，离不开对数据的详尽分析及营销技术的助攻。每一次广告都不是偶然，都有精密的算法及营销技术帮助酒店品牌精准触达并转化找到目标消费者。

（资料来源：何雯静.酒店数字营销的奥秘：找到对的人，然后投出精准的三分球［EB/OL］.环球旅讯网，2022-02-22.）

思考：
（1）数字营销与传统的营销方式有何不同？
（2）根据本章内容，结合案例，分析酒店如何更好地运用数字营销？

第8章　智慧酒店安全管理

【内容导读】

　　酒店在运营的过程中会面临多种安全风险,顾客在入住酒店时会格外注重安全问题,如今安全管理作为酒店管理的一个重要组成部分,已得到酒店从业者的充分认识与重视。因此,加强安全管理有助于智慧酒店预防安全管理问题、减少安全隐患的发生。本章主要从智慧酒店安全体系建设着手,向读者介绍智慧酒店安全问题的基本类型、智慧酒店安全管理的主要目标和安全管理的主要内容。同时,分别从智慧酒店网络安全管理和安防管理两方面阐述如何构建智慧酒店的安全环境。

【学习目标】

　　1. 了解智慧酒店安全问题的基本类型和智慧酒店安全管理的主要目标。

　　2. 熟悉智慧酒店安全管理的内容。

　　3. 了解智慧酒店安全现状、酒店计算机网络系统。

　　4. 熟悉智慧酒店网络服务。

　　5. 了解智慧酒店网络安全体系结构。

　　6. 了解智慧酒店安防现状及建设目标。

　　7. 掌握智慧酒店安防系统的构成。

　　在智慧酒店中,安全包括顾客和酒店的安全,是酒店得到长远发展的基础。如果酒店无法保障入住顾客的人身财产安全,为其提供安全的住宿环境,那么酒店势必难以获得人们的选择和青睐。

　　从整体来看,酒店所面临的安全问题不仅来源于酒店自身的设备,还来源于动态的流动人员,呈现出复杂的特点。因此,酒店在运营过程中所面临的安全风险也较为多样,加强酒店的安全管理也成为酒店管理的重点。

8.1 智慧酒店安全管理体系建设

安全事件的发生会对酒店的品牌形象产生一定的影响,进而影响酒店的可持续发展,因此酒店的安全管理是酒店管理中的重点内容。但是在实际中,多数酒店将消防安全管理与安全管理画等号,缺乏对酒店安全设计的考虑,对酒店中容易出现的细节安全不重视,从而给酒店带来各种各样的安全问题。与此相反的是,如今的顾客在入住酒店时,会更注重酒店的安全问题。因此,加强安全管理体系的建设,是智慧酒店预防安全管理问题、减少安全隐患的必要举措。

8.1.1 智慧酒店安全问题的基本类型

在酒店运营的过程中,每个部门均会表现出不同类型、不同程度的安全问题,安全问题的产生不仅来源于酒店内部员工和基础设施的建设,还有可能来自酒店内入住的顾客。酒店内不同的安全问题使得酒店不能只局限于酒店的消防安全和食品安全,应对酒店内存在的各种安全问题进行分析,积极构建酒店的安全管理体系。在如今的智慧酒店中,常见的安全问题非常复杂,主要包括 10 个大类 20 个小类,见表 8-1。

酒店在运营的过程中可能会发生各种各样的安全隐患,安全事故的发生对酒店内的顾客和工作人员均会产生影响。因此,酒店的管理人员要重视酒店安全问题的管理,深入认识酒店内的各种安全隐患,并针对不同的安全隐患制定针对性的安全管理预案,降低安全事故发生的概率,减少安全事故给酒店带来的损失。

表 8-1　智慧酒店安全问题的主要类型

基础分类	主要表现类型	主要来源及特征
自然灾害型	各种自然灾害事件	气候灾害、泥石流、洪水、地震等及各种灾害引发的二次灾害
事故灾难型	消防事故	损失面大、会造成财物和人员的综合损伤,损失难以恢复
	设施事故	设施陈旧缺乏安全性,设施故障引发安全事故等
	施工事故	工程机械事故、施工火灾、施工时员工中毒、施工引致的死亡等

续表

基础分类	主要表现类型	主要来源及特征
公共卫生型	食物中毒	因食品原材料不合格、烹饪操作不当、食品搭配或储藏不当等导致的中毒事件
	各类疾病	流行性感冒、传染性疾病等
	精神安全问题	名誉损失、隐私安全受损、受到心理威胁、受到高度惊吓等
	职业危害	各种职业伤害和职业病
社会安全型	刑事治安事件	偷盗犯罪、打架斗殴、黄赌毒
	人员冲突	口角冲突、服务投诉、法律纠纷等
	突发伤亡	顾客自杀、非正常死亡等

8.1.2　智慧酒店安全管理的主要目标

在智慧酒店中,安全管理是酒店的基础,酒店的各个工作人员均应重视这一问题,酒店的管理者应通过各种形式的活动加强酒店员工对安全问题的重视,此外还要引导酒店的顾客配合酒店安全工作的开展。不同的酒店存在不同的安全隐患,因此,各酒店在开展安全管理工作时,应对酒店的实际情况进行分析,在此基础上制定酒店的安全管理目标,充分发挥安全管理的作用,降低酒店的安全隐患。

上述将酒店的安全问题分为 4 个大类 20 个小类,仅仅是对目前酒店安全问题的概括,随着社会和酒店的发展,还会有一些新的问题出现,危害酒店的安全。因此,酒店所建设的安全管理体系要具有较强的灵活性,及时就酒店中出现的新问题进行调整。酒店的安全主要是指保障酒店以及酒店内所有人员的人身、财产安全不受威胁的状态,既包括保障酒店顾客的人身财产安全,也包括酒店和酒店工作人员的人身财产和物的安全。根据酒店安全管理的不同主体,可将酒店的安全管理任务分为 3 类,即保障顾客的安全、保障酒店员工的安全、保障酒店的安全。整体来看,酒店安全管理主要是保障酒店内人员的安全,包括人身、财产安全。通过上述分析,可将酒店安全管理的主要目标概括为:保障与酒店相关的所有人、财、物的安全,构建一个没有威胁和危险的,在生理上和心理上均能使人放心的安全环境。在智慧酒店中,安全管理系统主要分为 3 个部分,即由无形行为所构成的行为服务系统、由设施设备所构成的设施支撑系统和由管理人员及各种管理指令所构成的管理系统三大子系统,它们分别承担着行为服务、设施支撑和管理调整等基本任务,共同维持着酒店系统的运行发展。在安全管理视角下,服务系统承载着行为服务的安全表达,设施系统承载着设施安全的体现,管理系统承载着安全监管控制等管理行为的表达。因此在管理维度上,可以把酒店安全简化为服务行为安全、设施本质安全和酒店安全监管3个维度层次。要想实现酒店的全面安全,应该构建系统性、全面性的安全管理体系,从而促进酒店的持续运转和动态发展。

8.1.3　智慧酒店安全管理内容

根据酒店安全问题的不同程度和严重性,可以将其划分为4个阶段,即风险隐患、安全事故、安全事件、危机事件,这4个阶段的安全问题严重程度逐渐递增,严重程度越高的酒店安全事件,给酒店带来的影响也会越大,所以更需要投入安全资源来妥善处理。针对不同程度的安全问题,酒店所采取的安全应急管理也分为4个阶段,即风险管理、事故管理、应急管理,危机管理。面对酒店内发生的各种安全问题,酒店要采取不同的安全管理方式。

(1)智慧酒店安全管理体系

酒店所开展的安全管理,要在国家有关安全管理制度的约束下开展,因此,根据国家现有的安全管理制度,应将酒店的安全管理系统分为4个部分,即安全管理体制、安全管理机制、安全管理法制、安全管理预案,这是酒店安全管理系统的要素,缺一不可。其中:酒店的安全管理制度是指酒店要根据酒店的实际情况,设立相关的安全管理部门和岗位人员,如保安部、安全委员会等;酒店的安全管理机制是指酒店的各个安全管理部门在开展酒店的安全管理工作时的机制,即当酒店出现安全问题时,各部门之间的工作方式,如当酒店内发生安全突发事件时,酒店内工作人员应采取的措施;酒店的安全管理法制是为保障酒店的安全所设定的制度规范,约束酒店人员的行为,进而提升酒店的安全系数;酒店的安全管理预案是指对酒店内可能存在的安全问题进行分析,针对不同的安全问题提前制定处置方案,以便能够在安全事故发生时第一时间解决问题,减少酒店的损失。酒店安全管理系统中的各个环节是紧密联系的,只有将以上4个环节有效地连接起来,才能实现有效的酒店安全管理。

(2)智慧酒店应急管理体系

智慧酒店应急管理是指酒店安全问题演变为突发事件或危机事件时酒店应该采取的各类紧急应对措施。酒店应急管理的职能任务包括应急预防与预备、应急监测与预警,应急处置与救援、应急恢复与重建等阶段性任务。

1)酒店应急预防与预备管理

酒店的应急预防和预备管理是在酒店安全事故发生前,对酒店中存在的安全隐患进行分析,进而开展的防范工作。酒店应急预防与预备管理的主要任务是"一案三制"的建设,其中,"一案"是指应急预案,"三制"是指应急体制、应急机制、应急法制。酒店"一案三制"的建设要在对酒店实际情况的分析上建设,切实与酒店的实际情况相匹配。如果酒店没有制定应急的"一案三制",当酒店发生紧急安全事件时,就会盲目地进行各种活动。

2)酒店应急监测与预警管理

在酒店内,存在着各种各样的场所,如客房、餐厅、娱乐场所等,不同的场所由于其功能的不同具有不同的特点,因此,应针对性地开展安全管理工作。此外,酒店还存在一些私密性较强的场所以及具有较大安全风险的场所。因此,酒店要根据不同场所的特点和安全系数,制定不同的应急监测和预警管理制度。在进行风险识别和检测时,要注意对人员因素、设施设备因素、环境因素、管理因素等风险来源进行系统分析。酒店应建立风险信息数据系统,建立酒店与社区、气象、公安等部门间的信息交流与情报合作机制。对检测搜集的各类风险信息要及时进行分析和评价,预测未来风险的发展趋势,为酒店突发事件的预警工作提供基础。当酒店发生突发事件时,酒店方应立即按照预案的要求进行通知和预警,避免扩大突发事件给酒店和顾客带来的不良影响。

3)酒店应急处置与救援管理

当发生突发事件时,酒店应该按照《中华人民共和国突发事件应对法》(简称《突发事件应对法》)、《中华人民共和国旅游法》(简称《旅游法》)等法律法规的要求开展应急处置工作,按照相关要求及时上报事件的真实信息并及时采取应急处置措施。当酒店突发紧急事件时,应根据提前制定的紧急预案,开展应急事件的处置工作,调动酒店的各个部门参与到解决安全事件中去,如火灾发生时的救火、救援酒店受困的人员等。其中,对酒店内人员的救援是最重要的任务,应尽可能地保障酒店内人员的人身安全。当突发事件的规模较大、较严重时,酒店应积极借助公安、消防、医疗等部门人员的力量。对于那些对酒店会产生较大影响的突发事件,酒店要及时采取相应的措施,尽可能地将安全事故对酒店的影响降到最低。

4)酒店应急恢复与重建

当酒店出现突发事件时,酒店除了要进行紧急处置,更重要的是要开展酒店的应急恢复与重建工作。首先,酒店应对事件发生的原因进行调查,厘清事件发生的缘由,为事后的处理和赔偿提供依据,这一环节通常由专业部门进行处置;其次,酒店应为在该事件中受到损失的顾客提供补偿,对事件发生的现场进行重建。不同性质的事件其恢复重建的任务也各不相同。例如:火灾事件后,酒店的恢复重建的任务量就较大,需要付出较高的成本;如果是打架斗殴后的恢复重建,酒店只需要对事件发生的场所进行清理即可。安全事故发生后,酒店的重建除了包括对酒店内的基础设施的恢复,还包括对事故中受到损失人员的补偿、恢复酒店的市场形象等,尽可能早地恢复酒店的正常运营。其中,对在酒店中受到伤害人员的合理赔偿是恢复酒店形象的关键所在,如果酒店的安全事件涉及人员死亡,酒店还要加强对相关员工和顾客的信息疏导,维护相关人员的心理健康。

8.2 智慧酒店网络安全管理

随着社会的发展和进步,现代酒店除了给客人提供休息场所,还要给客人一个舒适、享受的空间。随着酒店网络营销应用的深入以及业务范围的拓展,酒店对网络安全有更高的要求。智慧酒店的网络及通信系统设计除了应满足国家相关规范要求,还要满足酒店功能方面特别的要求,既让用户体验到舒适、方便,又能满足酒店运营管理的需求。

而国内很多酒店的安全状况令人担忧,一方面缺少网络建设的经验,另一方面缺少专业的网络管理人员进行酒店的网络安全体系设计。

8.2.1 智慧酒店网络安全现状

随着计算机技术的飞速发展,计算机系统和网络已经成为信息化社会发展的重要通信保证。酒店已经习惯在网络中存储、传输和处理各种各样的信息,一旦受到攻击,如信息泄露、信息窃取、数据篡改、数据删添、计算机病毒等,就会给酒店造成巨额的经济损失。

由于酒店网络的应用场景较为特殊,既要保证网络的安全运行,又要提供丰富的网络资源,因此酒店网络需要满足办公和娱乐的双重要求。当前,酒店网络安全所面临的威胁分为外部威胁和内部威胁两个方面。

(1)内部威胁

当前一些酒店内部还没有建立相应的安全管理制度,对相关人员缺乏必要的约束机制,缺少对电子产品设备的物理保护投入,在场地、设备上未进行相关投入,造成了盗毁、火灾、电源不稳定、线路截获、电磁干扰等引起的信息错误或信息丢失;未引进一些专业网络安全机构提供的软件技术及配套服务,加上当前开放式网络核心技术的透明化,就无法避免出现管理上的种种漏洞,在当前病毒流行的状态下,酒店网络的可靠性很难得到保障。

【案例 8-1】

在夏季治安打击整治"百日行动"中,云南省普洱市镇沅县公安局全面压实主体责任、整治安全隐患、查处旅馆业领域违法犯罪,促进旅馆业安全规范管理,全面提升旅馆业治安管理水平,有力促进全县旅馆业持续健康发展。

开展夏季治安打击整治"百日行动"波次集中清查行动和日常管理工作中,注重强化旅店业主和从业人员治安、消防等主体管理责任,要求严格按照旅馆业治安管理法律法规依法规范经营,并从人防、物防、技防等方面提升日常安全防范能力,加强与公安机关联动积极发现和预防违法犯罪行为。

今年来共开展旅店业培训 10 期 600 余人,全面提升广大业主、从业人员的法律素质和业务水平;依法查处未如实登记、上传旅客信息的旅馆 3 家次;全县 188 家旅馆共上传旅客信息 18 万余条。

在提升防范水平方面,该局要求全行业加强内部管理,完善安保制度;做好培训,加强人防措施;依托科技创安,推进体系建设。

全面开展旅馆业视频监控系统建设,要求投入经营的旅馆酒店,在旅馆总台、出入口、过道等重要部位必须安装视频监控探头,并指定专人负责维护和巡查,全面提升了旅馆业的科技安防水平。

(资料来源:普洱镇沅警方全面提升旅馆业治安管理水平[EB/OL].人民网-云南频道,2022-09-20.)

(2)外部威胁

从用户操作系统来看,入侵者可以通过 Sniffer 等嗅探程序来探测扫描网络及操作系统存在的安全漏洞,如网络 IP 地址、应用操作系统的类型、开放哪些 TCP 端口号、系统保存用户名和口令等安全信息的关键文件等,并通过相应攻击程序对内网进行攻击。

从网络传输协议来看,TCP/IP 协议虽具有网络互联能力强、网络技术独立,ftp、Telnet、Smtp 和 http 等标准应用协议,是目前能够满足异种计算机、异构网络要求的网络互联协议,但协议中仍存在着很多安全问题。例如,TCP/IP 协议数据用明文传输,因此数据信息很容易被在线窃听、篡改和伪造,特别是在使用 F Telnet 时,用户的账号、口令是明文传输,所以攻击者可以截取含有用户账号、口数据包,从而进行攻击。

8.2.2 酒店计算机网络系统

根据智慧酒店使用需求,将计算机网络系统分为酒店行政网、酒店访客网及弱电网 3 套网络。

(1)酒店行政网

酒店行政网用于承载酒店后勤办公 IP 电话、酒店后勤办公数据点、客房门锁系统数据点、POS消费数据点、酒店管理系统数据点。酒店行政网采用扁平化两层拓扑结构,即接入层和核心层。核心层采用双核心、双链路冗余方式设置,两台核心交换机之间10G互联,核心交换机支持3层交换功能,并采用非堆叠方式;接入层可根据数据点与IP电话点的数量灵活配置POE/非POE接入交换机,接入交换机采用非堆叠方式,分别通过2对光纤连接至两台核心交换机。语音数据网络机房内的酒店行政网服务器集群,通过两台服务器集群接入交换机冗余连接至两台酒店行政网核心交换机。酒店行政网通过防火墙与酒店访客网连接、通过防火墙的DMZ与弱电网连接。2道防火墙及2台路由器与运营商连接(图8-1)。

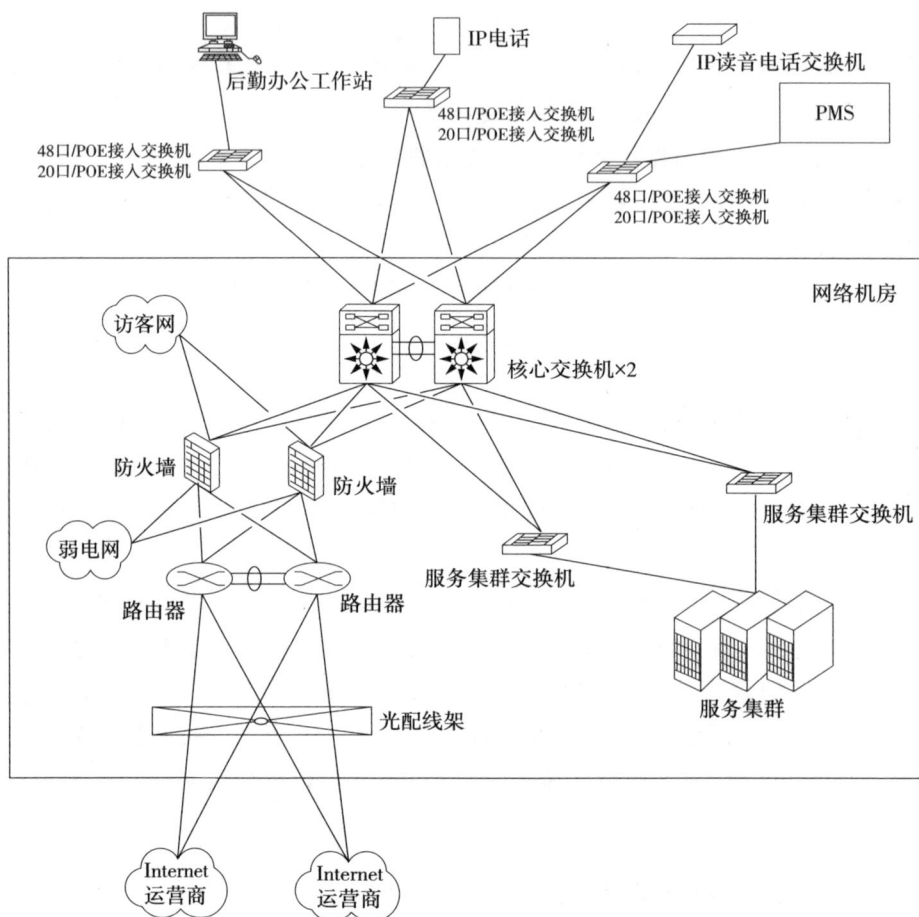

图8-1 酒店行政网拓扑图

(2)酒店访客网

酒店访客网用于承载客用数据点、客用网无线AP点和ITV数据点。酒店访客网采用扁平化两层拓扑结构,即接入层和核心层。核心层采用双核心、双链路冗余方式设置,两台核心交换机之间 10 G 互联,核心交换机支持 3 层交换功能,并采用非堆叠方式。接入层采用 POE 交换机及非 POE 交换机堆叠的方式,堆叠形式根据酒店使用需求,满足每 48 个接口有 1 G 的上行带宽;接入交换机分别通过 2 对光纤连接至两台弱电网核心交换机。同时设置 2 套无线 AP 控制器互为备份,对访客网无线 AP 进行管理;支撑无线 AP 的接入交换机采用 POE 交换机,其他数据点采用非 POE 式接入交换机。酒店访客网核心交换机通过 2 台酒店网关、2 道防火墙及 2 台路由器(与酒店行政网共用)与运营商连接。酒店访客网含无线 AP 覆盖,覆盖范围包含酒店前场区域及后场区域。ITV 数据点使用独立的接入交换机、独立配线架(图 8-2)。

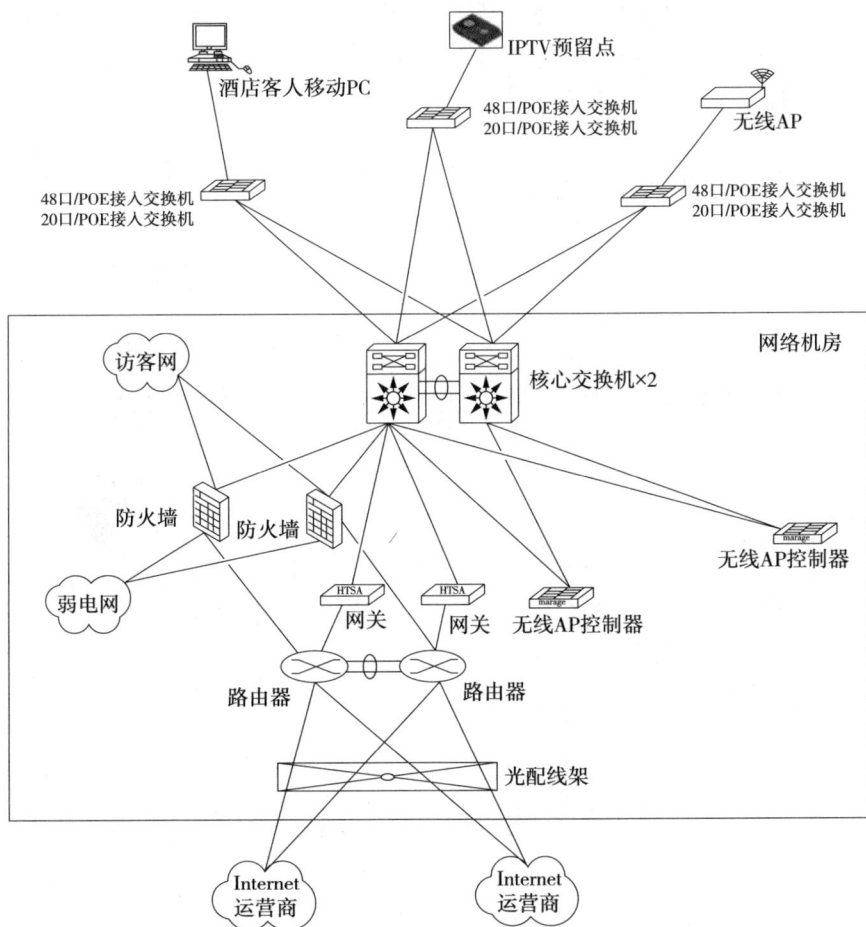

图 8-2 酒店访客网拓扑图

(3)酒店弱电网

酒店弱电网包含安防子网和设备子网。安防子网用于承载监控、门禁、紧急报警及医疗救助报警系统。设备子网用于承载其他相关弱电智能化系统,包括客房控制系统、多媒体会议系统、信息引导及发布系统、建筑设备监控系统、能源管理系统、智能照明系统、停车场管理系统、集成系统;对于背景音乐系统,根据音频传输类型(TCP/IP或 Cobranet)选择单独组网方式。弱电网采用扁平化两层拓扑结构,即接入层和核心层。弱电网的安防子网及设备子网共用核心交换机,核心层采用双核心、双链路冗余方式设计,两台核心交换机之间 10 G 互联,核心交换机支持 3 层交换功能。弱电网通过酒店行政网防火墙的 DMZ 与酒店行政网连接。安防子网和设备子网使用相互独立的接入交换机,安防子网采用 24/48 口 POE 接入交换机,根据实际情况选择是否堆叠,但须保障每 48 个接口要有 1 G 的上行带宽;设备子网采用 24/48 口非 POE 接入交换机,根据实际情况选择是否堆叠,但须保障每 48 个接口要有 1 G 的上行带宽;各接入交换机分别通过 2 对光纤连接至两台弱电网核心交换机。酒店弱电网拓扑图如下所示(图 8-3)。

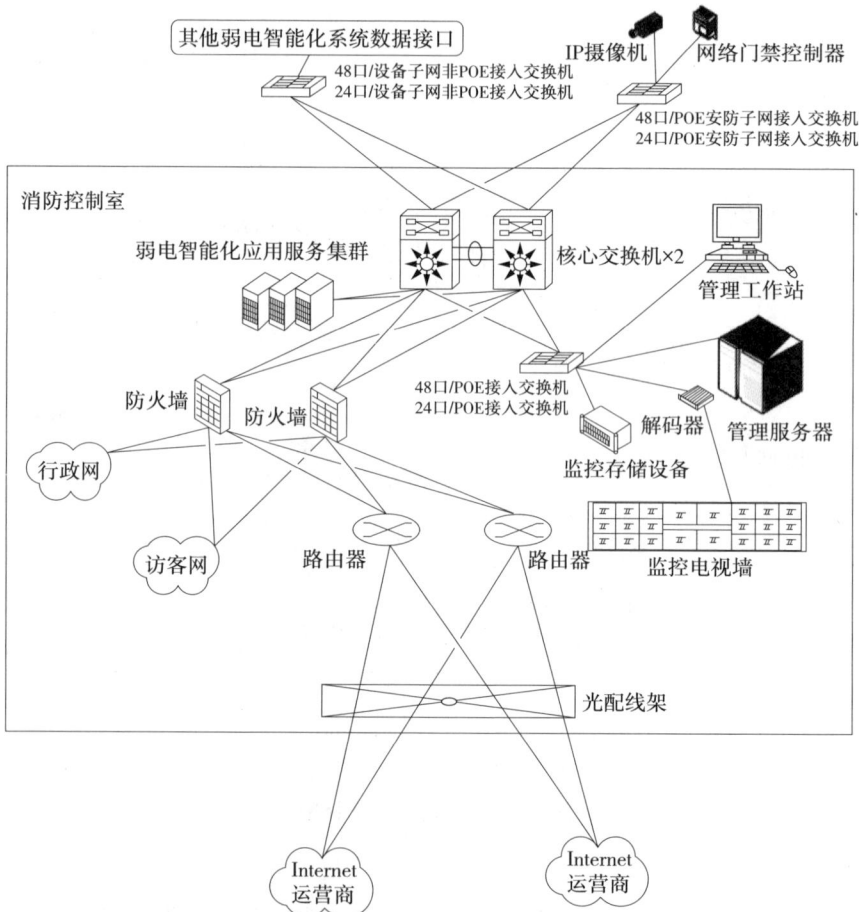

图 8-3　酒店弱电网拓扑图

8.2.3　酒店网络服务

网络服务充满安全隐患,要根据具体的环境进行网络安全的设计。因此怎样设计符合安全条件的酒店网络成为酒店安全管理的重要一环。根据实际应用情况,酒店主要提供4种网络服务。

（1）VPN 服务网络

一些顾客会使用远程链接来连接自己公司内部的局域网,而酒店员工出差的时候也需要利用远程链接来进行远程办公。所以提供远程链接服务是酒店网络必须具备的功能。目前主要的远程链接方式有 VPN 和拨号链接。而用得最多的则是 VPN。VPN 是将 Internet 作为计算机网络主干的一种网络模式,它在网络系统建立虚拟信道,用户能通过该信道来连接一些公司的内部网络。虚拟专用网络会加密用户的敏感信息,并且要经过严密的认证,由此提供安全的远程接入。

（2）Internet 访问

酒店使用一台服务器作为酒店对外宣传的平台,在该平台上部署酒店对外宣传等信息,顾客可以通过 Internet 查找到酒店的相关情况。除此之外,该服务器还部署了客房预订等服务。

（3）有线网络接入

有线网络接入是指利用 UTP 双绞线进行线连接的有线网络,该网络又分两个部分:办公区域网络和用户区域网络。办公区域是酒店的内部管理人员所在的区域,而用户区域是指顾客休息的区域。两个区域虽然在物理上可以不分,但是在网络的设计上必须加以区分,而且在使用内部网络资源的权限上也必须加以区别。

（4）无线网络接入

在酒店环境下,传统的局域网已经不能满足使用的需求,必须通过无线网络来给顾客提供上网的服务。比如在会议室、茶座、大堂和餐厅,传统的网络布线有很大的难度,而且会造成环境的不美观,而采用无线接入的方式,人们不需要再考虑网线的长短,也没有必要在一个地方不移动,无线网络体现了移动的特点,这样顾客能在酒店的任何地方上网。

8.2.4　酒店网络安全体系结构

最常用的安全模型就是 PDRR 网络安全模型。PDRR 就是4个英文单词的头一个字母:Protection（防护）、Detection（检测）、Response（响应）和 Recovery（恢复）。而这个传统的安全模型只是一种简单的网络安全防范机制,其中的4个部分所运用的各种安全技术以及技术之间的兼容性都没有涉及,而且该模型并没有将安全的策略作为一个控制部分加入安全体系。因此智慧酒店网络安全体系可以在 PDRR 模型上做出修改,建立策略驱动的 PDRR 动态安全模型,用统一的安全策略来控制每个模块的运行和各个模块之间的配合,使得各个模块之间的安全技术不相互冲突,减少了技术之间的冲突,使得网络安全体系更加容易实施,如图 8-4 所示。

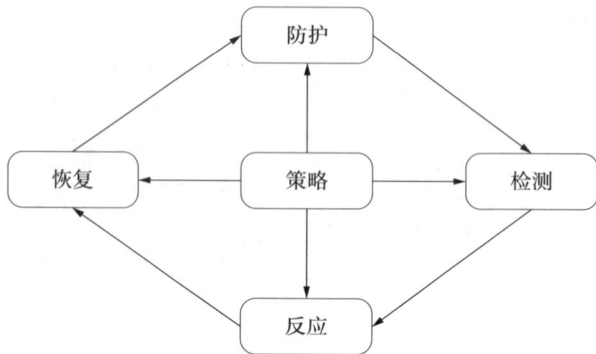

图 8-4　改进的 PDRR 模型

从图 8-4 可知,我们可以看出安全策略作为主要的控制中心控制模型的每个单元来实施一定的安全功能。我们在采用酒店网络的安全解决方案的时候,根据以下原则:安全和服务质量平衡原则、综合性整体性原则、一致性原则、易操作性原则、适应性与灵活性原则、多重保护原则、可评价性原则、职权分立原则。

PDRR 模型是网络上一个常见的安全体系,入侵检测技术、数据加密技术等安全技术也是常见的安全技术。但是一个现成的网络安全体系并不能直接使用在酒店网络的环境下,必须进行改进从而使之适合酒店的特点,符合酒店的安全需求,同时也不造成资金的浪费。

8.3　智慧酒店安防管理

酒店安防系统是以酒店建筑为载体,为保障酒店人、财、物等方面安全而构建的一套综合性的技术防控系统,其核心价值在于"安全防范",是属于酒店信息化系统中的一个子系统。

酒店安防发展经历了两个阶段,分别是传统安防阶段和智能化阶段,传统安防指采用 CCTV 视频监控技术,对酒店重点区域进行监控、录像。智能化阶段指将报警、门禁、监控、客控、一卡通、梯控等系统都融入酒店建设中,打造酒店内部智能化安防系统。酒店安防系统是未来智慧酒店里必不可少的部分,目前酒店安防已经步入第二阶段。

8.3.1 酒店安防现状及建设目标

（1）酒店安防现状

酒店行业的初期涉及的系统比较单一，主要以模拟监控为代表的安防应用，其核心价值在于"眼见为实"，随着科技的进步，特别是网络技术的发展，传统监控的标清画质已经无法满足现在的监控需求，并且现阶段酒店安防除了监控需求，还有报警、门锁、客房智能化等应用需求。目前我国酒店安防系统主要存在以下问题：

1）投入低

与发达国家的情形相比，在硬件方面的建设投入普遍偏低。受访的专业人员对于安防类产品的使用还是比较了解的，但均表示：酒店在建造之初对安防设备方面的投入水平不高，从5%至8%不等，极个别达到20%，这相比于发达国家平均15%的投资占比而言，仍然差距巨大。

2）重门面、轻内在

在住客看得见的地方（诸如客房内、客房区走廊等区域）投入相对高一些，但在同样，甚至更加重要的区域（后勤工作区、消防通道、辅助功能区等），这里的安防投入往往被轻视，产品损坏、失去功能的情况严重，隐患不少。

3）维保弱

在前期投入都不充分的情况下，后期维护的力度也凸显薄弱，这更使得后勤区的安防和智能家居硬件维护被进一步弱化，有些部位的安防设施基本上是形同虚设。

4）缺乏综合规划

对消防非常重视，但对紧急情况下人员疏散所需要的硬件投入，既缺乏前期的科学统筹规划，又缺乏后期的合理产品配置。其结果往往导致实际运用中，要么设计需求达不到，要么几个需求产生冲突，顾此失彼。

5）多头分散不统一

技防手段虽多，但由于各自标准不同、口径不一、责任方不一、设计规划方不一、实施方不一，使得最终交付酒店管理者使用的是一个比较零散的系统。

6）重制度、轻工具

管理手段过多依赖于"软性"的流程、规章、制度等，而缺乏使用一些成熟、便捷、高效的系统工具，例如，总钥匙管理系统、门禁管理系统等。

只有解决了这些问题，酒店才有可能装上智能的大脑。

（2）酒店安防建设目标

不论从酒店管理自身利益，还是从国家政策标准来看，传统安防系统急需更新升级，打造一套酒店安防综合解决方案势在必行。

1）多业务系统

现酒店安防涉及多种子系统，包括视频监控系统、报警系统、智能分析系统、智能停车场系统、一卡通等系统，各个子系统互联互通，又可独立运行，模块化融合，各个子系统均能与视频系统形成有效的联动。

2）经济性与实用性

充分考虑酒店系统实际需要和信息技术发展趋势，根据现场环境，设计选用功能适合现场情况、符合酒店监控要求的系统配置方案，通过严密、有机的组合，实现最佳的性能价格比，以便节约工程投资，同时保证系统功能实施的需求，经济实用。

3）统一管理

系统中所涉及的设备，都可通过同一平台进行监控、管理。

4）操作友好

系统操作者可通过控制键盘（和方向杆或方向球）或多媒体工作站的键盘、鼠标对系统进行操作：选择摄像机，控制摄像机（有云台时，可调节角度和方位；镜头为变焦型时，可调节焦点和焦距等），选择显示器等。

5）操作记录保障

实时记录主要通过实时图像，在系统启动、运行或任何系统出错、操作错误、警告及硬件故障时，都会在磁盘上进行记录。该记录包括时间、状态、原因以及相应的硬件编号等。同时也要对操作员的登录、菜单操作以及报警的产生和处理进行记录，以防恶意的伪操作，操作人员必须通过登录时验证身份、密码才能进入本系统，并能对各种操作设置操作人员的控制级别及操作口令，防止非法操作。

6）信息记录保障

酒店系统的设计具有较高的可靠性，在系统故障或事故造成中断后，能确保数据的准确性、完整性和一致性，并具备迅速恢复的功能，同时系统具有一整套完整的系统管理策略，可以保证系统的运行安全。保持信息原始完整性和实时性，存储时间不少于30天。

7）公安系统关联

酒店安防系统需要与公安系统对接，公安系统可调用查阅酒店安防系统的视频监控录像及报警等信息。

8.3.2　智慧酒店安防系统构成

（1）酒店智能安防监控系统

酒店监控系统是酒店安全防范的技术手段和工具，是酒店安全防范的重要组成部分，酒店监控系统配置的范围主要有：大堂（总台接待、问询、总台收银等）、客房区域（楼层客房的走道）、电梯、酒店出入口、餐厅、娱乐区域等。酒店的机房也是重要的监控空间，如安保监控中心、音响机房、程控机房、配电房等。

监控系统是构建酒店安全体系的重要组成部分，酒店的安全防范是指以维护社会公共安全为目的，防入侵、防盗、防破坏、防火、防暴和安全检查等措施。而为了达到防入侵、防盗、防破坏等目标，采用以电子技术、传感器技术和计算机技术为基础的安全防范技术的器材设备，并将其构成一个系统，使其发挥最大的功能作用，用以完善酒店的安保工作。电视监控系统是一种先进的、防范能力极强的综合系统，系统可以通过遥控摄像机及其辅助设备（云台、镜头等）直接观看被监视场所的情况，一目了然。同时该系统可以把被监视场所的图像和声音全部或部分地记录下来，这样就为日后对某些事件的处理提供了方便条件及重要法律依据，同时视频监控系统还可以与防盗报警等其他安全技术防范体系联动运行，使防范能力更加强大。

（2）酒店门禁系统

我国的酒店，都安装和配置了电子门禁系统。这个技术标准的执行远超海外的酒店。随着互联网应用领域的广泛，酒店的电子门锁和网络应用连接在一起，客人可以使用微信开酒店客房的门锁。酒店电子门锁进一步向着智能应用方向发展。

通常星级酒店的设施和设备的配置、服务质量等均应该达到国家《旅游涉外饭店星级的划分及评定》中对星级酒店的要求。目前酒店最常见的安全问题包括防火和防盗。在处理两大安全问题中，技防和人防都是不可缺少的要素。在大型酒店的客房区，防盗工作要求高，并且安全工作的开展必须在保障宾客的安静的环境中进行，如果发生相关事件，还要求酒店配合公安部门尽快查明原因，而酒店磁卡门锁的应用，恰好是给相关部门提供查明事件真相的好的工具和帮手，该系统可以提供进出客房的人和时间的相关信息，为公安部门的工作提供了第一手佐证材料，尽快给住店宾客满意答复，这一点对酒店的声誉至关重要。因此酒店的防盗中，预防是第一位的，在预防环节里，技防更显得重要。由此目前酒店都采用电子磁卡门锁系统来保障酒店的宾客安全。

（3）出入口控制系统

智慧酒店出入口控制系统保密性高，为保证安全，防止人员随意出入与己无关之区域,在酒店出入口和后勤出入口设置出入口控制系统,以甄别内部和外部人员,防止非授权人员随意进入受控区域。系统通过在各出入口设置电磁锁、人脸/指纹识别读卡器等装置,已登记人脸的员工或住客方可入内,多次无效刷脸/指纹及人员长时间逗留时系统自动报警提醒监控中心值班人员关注。

（4）电子巡查系统

为保障酒店安全,在管理上应有保安巡查制度。智慧酒店将采用先进的指纹巡查系统,在传统电子巡查系统的基础上,通过指纹信息,在原有巡查点地址信息的基础上,增加了人员指纹信息。明确了具体巡查人员,保证不会出现换人等违背管理的情况。

【知识链接】

酒店安防问题屡次出现在新闻报端,虽然酒店均有安防值班巡查制度,但是大多酒店的安保人员工资低,人员难招、配备人数少,甚至是一些地方存在监管监控盲区。现如今酒店的安防巡逻机器人就可以做到远程监控、代替人工巡逻、语音交互等功能,可以帮助安保人员完成重复性、标准性的工作任务,从而减轻安保人员的压力,既保证酒店的安全,还能降低人力资源消耗。

（5）停车场管理系统

停车场管理系统将对停车场进出车辆实施自动管理。系统具备出入口管理、车辆图像对比等多种功能。车辆进出采用视频车牌识别方式,以车牌号码作为身份认证信息,实现不停车出入。

（6）综合安防管理平台

综合安防管理平台是在全面设置上述安防子系统的工程中,为提升技术防范系统的整体功能,而将各子系统进行有机的集成,从而方便地实现跨系统的联动控制及快速反应。如将出入口控制系统与视频监控系统的联动控制,入侵报警系统与视频监控系统的联动控制等。此外,视频监控系统还可作为火灾自动报警系统确认火灾的辅助手段。入侵报警系统与视频安防监控系统、智能家居系统实现联动控制。入侵报警系统发出报警信号时,可立即联动智能家居与视频监控系统,把现场的附近灯光打开,报警点附近摄像机的监视画面自动调出显示在监视墙上,并进行录像。出入口控制系统与视频监控系统实现联动控制。当出现非法刷卡、强行开门、设备被拆等情况时,出入口控制系统发出报警信号,刷卡处附近摄像机的监视画面自动调出显示在监视墙上,并进行录像。

安全防范系统应是一个及时发现并有效控制可能危害建筑物安全的潜在因素,以及对各类突发事件反应迅速、有效的安全防范体系。为保障酒店内的财物及客人的人身安全,实现现代化管理,酒店应采用各种成熟的技术手段,建立先进可靠的安防监控体系,组成一套完整的安全防范系统。

【本章小结】

1. 安全事件的发生会对酒店的品牌形象产生一定的影响,进而影响酒店的可持续发展,因此酒店的安全管理是酒店管理中的重点内容。

2. 针对不同程度的安全问题,酒店所采取的安全应急管理也分为 4 个阶段,即风险管理、事故管理、应急管理,危机管理。面对酒店内发生的各种安全问题,酒店要采取不同的安全管理方式。

3. 根据智慧酒店使用需求,将计算机网络系统分为酒店行政网、酒店访客网及弱电网三套网络。

4. 根据实际应用情况,酒店主要提供 VPN 服务网络、Internet 访问、有线网络接入、无线网络接入 4 种网络服务。

5. 酒店安防系统是以酒店建筑为载体,为保障酒店人、财、物等方面安全而构建的一套综合性的技术防控系统,其核心价值在于"安全防范",是属于酒店信息化系统中的一个子系统。

【思考与练习】

1. 试述智慧酒店安全问题的基本类型。
2. 试述智慧酒店应急管理体系的内容。
3. 试述智慧酒店网络安全现状。
4. 试述智慧酒店安防系统的构成。

【案例分析】

网络安全公司 F-Secure 两名研究人员发现,知名锁和安防解决方案供应商 Assa Abloy 旗下 VingCard 提供的电子门锁软件 Vision 中存在设计漏洞,全球数百万个酒店房间的电子门锁面临黑客入侵风险。

这两名研究人员利用该漏洞设计了一种设备,能读有效或过期的酒店房卡,并生成一个主密钥来打开一家酒店的所有房间,或让攻击者进入安全的酒店区域。研究人员指出,全球有 166 个国家超过 4 万个酒店、汽车旅馆等在使用这个存在漏洞的软件 Vision。

2003 年,某 F-Secure 的研究人员入住德国柏林一家知名酒店后,笔记本电脑被盗,但旅馆人员调查后并未发现任何小偷侵入的痕迹。这起事件引起了托米宁和希尔沃宁的好奇,于是他们开始着手研究在完全不留痕迹的情况下,侵入酒店的电子门锁系统。尽管劫持和克隆酒店房卡并不是什么新鲜事,但这两名研究人员设计的攻击方式有其特别之处:它允许攻击者在几分钟之内为整个酒店生成一个主密钥,所需的资源就是一张普通的酒店房卡,甚至过期的房卡。

研究人员设计的这款设备可以读取电子房卡的 RFID 信号,然后利用 Vision 软件中存在的漏洞生成其他电子房卡的密钥,软件例程会在研究人员设计的这款设备上运行,直到生成可打开酒店的所有房间门的主密钥,这个过程通常只需要几秒钟到几分钟的时间。使用这种方式打开门锁后,不会在酒店房卡软件日志中留下证据。

（资料来源:李亚东.全球4万家酒店将面临"万能房卡"威胁[J].计算机与网络,2018,44(11):49.）

思考:
(1)智慧酒店安全管理面临哪些方面的威胁?
(2)智慧酒店如何提升安防系统?

参考文献

[1] 熊伟,吴源媚.智慧化对珠三角地区高星级酒店业绩的影响研究[J].旅游学刊,
2018,33(11):75-86.

[2] 钟艳,高建飞.国内智慧酒店建设问题及对策探讨[J].商业经济研究,2017(18):
174-178.

[3] 徐林强.互联网思维开启智慧酒店建设新路[J].旅游学刊,2016,31(6):7-8.

[4] 曾国军,王荷.酒店数字化创新:理论与实践[J].旅游学刊,2023,38(10):8-9.

[5] 唐健雄,李春艳,孙桥,等.基于扎根理论的酒店数字化转型影响因素研究[J].人
文地理,2022,37(3):151-162.

[6] 徐同谦,贾梦珂.技术与演进:数字营销研究图景:1996—2022 年数字营销研究的
纵向分析[J].新闻与传播评论,2023,76(5):115-128.

[7] 王永贵,张二伟,张思祺.数字营销研究的整合框架和未来展望:基于 TCCM 框架
和 ADO 框架的研究[J].商业经济与管理,2023(7):5-27.

[8] 许晓薇.新媒体时代"酒店+直播"发展现状及趋势研究[J].产业与科技论坛,
2021,20(20):16-17.

[9] 邱雪洁.智慧酒店顾客体验质量影响因素及提升策略研究[D].济南:山东大
学,2023.

[10] 李海蕴.智能化技术在多业态酒店设计中的应用探讨[J].数字技术与应用,
2023,41(12):40-42.

[11] 于艳杰.大数据背景下旅游度假型酒店经营策略[J].当代旅游,2022,20(15):
51-53.

[12] 甘臻.某超豪华酒店安全防范系统设置方案[J].低碳世界,2021,11(9):
114-115.

[13] 于桂林,张清芳.传统酒店智能化改造路径研究[J].绿色科技,2021,23(16):277-280.

[14] 李娟,陈俊泽.智能化技术在温泉酒店建筑中的安全节能应用[J].建筑技术开发,2021,48(14):154-156.

[15] 于海恩.基于ZigBee技术的酒店客控系统的研究与应用[D].沈阳:辽宁大学,2020.

[16] 祝伟斌.AI驱动智慧安防赋能百业[J].智能建筑,2020(3):27-29,32.

[17] 宗毅.安防技术在酒店行业的应用[J].科学技术创新,2019(30):89-90.

[18] 李亚东.全球4万家酒店将面临"万能房卡"威胁[J].计算机与网络,2018,44(11):49.

[19] 罗超.人脸识别技术在多领域推动安防发展[J].中国公共安全,2017(7):131-134.

[20] 胡剑.酒店安防一体化系统设计[J].现代建筑电气,2017,8(5):37-40.

[21] 张金栓.浅析安防系统在五星级酒店中的重要性与应用实践[J].智能建筑电气技术,2016,10(5):30-35.

[22] 罗超.三大系统为酒店智能化添砖加瓦[J].中国公共安全,2015(20):62-65.

[23] 孙荣荣.酒店综合安防管理系统浅析[J].中国公共安全,2015(20):66-69.

[24] 杨利彪.酒店安防的现状与未来[J].中国公共安全,2015(14):56-58.

[25] 彭桂华,施荣华.基于酒店网络安全的研究[J].硅谷,2009,2(7):133,193.

[26] 刘晓旭,刘建辉.关于酒店网络安全的几点思考[J].科技广场,2008(1):122-123.

[27] 苏锐.山东:踏浪智慧化酒店"蓝海"[N].中国文化报,2024-04-13(2).

[28] 马晓婷.未来的智慧酒店如何颠覆想象?[N].青岛日报,2024-03-18(2).

[29] 李文莲,郭欣,殷振华.基于网络文本分析的智慧酒店服务质量研究:以浙江杭州F酒店为例[J].商展经济,2024(5):121-124.

[30] 刘玉.低碳旅游背景下智慧酒店的运营管理研究[J].旅游与摄影,2024(1):20-22.

[31] 吴伊超,暴雯,董文瑶,等.无人智慧型酒店消费人群特征及消费者选择意向分析:以阿里巴巴"菲住布渴"未来酒店为例[J].商场现代化,2023(20):19-21.

[32] 王辉,柴媛媛,李蓓佳.基于广电网络的智慧化酒店IP终端及管理平台的建设与应用[J].广播与电视技术,2023,50(9):82-88.

[33] 张文洁,刘江峤,庞慧敏.大数据时代智慧酒店管理建设的有效方法研究[J].现代商业,2023(15):140-143.

[34] 孙竹梅,闫旭迎,李志昊,等.基于 DCS 的酒店客房空调智慧控制系统设计[J].
自动化仪表,2023,44(7):21-23.

[35] 徐进.互联网背景下智慧酒店的发展现状与前景分析[J].现代商业,2023(13):
61-64.

[36] 王楠楠.数字化背景下酒店管理与数字化运营专业课程体系创新探索[J].西部
旅游,2023(13):70-72.

[37] 钱倩芸,张潇伊.数字化时代智慧酒店的营销模式探析[J].活力,2023(4):
133-135.

[38] 周畅.智慧化无人酒店的特色空间设计研究[D].北方工业大学,2023.